Discipulado Trans

Editado por Departamento de Educación Teológica de la Editorial Universitaria Libertad

Copyright © 2015 by Editorial Universitaria Libertad

Madrid, España.

Contenido

Introducción: Transformación 4

Hacia la transformación 7

Parte 1 10

   NO ESTAMOS HACIENDO DISCÍPULOS 10

Parte 2 36

   HACIENDO LA OBRA DEL SEÑOR A SU MANERA 36

Parte 3 75

   MULTIPLICACIÓN DE LOS GRUPOS DE DISCIPULADO 75

   MANTENIENDO LA MOTIVACIÓN DE MULTIPLICARSE A TRAVES DE LAS GENERACIONES 127

Apéndice I 130

LAS PREGUNTAS MÁS FRECUENTES 130

Apéndice II 134

EL DISCIPULADO BIBLICO 134

Introducción: Transformación

Hemos hecho un descubrimiento, el descubrimiento más increíble de todo mi ministerio pastoral. Tengo que admitir que este hallazgo no se debe a mi genialidad, sino que fue el resultado de un experimento. Yo había escrito un primer borrador de un programa de discipulado, que luego se convirtió en el proyecto final de unos estudios que cursé estando ya en el ministerio.[1] El proyecto consistía en llevar a la práctica ese programa en la iglesia local, y luego evaluar su eficacia. Hasta ese momento, había hecho discipulados de forma individualizada. Después de todo, ¿no era ése el modelo de Pablo con Timoteo? Así que la idea del programa era hacer un discípulo, éste haría otro nuevo discípulo, y así sucesivamente.

El profesor del curso me sugirió que pensara en diferentes contextos en los que probar mi programa, y que luego hiciera un seguimiento de la dinámica de las diferentes relaciones de discipulado. Una de las opciones que elegí fue invitar a dos personas a acompañarme en mi carrera hacia la madurez en Cristo. Nunca hubiera imaginado la fuerza que podía tener lo que desde entonces he llamado *discipulado a tres*. Aquello iba a cambiar mi comprensión de los medios que el Espíritu Santo utiliza para transformar a las personas a la imagen de Cristo.

La transformación de Eric

Para ilustrar el poder de un *discipulado a tres*, os voy a contar la transformación que Eric experimentó. Eric me preguntó si yo podía enseñarle, y así se convirtió en uno de los primeros en acompañarme en esta aventura. Su ambivalencia espiritual en aquel entonces no le convertía precisamente en el mejor candidato para invertir tiempo y esfuerzo. Hacía dos años que había acabado la Universidad y era la envidia de todos sus amigos, pues parecía haberse escapado de una revista de modelos de pasarela. Su físico atraía la mirada de todas las mujeres, y en el trabajo le iba muy bien, pues estaba ganando más de lo que jamás había soñado. Además, en la nueva empresa en la que trabajaba tenía muchas posibilidades de ascender. Todas estas oportunidades eran realmente seductoras.

A pesar de sentirse atraído por esas oportunidades que el mundo le brindaba, Eric tenía muchas inquietudes y quería seguir a Cristo. Ahora estaba por ver quién ganaría la batalla: Jesús o el mundo. Le expliqué a Eric que yo había escrito un nuevo programa de discipulado y que tenía muchas ganas de probarlo con algunas personas. Me aseguré de que entendiera que era un discipulado bastante intenso: hacer un estudio temático de las Escrituras y ver sus implicaciones para el día a día, memorizar versículos de la Biblia, y desarrollar una relación transparente y abierta conmigo y con una persona más. El listón era alto, pero aun así, Eric dijo que quería probar.

---

[1] Este programa, después de años de experimentación y mejora, llegó a publicarse con el título de *Manual del discipulado, creciendo y ayudando a otros a crecer*, Colección Teológica Contemporánea, nº 20, ed. Clie, Barcelona, 2006.

Empezamos a quedar en un restaurante a mitad de camino de nuestros trabajos y Karl, que por entonces era administrador de una compañía de Ingeniería, se unió a nosotros. Con las Biblias y el material de estudio sobre la mesa, debatíamos durante la comida. Lo que más me sorprendió fue lo interactivas que eran nuestras conversaciones. Ser tres en lugar de dos (el discipulado individualizado que antes he mencionado) hacía que la conversación fuera mucho más viva. Aunque yo era el pastor, no me sentía como si fuera la única fuente de sabiduría. El discipulado se convirtió en una relación de iguales, en la que cada uno podía compartir de forma abierta lo que iba descubriendo en la Palabra, y las implicaciones que veía para cada una de nuestras situaciones.

Eric era bastante sincero en cuanto a sus luchas. Las cosas materiales y el flirteo eran su debilidad. Por ejemplo, un día nos contó que conduciendo por las calles de Los Ángeles, había intercambiado unas cuantas miradas con una guapa motorista, y que antes de darse cuenta, ya se habían parado para pedirse los números de teléfono. Karl y yo escuchamos la historia con cierta envidia, pues a nosotros nunca nos había ocurrido algo parecido. Fuera bromas, lo cierto es que nos dimos cuenta del poder que la seducción sexual tenía sobre Eric. Y ese poder hacía que su corazón estuviera dividido.

No obstante, la persona de Jesús y la aventura a la que nos invita también le atraían muchísimo, y no había nada que le hiciera olvidar al Maestro. En nuestro segundo encuentro estudiamos los requisitos que Jesús puso a aquellos que le querían seguir: "Si alguno quiere venir en pos de mí, niéguese a sí mismo, tome su cruz cada día y sígame. Porque el que quiera salvar su vida, la perderá, pero el que pierda su vida por causa de mí, la salvará" (Lucas 9:23-24). Eric se enfrentó al mismo dilema que Moisés planteó al pueblo de Israel: "Mira, yo he puesto hoy delante de ti la vida y el bien, la muerte y el mal... Escoge, pues, la vida" (Deuteronomio 30:15 y 19).

Unas semanas después de empezar aquel discipulado, Eric nos anunció que iba a dejar su trabajo y que se iba a viajar, a descubrir mundo. Quería hacerlo ahora que aún no tenía muchas responsabilidades ni lazos que le ataran. Dijo que ya encontraría otro trabajo cuando volviera, y que aquel era el momento de hacer algo así, pues más adelante ya no tendría oportunidad. Esta decisión precipitada se merecía algunos comentarios directos. Era evidente que Eric estaba demasiado absorto en sí mismo. Buscando las palabras adecuadas para hablarle de su actitud poco responsable, dije: "Eric, al menos uno o dos meses de ese tiempo los podrías invertir en algún tipo de misión o proyecto concreto. Aprovecha tus viajes para conocer la obra de Dios y trabajar con otros creyentes que están dando sus vidas a la causa del Evangelio".

No recuerdo exactamente cómo siguió la conversación, pero el hecho es que, antes de que nos diéramos cuenta, Eric había abandonado sus planes. Se apuntó a una campaña de verano con Campus en Hungría y Polonia. Eso fue antes de la caída del comunismo en Europa del Este. Muchas veces pienso en el poder de decir la verdad o lanzar un reto a alguien. Si no hubiéramos tenido la relación y la confianza que habíamos construido a lo largo de aquellos meses, no creo que Eric hubiera tenido un contexto en el que oír unas palabras de confrontación que sirvieran para ayudarle a redirigir su vida.

Después del verano, cuando Eric volvió de aquella aventura, era una persona totalmente transformada. Aquel corazón dividido ahora estaba totalmente rendido al señorío de Cristo. Eric no dejaba de contarnos cómo había tenido la oportunidad de hablar del Evangelio en los lagos de Hungría y de introducir el mensaje en la cerrada Polonia. La gente tenía muchas ganas de escuchar las buenas nuevas, y Eric fue testigo de cómo Cristo cambia vidas, vidas necesitadas de esperanza, como la suya propia.

Enseguida, Eric empezó a trabajar como obrero con Campus Crusade con el objetivo de llevar a agentes de negocios a los países de Europa del Este. Quería ofrecer a las personas de aquellas regiones acorazadas el poder transformador del Evangelio. A la vez, volvió a encontrarse con una novia que había tenido en Secundaria, que también era una fiel seguidora de Jesús. En cuestión de meses se comprometieron y Betsy también empezó a trabajar con Campus Crusade. El amor que se tenían el uno al otro, y el gozo con el que servían al Señor, eran muy contagiosos. Me hicieron muy feliz cuando me preguntaron si podía participar en su boda en Portland, Oregón, junto con el pastor de Betsy.

Unas semanas antes de la boda, Eric tenía unos dolores en la espalda que, según él, se debían a un accidente de moto que había tenido no hacía mucho. Pero aunque estaba haciendo rehabilitación fisioterapeuta, no notaba ninguna mejoría. El lunes de la semana de la boda le descubrieron un tumor que le estaba presionando la columna vertebral. Un cáncer de testículos se le había extendido a muchas partes del cuerpo. El pronóstico no era bueno. Ese mismo día ingresó para empezar un fuerte tratamiento de quimioterapia.

El ánimo de Eric y Betsy no desfalleció. La boda se celebraría de todos modos. Pero tendrían que cambiar de lugar. Así que tendría lugar en la capilla del hospital, aunque no era muy grande y muchos invitados se tendrían que quedar de pie. El día de la boda aquello parecía la escena de una serie de televisión, de esas diseñadas para manipular las emociones. Pero aquello era de verdad. Bajaron la cama de Eric a la capilla. Aunque estaba tapado hasta la cintura, lucía un precioso esmoquin y Betsy estaba a su lado, sujetando con la mano derecha la de Eric y con la izquierda, el ramo de novia. Los invitados se colocaron a ambos lados de la cama. Nunca había asistido a una boda en medio de un ambiente tan tenso y tan cargado de emociones encontradas. Diecisiete años después, aún recuerdo la sensación de no poder hablar por el nudo que tenía en la garganta, y de no poder leer mis notas por las lágrimas que me cegaban.

En unos meses, la quimioterapia acabó con la hermosura de aquel joven. En sus mejores días, Eric aún podía viajar. Todavía tengo imágenes muy vivas de una vez en la que visitó nuestra iglesia, con su gorra y todo demacrado. Pero no había perdido el ánimo. Aún irradiaba un gozo que evidenciaba la presencia de Jesucristo en él. Yo sabía que ante mí tenía a un hombre que vivía las palabras del apóstol Pablo: "Por tanto, no desfallecemos, antes bien, aunque nuestro hombre exterior va decayendo, sin embargo nuestro hombre interior se renueva de día en día" (2ª Corintios 4:16).

Cuando Eric tuvo que volver al hospital para recibir más tratamiento, viajé a Oregón para visitarle. Al acercarme a su habitación, vi salir a unos viejos amigos suyos. Sus rostros parecían algo contrariados. Me dijeron: "¿Sabes lo que nos acaba de decir Eric? Nos ha dicho que este cáncer es lo mejor que le ha pasado. ¿Te lo puedes creer?". Eric hubiera preferido no pasar por ese cáncer, pero él había puesto toda su esperanza en Jesucristo, y su Señor Amante no le había decepcionado.

Eric hablaba así de sus descubrimientos: "Dios me está ayudando a acercarme más a Él. El cáncer me ha ayudado a ver de quién tengo que depender. Y en medio de esta enfermedad he podido ver que cuando acudo a Dios, Él me ayuda siempre, y lo hace a su modo. Eso no quiere decir que vaya a quitarme los dolores, o que vaya a curarme inmediatamente. Puede que muera pronto, puede que siga viviendo... eso no importa. Lo que sí importa es que continúe poniendo mi confianza en Él".

"Una mañana, un doctor entró y, dirigiéndose a Betsy, le dijo: 'Los rayos X no son muy alentadores. Quizá debería pensar en tenerlo todo arreglado, y en poner fin al tratamiento'. Ésta fue la primera vez que se me pasó por la cabeza que iba a morir, que ya no iba a salir de ésta". "Eso enseguida me llevó a evaluarme, y a analizar dónde estaba poniendo mi fe. ¿Estoy poniéndola en los doctores y en el tratamiento, o estoy poniéndola en Dios? Si la estoy poniendo en Dios, tengo la seguridad de que me liberará de la situación en la que me encuentro... Eso no quiere decir que el cáncer desaparezca, o que yo sobreviva... Pero eso no es lo que importa. De nuevo, lo que importa, es que yo siga con mi mirada puesta en Él".

Era el 25 de abril de 1986 cuando, siete meses después de la boda y con veinticinco años de edad, Eric fallecía. Pero en él habíamos visto a un hombre que en pocos meses pasó de tener un corazón dividido, una fe ambivalente, a seguir a Jesucristo de todo corazón, y con una confianza y una devoción indescriptibles.

Hacia la transformación

He querido explicar la historia de Eric en la introducción a este libro porque quiero hablar del cambio que Dios puede realizar en nuestras vidas, como lo hizo con la vida de Eric. Quiero hablar del proceso de transformación y del contexto adecuado para que podamos ser como Cristo. Lo que aprendí con Eric y con Karl me adentró en la búsqueda del entorno adecuado y de los ingredientes necesarios para crear unas condiciones en las que poder conformarnos más a la imagen de Cristo. Desde aquella experiencia inicial he podido ser testigo muchas otras veces del poder de los grupos de tres. Creo que proveen el entorno propicio donde se dan los elementos necesarios para la transformación y el crecimiento hacia la madurez en Cristo. ¿Qué he observado en este entorno?

- Multiplicación: animar a los que has enseñado a que enseñen a otros.
- Relaciones íntimas: desarrollar una confianza profunda que supone un reto y logra cambiar vidas.
- Confrontación amistosa: decir la verdad con amor si alguien no está viviendo de forma adecuada.
- Incorporación del mensaje bíblico: cubrir los temas de las Escrituras de forma secuencial para obtener un cuadro completo de la vida cristiana.
- Disciplinas espirituales: practicar los hábitos que llevan a la intimidad con Dios y al servicio a los demás.

Este libro te va a ofrecer una herramienta indispensable para el discipulado, una herramienta que sirve para ver vidas transformadas. Durante las dos últimas décadas siempre he tenido, al menos, un grupo de discipulado semanal. Esos son los momentos en los que, como pastor, me siento más realizado: cuando comparto mi vida con otras dos personas que han empezado a caminar hacia la madurez en Cristo. Y cuando estas dos personas empiezan a hacer otros discípulos, y éstos a otros, y así llega a haber varias generaciones de cristianos firmes en el Señor, me lleno de gozo y pienso que ¡es el mejor legado que puedo dejar como pastor!

Espero que los descubrimientos que yo he hecho te puedan ser útiles y que en el contenido de este libro puedas encontrar un acercamiento al discipulado fácil de aplicar. Este acercamiento está basado en el modelo bíblico de Jesús y de Pablo, quienes siguieron la estrategia de preparar a sus discípulos para que éstos, a su vez, prepararan a otros.

En los capítulos 1 y 2 examinaremos la importancia de este tema. Bill Hull ha escrito de forma casi profética: "La crisis de la Iglesia de hoy es una crisis de 'producción' ".[2] Hacer discípulos y cómo enseñarles son temas de gran interés en la actualidad, porque vemos que es una gran necesidad de nuestras iglesias. Hace poco estuve dando un curso a líderes de iglesia llamado: "Cómo lograr que mi congregación haga discípulos". Era la primera vez que daba ese curso. Cuando un curso es nuevo, normalmente viene poca gente, porque la mayoría se espera a que unos cuantos lo hagan para luego preguntarles si vale la pena o no. ¡Pero vino muchísima gente! ¿Sabéis por qué? En nuestras iglesias y en nuestros ministerios no estamos haciendo verdaderos discípulos, y lo sabemos; somos conscientes de que debemos hacer algo, pero muchas veces no sabemos qué hacer exactamente, ni cómo.

En el capítulo 1 analizaremos los síntomas de esa falta de discipulado, y en el capítulo 2 intentaremos descubrir las causas de estos síntomas. Nuestro objetivo no es sacar a relucir los defectos de la Iglesia, ni condenar a los líderes cristianos. ¿De qué sirve la autoflagelación? En cambio, el primer paso para recuperar el mandamiento de Jesús a la Iglesia, "id y haced discípulos", es evaluar el grado de necesidad en el que nos encontramos. Un análisis serio que nos ayude a ver en qué medida estamos llevando a la práctica ese mandamiento de Jesús nos ayudará a saber cuánto nos queda para completar la tarea. En los capítulos 1 y 2 también incluimos herramientas para que puedas analizar los síntomas y las causas de la falta de discipulado en tu iglesia o ministerio.

En los capítulos 3 y 4 exploraremos la forma en que Jesús y Pablo hacían discípulos, base sobre la cual construiremos nuestra propuesta de discipulado. A pesar de los muchos libros que se han escrito sobre las estrategias de discipulado de Jesús y de Pablo,[3] parece ser que a los líderes les cuesta aplicarlas en sus ministerios. En los seminarios y cursos que imparto sobre el discipulado, me doy cuenta de que aún hay un porcentaje muy bajo de pastores y líderes de iglesia que sigan el modelo de Jesús y de Pablo. Así que quizá sea bueno preguntarnos de nuevo: ¿Cómo fueron transformados los discípulos que acompañaron a Jesús y a Pablo en sus viajes? Jesús aseguró la continuidad de su

---

[2] Bill Hull, *The Disciple Making Pastor* (Grand Rapids, Mich.: Revell, 1988), p. 14.

[3] En los últimos años se ha escrito bastante sobre el discipulado. Ver A. B. Bruce, *The Training of the Twelve* (Grand Rapids, Mich.: Kregel, 1971); Robert Coleman, *Plan supremo de evangelización* (El Paso, Tx.: Casa Bautista de Publicaciones, 1983); William Hendriksen, *Disciples Are Made, Not Born* (Colorado Springs: Chariot Victor, 1983); Leroy Eims, *The Lost Art of Disciple Making* (Colorado Springs, Colo.: NavPress, 1978).

ministerio invirtiendo tiempo y esfuerzo en unos pocos. ¿Hacemos nosotros lo mismo? ¿Por qué escogió a los doce y pasó tanto tiempo con ellos? Si fuéramos a seguir ese modelo, ¿cómo lo llevaríamos a la práctica? ¿Por qué conocemos los nombres de los discípulos y colaboradores de Pablo? ¿Qué nos dice eso sobre la forma en que tendríamos que desarrollar nuestro ministerio? Cuando la práctica se adecua al modelo bíblico el pueblo de Dios entiende su función y, en consecuencia, actúa.

Después de observar los modelos de Jesús y de Pablo, y de renovar nuestra visión teológica del discipulado, veremos cómo integrar en nuestras iglesias o ministerios la práctica de empezar a hacer discípulos poco a poco. Los capítulos del 6 al 8 tratarán tres cuestiones que deben tenerse en cuenta a la hora de desarrollar una estrategia de discipulado. En primer lugar, hacer discípulos tiene que ver con las relaciones personales. Hacer discípulos es caminar al lado de las personas a las que invitas a crecer contigo y, con el tiempo, desarrollar con ellos una relación intencional (una relación cuya intención es ayudarles a madurar). Seguro que has oído definiciones como la siguiente: "Un discipulado no es un programa, sino una relación".

En segundo lugar, normalmente asociamos el discipulado con la multiplicación. Pero, ¿verdad que los resultados no siempre coinciden con las expectativas? Muchos nos venden sus programas de discipulado prometiéndonos que lograremos una multiplicación de discípulos que se transmitirá de generación en generación. Pero la realidad es que en la mayoría de las ocasiones el impacto no llega más allá de la primera generación. En mi opinión, si hemos ayudado a otros a crecer en madurez, pero éstos no han tenido luego la iniciativa de hacer discípulos a otros, no hemos logrado hacer verdaderos discípulos. En ocasiones, he visto que aquellos en los que había invertido mucho tiempo luego no han enseñado a nadie, y me he sentido frustrado. Pero también he visto hermosos avances, que comparto en este libro con mucho entusiasmo.

En tercer lugar, el discipulado es un proceso de transformación. Veremos la convergencia de los elementos necesarios para que el Espíritu Santo transforme vidas, como en el caso de Eric. ¿Qué elementos hicieron falta para preparar a Eric para la obra transformadora del Espíritu Santo? Si unimos la relación transparente que hay en un discipulado a la verdad de la Palabra de Dios, y las ubicamos en un contexto en el que hemos pactado rendirnos cuentas, estamos abriendo las puertas para que el Espíritu Santo transforme vidas.

Los grupos de tres son un modelo muy adecuado para crear un espacio en el que puedan darse los tres elementos que acabamos de mencionar: las relaciones profundas y honestas, la multiplicación y la transformación.

En el capítulo 9 veremos algunos pasos necesarios para desarrollar una estrategia de discipulado para tu iglesia o ministerio. Trataremos cuestiones prácticas: ¿Cuál sería un modelo de discipulado factible? ¿A quién debo enseñar? ¿Cómo empezar? ¿Cómo desarrollar una red de discípulos que continúe por generaciones? ¿Cómo mantener la motivación para que la multiplicación pase de generación en generación?

Seguro que algunos no necesitáis escuchar de nuevo que vuestras iglesias carecen de un discipulado serio, ni necesitáis volver a revisar el modelo bíblico. Puede que solo estéis buscando una estrategia práctica para empezar a trabajar. Si es así, podéis ir directamente a la última parte del libro, que ha sido diseñada para ayudar a los líderes a llevar a la práctica una estrategia de discipulado.

Desde que descubrí el poder del *discipulado a tres* con Eric y Karl hace casi veinte años, he tenido el privilegio de caminar con muchos otros y ver cómo sus vidas cambiaban, y de observar a dos iglesias que se pusieron manos a la obra y construyeron redes de discipulado que crecieron e impactaron a más de una generación. Durante estos años he oído hablar de personas de toda Norteamérica y de otras partes del mundo cuyas vidas y ministerios han cambiado radicalmente porque usaron el sistema del *discipulado a tres*. Lo que me anima es que, aunque las iglesias no saben exactamente cómo enfrentarse a este gran reto del discipulado, en general ven la importancia y tienen el deseo de hacer algo. Y si ese deseo y la urgencia de hacer discípulos puede avivarse con el modelo bíblico, y puede plasmarse en una estrategia práctica, aún hay esperanza de cumplir el mandamiento que Jesús dejó a todos y cada uno de los miembros de su Iglesia: "Id, pues, y haced discípulos de todas las naciones" (Mt. 28:19).

Parte 1

NO ESTAMOS HACIENDO DISCÍPULOS

¿Qué es lo que no ha funcionado? ¿Por qué?

1. La precariedad del discipulado hoy

¿Dónde están los verdaderos discípulos?

Si queremos elaborar una estrategia de discipulado eficaz para nuestras iglesias, primero debemos evaluar la distancia que hay entre la situación en la que estamos y la situación a la que queremos llegar. Jesús mismo hizo uso de este principio cuando dijo a los que querían seguirle que, primero, calculasen lo que les iba a costar. "Porque, ¿quién de vosotros, deseando edificar una torre, no se sienta primero y calcula el coste, para ver si tiene lo suficiente para terminarla?" (Lucas 14:28).

Max De Pree, que escribe que la prioridad de todo líder debería ser llevar a la práctica este consejo bíblico, dice que "la primera responsabilidad de un líder es definir la realidad".[1] ¿Por qué es importante definir la realidad? Si queremos ir a algún lugar, primero tenemos que saber a qué distancia estamos de ese lugar. Por ejemplo, cuando queremos encontrar una tienda concreta dentro de un centro comercial, lo primero que hacemos es buscar el panel donde aparece el plano de todo el recinto. Nuestros ojos se dirigen primero a la flecha donde pone "Usted está aquí". Y una vez que ya sabemos

---

[1] Max De Pree, *Leadership Is an Art* (New York: Bantam Doubleday Dell, 1989), p. 11.

dónde estamos, buscamos la tienda a la que queremos ir y trazamos con nuestros ojos el camino que vamos a seguir para llegar a nuestro destino.

En este capítulo analizaremos la distancia que tenemos que recorrer si la realidad a la que queremos llegar es tener seguidores de Cristo plenamente comprometidos y con ganas e iniciativa de hacer discípulos. En el siguiente capítulo completaremos el cuadro de nuestra realidad presente analizando las causas que nos han llevado a la situación en la que estamos. Solo podremos sugerir soluciones si primero logramos hacer una clara descripción del problema y de sus raíces.

El análisis de este capítulo te ayudará a evaluar la distancia entre el punto en el que te encuentras y el punto al que quieres llegar. Un análisis serio de nuestro ministerio es una tarea ardua, por lo que requiere mucha determinación. Cuando empezamos a usar este programa, me asaltó la siguiente pregunta: ¿qué ocurriría si algún líder cristiano prefiriera no poner su vida y su ministerio ante el espejo, y prefiriera quedarse con una imagen de sí mismo favorable, pero distorsionada y falsa? Por lo general, los líderes que han seguido nuestro programa han preferido salir de la fantasía y enfrentarse a la realidad. Sería bueno que a medida que vas leyendo este libro, te detengas y le pidas al Espíritu Santo que te ayude a recibir la verdad, que es la única que nos hace libres.

El estado del discipulado hoy: Usted está aquí

Si tuviera que elegir una palabra para definir el estado del discipulado en la actualidad elegiría *superficial*. Parece que mucha de la gente que dice que Jesús es su Salvador no acaba de comprender las implicaciones de seguirle como Señor. La Declaración sobre el discipulado que resultó de la Consulta de Eastbourne empieza reconociendo la necesidad actual: "Ahora que entramos en el nuevo milenio, reconocemos que el estado de la Iglesia está caracterizado por un crecimiento sin profundidad. Nuestro celo por crecer en número ha ido más allá que nuestro celo por crecer en profundidad".[2] John Stott añade su voz en cuanto a esta cuestión: "Durante muchos años, la escuela dominante ha sido la de potenciar el crecimiento numérico de las iglesias. Es un gozo ver las estadísticas, pero debemos decir que se trata de un crecimiento sin profundidad. Creo que fue Chuck Colson quien dijo que la Iglesia tiene 3000 millas de anchura y una pulgada de profundidad. Muchos de sus miembros son bebés espirituales".[3]

Esta superficialidad sale a la luz si observamos la incongruencia entre el número de personas que profesa seguir a Jesucristo y la falta de impacto en el clima moral y espiritual de nuestras sociedades. Durante la década de los 90, George Barna hizo en EE.UU. un estudio para averiguar cuánta gente se consideraba cristiana nacida de nuevo.[4] El

---

[2] The Eastbourne Consultation, *Joint Statement on Discipleship*, 24 de septiembre, 1999.

[3] John R. Stott participó como miembro de la *Eastbourne Consultation*.

[4] La definición de un cristiano nacido de nuevo con la que Barna trabajó fue la siguiente: personas que un día tomaron "un comprimiso personal con Jesucristo, compromiso que sigue siendo importante en el

resultado entre los adultos fue entre el 35 y el 43 por cierto.[5] George Gallup, cuyo trabajo tiene un mayor alcance, realizó otra encuesta para ver si los ciudadanos se definían a sí mismos como "evangélicos o nacidos de nuevo". Durante ese mismo periodo entre un 35 y un 49 contestaron que sí se consideraban evangélicos.[6] Estas altas cifras requieren una explicación. ¿Por qué los líderes de las iglesias se quejan del declive moral de nuestra sociedad si hay tanta gente que dice haber tenido un encuentro personal con Jesucristo? Si todos estos millones de personas que dicen haber nacido de nuevo fueran verdaderos seguidores de Jesús, no viviríamos en una sociedad tan alejada de Dios.

Cal Thomas, cristiano y columnista sindicalista con preocupaciones sociales, hace un llamamiento a que los cristianos nos miremos a nosotros mismos y analicemos la calidad de nuestro discipulado en vez de dirigir nuestra indignación hacia el declive moral. "El problema de la sociedad estadounidense... no son los abortistas, sino la Iglesia de Cristo que no conoce la Biblia, que es desobediente, indisciplinada, y no discipula a sus miembros".[7]

¿Es muy pronunciada la precariedad a la que nos enfrentamos? ¿Qué síntomas de superficialidad podemos ver en la Iglesia? Podemos medir la precariedad del discipulado cuando tomamos las características bíblicas del discipulado y estudiamos en qué niveles las encontramos en nuestras iglesias y ministerios. ¿Cuál es la distancia entre el modelo bíblico y la realidad de nuestras comunidades cristianas?

En este capítulo vamos a ver siete características del discipulado. Al final de cada sección podréis deteneros a considerar la distancia que hay entre el modelo bíblico y la realidad de vuestros ministerios.

El modelo bíblico y la realidad presente

1. *Ministros activos.* Las Escrituras presentan una iglesia llena de ministros activos; la realidad es que la mayoría de los miembros de iglesia son receptores pasivos.

El modelo de iglesia que encontramos en el Nuevo Testamento es una iglesia donde todos los miembros tienen un ministerio. El "sacerdocio de todos los creyentes" no es solo un lema de la Reforma, sino también un ideal bíblico radical. Escribiendo a los cristianos perseguidos que habían sido esparcidos, Pedro habla de la Iglesia de una forma inclusiva: "Vosotros sois... real sacerdocio" (1ª Pedro 2:9). Todos los creyentes llegan a Dios a través de Cristo, el único mediador, y todos los creyentes reciben el poder de actuar como sacerdotes del resto de los miembros del Cuerpo de Cristo. El ministerio desde la

---

presente" y que están seguros de que irán al Cielo porque han "confesado sus pecados y han aceptado a Cristo como Salvador".

[5] En la web, "Born-Again Christians", <www.barna.org>.

[6] The Gallup Organization, Religion, "Would you describe yourself as 'born-again' or evangelical?", <www.gallup.com>.

[7] Entrevista con Cal Thomas, *Christianity Today*, 25 de abril, 1994.

perspectiva bíblica no se corresponde con la imagen de un sacerdote que se retira y está por encima de los demás creyentes, sino que pertenece a todos los santos. Cuando el apóstol Pablo dice "A cada uno se le da la manifestación del Espíritu para el bien común" (1ª Corintios 12:7), está pensando en todos y cada uno de los creyentes. Usando la imagen de la Iglesia como el Cuerpo de Cristo, Pablo está diciendo que todos los creyentes han recibido del Espíritu Santo dones para el ministerio, por lo que cada creyente es como una parte del cuerpo que contribuye al buen funcionamiento de todo. El Nuevo Testamento describe un completo plan de trabajo que dignifica y da a todos los creyentes un valor por lo que sus dones aportan a la edificación y la extensión de la Iglesia.

No obstante, cuando hemos observado el modelo bíblico de la Iglesia del primer siglo y luego miramos la realidad de la misma hoy, vemos que hay un porcentaje relativamente bajo de personas que lleven el ministerio y la vida de congregación más allá del culto del domingo: muy pocos tienen el ministerio como un estilo de vida. Parece imposible superar el 80/20. Es decir, si por ejemplo tomamos el caso de ofrendar, lo que ocurre es que por lo general un 20 por ciento de la congregación da el 80 por ciento de los ingresos. Si estudiamos el perfil ministerial de los voluntarios, vemos que hay un 20 por ciento que sirve al 80 por ciento restantes, que se convierten en consumidores del esfuerzo de esa minoría.

Así, eso significa que hay un gran porcentaje de espectadores que solo vienen a calentar los bancos. Como pastor, yo era consciente de que muchos miembros llegaban al culto con una mentalidad crítica. Creen que la responsabilidad de los que presiden y dirigen es ofrecerles un show entretenido, atractivo y con sentido, mientras que la labor de los demás miembros consiste en hacer una evaluación del culto y comentársela a los responsables cuando pasan por la puerta al marchar. ¿No es extraño que la gente haga comentarios de evaluación como "Buena predicación, pastor" u "Hoy he disfrutado el culto" cuando se trata del culto de adoración al Dios vivo? Muchos domingos, cuando llegaba al final de la predicación y miraba a la congregación, me parecía como si estuviera viendo a muchos de ellos alzar sus carteles de puntuación: 9, 9, 9, 4, etc.

Si el ministerio es, sobre todo, ser buenos mayordomos de nuestros dones espirituales, entonces la tarea que tenemos por delante es inmensa. Las buenas noticias es que Barna ha descubierto que, al menos, el 85 por ciento de los creyentes ha oído hablar de los dones espirituales. No obstante, de ese 85 por ciento, la mitad no sabía cuáles eran sus dones o creían que Dios no les había dado ninguno. Una cuarta parte de la gente que sabía cuáles eran sus dones espirituales mencionaron dones que no aparecen en el texto bíblico. La gente decía cosas como "Tengo el don de hacer pasteles de chocolate" o "tengo un pico de oro". Solo una cuarta parte de la gente que sabía qué dones tenía habló de dones que tenían una base bíblica.[8]

Evalúa tu ministerio en la escala del 1 al 5 (1 = receptor pasivo; 5 = ministro activo)

SÍNTOMAS　　　　　**PUNTUACIÓN**　　　　　**NOTAS**

---

[8] George Barna, *Growing True Disciples* (Ventura, Calif.: Issachar Resources, 2000), p. 62.

Receptores pasivos ...
Ministros activos

2. *Un estilo de vida disciplinado*. Las Escrituras describen a los seguidores de Jesús como personas que llevan un estilo de vida disciplinado; la realidad es que hay un porcentaje muy bajo de creyentes que invierta en las prácticas de crecimiento espiritual.

Todos nos quedamos sorprendidos cuando los grandes atletas aguantan tanto en las competiciones. Lo que no vemos son la cantidad de horas que dedican para prepararse. No importa si tienes cualidades naturales; los grandes atletas son grandes porque se preparan más que los demás.

En el Nuevo Testamento una de las imágenes más utilizadas para ilustrar la disciplina en la vida cristiana es la del atleta. Comparando la vida cristiana con una carrera, Pablo escribe: "Y todo el que compite en los juegos se abstiene de todo. Ellos lo hacen para recibir una corona corruptible, pero nosotros, una incorruptible" (1ª Corintios 9:25). Al hacer esta comparación, Pablo pone un listón muy alto. Si los atletas se entregan en cuerpo y alma a una rigurosa disciplina para conseguir "una corona corruptible", ¡cuánto más deberíamos los cristianos disciplinarnos, pues nuestra meta es "una incorruptible"! El escritor de la epístola a los Hebreos insta a los creyentes a dejar la leche de los niños y empezar a tomar comida sólida: "Pero el alimento sólido es para los adultos, los cuales por la práctica tienen los sentidos ejercitados para discernir el bien y el mal" (Hebreos 5:14).[9] Queda bastante claro que para vivir la vida cristiana es necesario poner en práctica una disciplina espiritual. No haremos avances sin práctica y disciplina.

No obstante, si miramos la situación de la Iglesia hoy teniendo en cuenta estos consejos bíblicos, el resultado es, de nuevo, la regla 80/20. Los estudios muestran que de entre 6 adultos que asisten a los cultos, solo uno participa en algún tipo de actividad diseñada para ayudarle a crecer espiritualmente. De ese 17 por ciento, la actividad más común es asistir a un grupo pequeño (69 por ciento) donde se estudia la Biblia y se sacan aplicaciones para las realidades espirituales de la vida. Otras actividades de discipulado menos comunes son la Escuela Dominical para adultos (20 por ciento), el discipulado individualizado (14 por ciento), una clase sobre temas de actualidad tratados desde una perspectiva cristiana (11 por ciento), y la formación o interacción online diseñada para el discipulado (3 por ciento).[10] Barna dice algo muy interesante: "En una sociedad tan compleja y veloz como la nuestra, la gente tiene que tomar decisiones cada minuto del día. A menos que la gente tenga un encuentro regular con los fundamentos de su fe, lo más probable es que las decisiones que tomen los cristianos estén cada vez más lejos de los principios bíblicos".[11]

---

[9] El verbo *gymnazo* ("entrenar") es la raíz de la palabra castellana *gimnasio*.

[10] Estudio por encuestas *online*, "More Than Twenty Million Church Adults Actively Involved in Spiritual Growth Efforts", 9 de mayo, 2000 <www.barna.org>.

[11] Barna, *Growing True Disciples*, p. 2.

Si pasamos a analizar las disciplinas espirituales que los creyentes practican de forma personal para desarrollar su relación con Cristo, los resultados no son mucho más esperanzadores. Según Barna, menos de uno de cada cinco cristianos adultos tiene unas metas específicas y cuantificables en relación con su crecimiento espiritual. En el estudio que Barna hizo de toda la nación, entrevistamos a cientos de personas, entre ellos pastores y líderes de iglesia, que asisten con regularidad a los cultos y a las actividades de sus iglesias. Barna concluye: "Ninguna de las personas que entrevistamos dijo que su meta en la vida era ser un seguidor de Jesucristo comprometido o hacer discípulos de todas las naciones, ni siquiera de su vencidario".[12] Cuando les preguntamos a estas personas qué metas tenían, ocho de cada diez contestó que lo que querían era formar una familia, realizarse como profesionales y ganar un buen sueldo. El predicador y escritor Dallas Willard comenta: "Lo cierto es que en las iglesias falta una formación seria en cuanto a la obediencia a Jesús y en cuanto a lo que Él quiso decir cuando invitó a la gente a 'vivir en abundancia' ".[13]

Evalúa tu ministerio en la escala del 1 al 5 (1 = espiritualmente indisciplinado; 5 = espiritualmente disciplinado)

SÍNTOMAS	PUNTUACIÓN	NOTAS
Espiritualmente indisciplinado...		
Espiritualmente disciplinado...		

3. El discipulado afecta a todas las áreas de la vida. En las Escrituras vemos que el discipulado afecta a todas las áreas de la vida; la realidad es que muchos creyentes han relegado su fe a la esfera privada, personal.

El tema principal del ministerio público de Jesús era la proclamación de las buenas nuevas del reino de Dios. Ese reino futuro y tan esperado, en el que Dios iba a instaurar su reino sobre la Tierra, había entrado en este mundo dolido en la persona del Rey, Jesucristo. La promesa es que los que "se arrepientan y crean en el Evangelio" (Marcos 1:15) pasan de ser del reino de las tinieblas a formar parte del reino del Hijo amado (Colosenses 1:13). En los corazones de los seguidores de Jesús se instaura una nueva autoridad. Esa autoridad afecta a todo lo que somos y todo lo que hacemos. Si formamos parte de ese reino, eso implica que no hay una milésima de nuestras vidas que no esté bajo la autoridad de Jesús. Fundamentalmente, somos gente del reino, lo que significa que Jesús es Señor de nuestros corazones, hogares y puestos de trabajo; de nuestras actitudes, pensamientos, deseos; de nuestras relaciones y decisiones morales; de nuestras

---

[12] Ibíd. p. 11.

[13] Dallas Willard, *The Divine Conspiracy* (San Francisco, Harper, 1998), p. 315.

convicciones sociales y de la conciencia social. En todas las áreas de nuestra vida, en las relaciones personales y en la participación social, buscamos vivir según la mente y la voluntad de Dios.

No obstante, la realidad es que hoy sufrimos la misma doblez a la que ya se refería Martín Lutero hace casi quinientos años. Cuando escribió uno de sus últimos tres tratados, *Un llamamiento a la clase dirigente de nacionalidad alemana*, Lutero dijo que el primer obstáculo del romanismo o catolicismo romano era la falta de distinción entre lo que él llamaba el "estado espiritual" y el "estado temporal". En días de Lutero el estado espiritual era el estamento de la iglesia y sus santas órdenes, que había llegado a colocarse en una posición más elevada que el estado temporal, el estamento gubernamental y la vida cotidiana. Lutero intentó echar abajo el muro entre lo sagrado y lo secular, defendiendo que en el lenguaje del reino todo es sagrado. La línea divisoria no está entre lo sagrado y lo secular, sino entre el reino de Dios y el reino de las tinieblas.

Aún estamos bajo la falsa idea de que el reino de la religión está en el área de lo sagrado, de lo privado. Lo sagrado tiene que ver con la Iglesia, la familia, y los compromisos personales que uno hace. La religión es una cuestión privada, personal, que tiene muy poca influencia en las esferas de la vida pública: el trabajo, la política o las demás instituciones de la sociedad como la economía, la educación o los medios de comunicación. El vicepresidente del canal NBC se acababa de convertir, y le preguntaron cómo iba a afectar su nueva fe a los valores morales de la programación. Fiel a esa separación entre lo secular y lo sagrado, dijo: "Lo que ocurre con mi nueva fe es que me da paz interior, pero no va a afectar a la programación. Lo único que hace esa fe es ayudarme a pensar con más claridad, pero eso solo significa que probablemente voy a pensar en términos más comerciales de lo que lo hacía antes".[14]

Muchos cristianos desconectan de su fe cuando llega el momento de ser representantes del reino de Dios en el lugar donde más horas pasan: su trabajo. Al llegar al trabajo, muchos creyentes, de forma inconsciente, se quitan el "traje de cristiano" para ponerse el "traje secular". Es como si asumieran que en el entorno secular las reglas que valen son diferentes a las características del entorno sagrado o eclesial. ¡Qué lejos está eso del mensaje de Jesús sobre el reino!

Evalúa tu ministerio en la escala del 1 al 5 (1 = fe privada; 5 = discipulado holístico)

SÍNTOMAS	PUNTUACIÓN	NOTAS
Fe privada ... Discipulado holístico		

4. *Ir contracorriente*. Las Escrituras describen a la comunidad cristiana como una fuerza contracorriente; la realidad es que vemos a muchos creyentes cuyos valores y estilo de vida no son muy diferentes a los de la gente no cristiana.

---

[14] Os Guiness, *The Gravedigger File* (Downers Grove, Ill.: Intervarsity Press, 1983), p. 169.

Stott explica que la intención del Señor era que la Iglesia fuera una comunidad de una "no-conformidad radical". Esta expresión es un buen resumen de algunas de las metáforas bíblicas de la misma. La imagen de que somos extranjeros, peregrinos o advenedizos habla de la relación de los creyentes con este mundo (1ª Pedro 2:11). La Iglesia, según la Biblia, es un cuerpo cuyo estilo de vida colectivo es una alternativa contracultural a los valores de la sociedad dominante.

El apóstol Pedro nos dio una imagen que ilustra muy bien esta nueva realidad cuando se dirigió a la Iglesia esparcida por todo el mundo grecorromano. Aunque aquellos creyentes en Jesús no tenían una tierra propia, les dijo: "sois... nación santa" (1ª Pedro 2:9). Al usar esta imagen, Pedro estaba diciendo: "Sois un pueblo sin fronteras geopolíticas, porque sois una iglesia sin fronteras". Ser santo quiere decir separado, apartado de los demás para ser diferente. Una de las principales características de este pueblo del reino es su estilo de vida lleno de compasión y marcado por el sacrificio. Haciéndose eco de las palabras de Jesús en el Sermón del Monte (Mateo 5:16), Pedro dice: "Mantened entre los gentiles una conducta irreprochable, a fin de que en aquello que os calumnian como malhechores, ellos, por razón de vuestras buenas obras, al considerarlas, glorifiquen a Dios en el día en el que Él pida cuentas a todos" (1ª Pedro 2:12). Los enemigos de la Iglesia no estarán de acuerdo con nuestras creencias, pero no podrán negar la forma en que vivimos.

Si lo que acabamos de decir es cierto, ¿qué ve la gente cuando mira a la iglesia de hoy? Muchos concluyen que la Iglesia, lejos de ir contracorriente, no es demasiado diferente a lo que hay fuera de ella. Después de analizar diferentes categorías de estilos de vida y valores, Barna dice: "El hecho de que la proporción de cristianos que afirman esos valores sea equivalente a la proporción de no cristianos que defiende valores similares muestra la poca importancia que el cristianismo ha tenido en las vidas de millones de personas que se denominan cristianas".[15] En cuanto al materialismo y al éxito, la mitad de la población cristiana nunca tiene suficiente dinero para comprar lo que necesitan o quieren. Uno de cada cuatro cristianos piensa que cuanto más tienes, más triunfas.

La Iglesia no es inmune a la epidemia del individualismo y del consumismo que domina nuestra sociedad. El sociólogo Robert Bellah estudió cuál es el elemento principal que define el carácter americano, y llegó a la conclusión de que lo que caracteriza a los americanos es la libertad. No obstante, si hacemos una observación más rigurosa, veremos que tienen una visión parcial de la libertad. Los americanos quieren ser "libres de", en vez de ser "libres para", es decir, tienen una actitud que se definiría de la forma siguiente: "quiero hacer lo que yo quiera, y cuando yo quiera; que nadie me diga lo contrario". Bellah comenta que esta cualidad no ayuda a construir relaciones duraderas (como el matrimonio) ni a construir comunidades fuertes. Como la Iglesia se reduce a un grupo de individuos que compran para cubrir sus necesidades, no tenemos comunidades con una base sólida en el sentido bíblico. Entonces, a partir de esa realidad, ¿cómo podemos construir comunidades que van contracorriente?

---

[15] George Barna, citado en Bill Hull, *The Disciple Making Pastor* (Grand Rapids, Mich.: Revell, 1988), p. 21.

Evalúa tu ministerio en la escala del 1 al 5 (1 = mezclarse con; 5 = ir contracorriente)

SÍNTOMAS	PUNTUACIÓN	NOTAS

Mezclarse con ... Ir contracorriente

5. *Un organismo escogido y esencial.* Las Escrituras describen a la Iglesia como un organismo escogido y esencial, el organismo en que Cristo habita; la realidad es que la gente ve la Iglesia como una institución opcional, innecesaria para el discipulado.

La Iglesia de Jesucristo no es ni más ni menos que su representación en la Tierra. Jesús da continuidad a su Encarnación habitando en su pueblo. Ray Stedman, al final de sus días, describió de forma sucinta la relación de Cristo con su Iglesia: "La vida de Jesús aún se está manifestando en la Tierra, pero ahora esa manifestación ya no es a través de un solo cuerpo físico, limitado a un solo lugar, sino que es a través de un cuerpo plural y complejo llamado Iglesia".[16] La imagen favorita del apóstol Pablo para describir a la Iglesia es la del Cuerpo de Cristo. Cuando Pablo usa esta expresión, es más que una buena metáfora o figura literaria. No está diciendo que la Iglesia es *como* el cuerpo de Cristo, sino que *es*, literalmente, el cuerpo de Cristo. Es el lugar en el que Cristo habita.

La implicación de todo esto es que, para aquellos que llaman a Cristo su Señor, la Iglesia no es una cuestión opcional. La Iglesia es el elemento central del plan de salvación de Dios. Dios salva a las personas para que pasen a formar parte de una nueva comunidad, que es la vanguardia de una nueva humanidad. Seguir a Cristo es unirse a su pueblo. Hay mucha gente hoy en día que dice: "Jesús sí; la Iglesia, no". Pronunciarse así es no entender el lugar que tiene en el increíble plan de salvación que Dios ha trazado. Ser seguidor de Cristo es entender que no se le puede seguir de forma individual, aislada de los demás.

Y, sin embargo, vemos que esta visión de que es algo opcional caracteriza a nuestra cultura individualista. ¿De qué forma se expresa esta visión de la Iglesia como algo opcional?

Una de las expresiones es que no es necesario para todos los cristianos estar involucrados en ella. Mi mujer y yo visitamos una iglesia muy conocida en Carolina del Sur, el domingo después de Semana Santa. El mensaje estaba dirigido a las 2100 personas que habían decidido seguir a Cristo en los cultos de la semana anterior. El predicador preguntó a los asistentes: "¿Es necesario ir a la Iglesia o ser parte de la Iglesia para ser cristiano?". Y él mismo contestó: "No, no es necesario". Me contuve, pero hubiera querido levantarme y gritar: "¡Sí, es absolutamente necesario ser parte de la Iglesia si eres cristiano!". Pero parece ser que ésa no es la opinión más extendida, ni siquiera entre muchos líderes.

---

[16] Ray Stedman, *Body Life* (Glendale, Calif.: Regal, 1972), p. 37.

Los líderes cristianos vivimos con la tensión de servir a una comunidad de personas con un compromiso poco sólido. ¿Cómo llamar a la gente a la disciplina del discipulado cuando no te hacen caso o incluso buscan la mínima oportunidad para aprovecharse de ti? Si un creyente no entiende que su relación con la Iglesia es una relación bilateral (pactual), ¿cómo va a llegar a ser un discípulo conforme a Cristo?

Evalúa tu ministerio en la escala del 1 al 5 (1 = la iglesia es opcional; 5 = la iglesia es esencial)

SÍNTOMAS	PUNTUACIÓN	NOTAS
La iglesia es opcional ...		
La iglesia es esencial ...		

6. *Personas con conocimiento bíblico.* Las Escrituras describen a los creyentes como personas con conocimiento bíblico cuyas vidas están fundadas en la verdad revelada; la realidad es que muchos creyentes no conocen la Biblia y acaban conformándose a las cosmovisiones de moda.

El Antiguo y el Nuevo Testamento son los documentos fiables que Dios ha elegido para revelarse a la Humanidad. Ésta es la confesión cristiana histórica sobre la Biblia. Jesucristo es el Verbo o la Palabra hecha carne, y la Biblia es la Palabra escrita inspirada por Dios, que es el testimonio fiable de su actuación en medio de la Historia. Aunque la verdad puede encontrarse más allá de la Biblia, para saber si algo es verdad tenemos que contrastarlo con la Palabra escrita de Dios. Esta creencia sobre el libro que llamamos "La Biblia" la ha hecho la fuente de nuestra enseñanza y predicación, el objeto de nuestra lectura devocional, y la verdad en torno a la que se reúnen los grupos pequeños o células. Las disciplinas de la oración y de la lectura de la Biblia se han presentado como las actividades que deberían caracterizar la práctica devocional diaria del creyente.

Sin embargo, a pesar de lo que afirmamos sobre este libro, los cristianos en general no conocemos su contenido y tenemos convicciones contrarias a su enseñanza. En cuanto a la separación entre la actitud que la gente tiene ante la Biblia y su conocimiento de ella, Gallup comenta lo siguiente: "Los estadounidenses tienen la Biblia en un pedestal, pero en la mayoría de casos ahí se queda, no la cogen para leerla".[17] Según Gallup, el 65 por ciento de la población adulta está de acuerdo en que la Biblia responde todas o casi todas las preguntas fundamentales de la vida".[18] El estudio de Barna revela que el 60 por ciento de los adultos norteamericanos y el 85 por ciento que se describe a sí mismo como nacido de nuevo afirmaría la siguiente declaración: "Todas las enseñanzas de la Biblia son totalmente exactas". A pesar de esta afirmación, el desconocimiento de ese libro que

---

[17] George Gallup Jr. y Jim Castelli, *The People's Religion* (New York: Macmillan, 1989), p. 60.

[18] Alec Gallup y Wendy W. Simmons, The Gallup Organization, publicación del resultado de las encuestas, 20 de octubre de 2000.

ponemos en un pedestal es estremecedor. Por ejemplo, el 53 por cierto de los adultos que participaron en el estudio de Barna creen que la afirmación "Dios ayuda al que mira por sí mismo" es una verdad bíblica.

Es triste que no conozcamos mucha información que aparece en la Biblia, pero, lo más preocupante es que tengamos creencias fundamentales que son contrarias a la enseñanza bíblica. De entre todos los norteamericanos, el 61 por ciento cree que el Espíritu Santo no es una entidad viva, sino que es un símbolo del poder y la presencia de Dios, mientras que el 58 por ciento cree que el Diablo o Satanás no es un ser vivo, sino un símbolo del mal. Quizá el descubrimiento más preocupante fue ver que 4 de cada 10 personas que están siguiendo un discipulado formal creen que la verdad absoluta no existe.[19]

Hace tan solo una generación, dos oradores cristianos, Francis Schaeffer y Elton Trueblood, predijeron que en la siguiente generación desaparecería de nuestra cultura la memoria del cristianismo. Ambos definían Norteamérica como una sociedad sin raíces. Con eso querían decir que nuestra cultura ha sido cortada de sus raíces judeocristianas y que estamos viviendo de la memoria de esa fe. Y lo que estaban diciendo es que con el paso de una generación más, esa memoria desaparecería. Nosotros somos esa próxima generación a la que hacían referencia. Los predicadores y los maestros de la Palabra no pueden dar por sentado que al mencionar los nombres de personajes como David y Goliat sus oyentes sabrán a qué historia se están refiriendo. Ya no se puede hacer ninguna suposición sobre el grado de conocimiento de las personas o sobre sus creencias.

Evalúa tu ministerio en la escala del 1 al 5 (1 = desconocimiento bíblico; 5 = conocimiento bíblico)

SÍNTOMAS	**PUNTUACIÓN**	**NOTAS**
Desconocimiento bíblico ...		
Conocimiento bíblico ...		

7. *Personas que hablan de su fe*. Las Escrituras describen a los creyentes como aquellos que hablan de su fe en Cristo a los demás; la realidad es que somos un pueblo avergonzado que nos encogemos ante la idea del testimonio personal.

Somos narradores de historias. La Biblia explica una historia de amor de cómo Dios busca a la humanidad rebelde. Aquellos que han sido seducidos por Jesucristo tienen una historia que contar, una historia sobre la forma en que Dios nos ama, nos busca, y nos ofrece sus brazos abiertos. Y es que Dios nos ha dado un papel muy importante en esta gran historia de amor y redención. Cada uno tenemos un rol asignado en el escenario de la Historia, que es la esfera en la que Dios escribe su historia. Ésa es la historia que da sentido a nuestra existencia. Aunque cada persona es única, hay un hilo común en el guión de nuestras vidas; Jesús dijo: "Me seréis testigos" (Hechos 1:8). Cada uno de

---

[19] Estudio por encuestas *online*, "American Bible Knowledge is in the Ballpark but Often Off Base", 12 julio de 2000 <www.barna.org>.

nosotros tenemos nuestra historia (nuestro testimonio) y *la* historia (el Evangelio), y cuando las explicamos los demás pueden ver que ellos también aparecen en esa historia de amor y redención. Pablo no podía ser más claro sobre el privilegio que tenemos cuando escribió que el Evangelio "es poder de Dios para salvación" (Romanos 1:16). Dios nos ha confiado la historia del planeta que ha recibido la visita de su Creador, y la propagación de esa historia es el sistema que utiliza para tocar el corazón de las personas.

¿Explicamos *la* historia? Haciendo una valoración rápida, parece ser que sí. Pero si hacemos un estudio más detenido, la cosa no está tan clara. De los que se identificaron como cristianos nacidos de nuevo, el 55 por ciento dijo que le habían hablado a alguien de su fe en Cristo en el último año con la esperanza de ver que esa persona se convierta en un seguidor de Cristo.[20] No obstante, cuando les preguntaron si habían establecido una relación con alguien con la intención de poder llevar a esa persona a los pies de Cristo, solo respondió afirmativamente uno de cada diez encuestados. "De cada 5, menos de 1 dijo que tenía amigos no creyentes a los que conocía lo suficientemente bien como para explicarle su fe en un contexto de confianza y credibilidad".[21] Otro dato revelador es que, estadísticamente hablando, hacen falta 100 miembros de iglesia para ganar a 1,67 personas para Cristo en un año. Esto indica que hay un porcentaje muy pequeño de cristianos que practican el testimonio personal.

En mi experiencia como pastor, suele ocurrir que un porcentaje muy pequeño de la congregación tiene la confianza y la motivación suficientes como para hablar de su fe. Una causa importante de este factor es la intimidación que provoca vivir en una cultura que rechaza la verdad absoluta. La única verdad que la gente acepta es la verdad personal. Cada uno tiene su propia verdad individual, verdad que no podemos imponer a nadie más. El resultado de eso es que acabamos colocando todas las verdades en el mismo plano. Dado que el dios de estos tiempos es "poder ejercer el derecho a elegir", cualquier creencia que se presente como *la* verdad nos provoca indignación. En muchas ocasiones he tenido que escuchar palabras como éstas: "¿Me estás diciendo que si no acepto a Cristo voy a ir al infierno?". En esos momentos uno traga saliva, y si se atreve, dice a regañadientes: "Jesús es Aquel en quien Dios se ha revelado, y a través del cual podemos llegar a Dios". Parece una declaración muy intolerante en una época en la que la gente pone la tolerancia al mismo nivel que la Gracia.

En este ambiente de intimidación, nos tenemos que preguntar: ¿qué estamos ofreciendo? ¿Realmente creemos que tenemos algo que merezca la pena compartir? O, dicho de otra forma: ¿queremos que los demás tengan la misma relación con Dios que nosotros? Bill Hybels, pastor de la iglesia en Willow Creek, dice que la gente con inquietudes mira nuestras vidas mientras se pregunta: "Si me convierto en un cristiano, ¿voy a ganar o voy a perder?".[22] Así que la pregunta que nos debemos hacer es: ¿la gente

---

[20] Barna, *Growing True Disciples*, p. 52.

[21] Ibíd.

[22] Bill Hybels, The Contagious Evangelism Conference [Conferencia sobre la Evangelización Contagiosa], Willow Creek Community Church, 16–18 ocubre de 2000.

ve en mí que el amor y el gozo que Jesús da valen la pena? Muchos llegan a la conclusión de que no vale la pena.

Evalúa tu ministerio en la escala del 1 al 5 (1 = no practicar el testimonio personal; 5 = explicar nuestra fe)

SÍNTOMAS	PUNTUACIÓN	NOTAS
No practicar el testimonio personal ...		
Explicar nuestra fe ...		

¿Misión imposible?

¿Es ésta una descripción adecuada del estado del discipulado hoy? ¿Demasiado exagerada? ¿O concuerda con tu realidad? Si este retrato de la distancia entre la norma bíblica y el estado actual del discipulado es bastante acertado, entonces hay muchísimo trabajo que hacer.

¿A dónde queremos llegar? Las palabras de Joel Barker nos ayudan a describir cuál es nuestro objetivo. Él propone que nos planteemos esta pregunta, para ver si necesitamos un cambio de paradigma: "¿Qué cosas crees que es imposible realizar en tu empresa [léase, en tu iglesia o ministerio], pero que si se pudieran hacer, producirían un cambio radical?".[23] Siguiendo esta misma idea, mi propuesta es que nos hagamos la siguiente pregunta, para poner en palabras esa posibilidad que, dada la situación actual, tantas veces nos parece imposible: ¿Cómo podemos llegar a tener seguidores de Jesucristo completamente entregados y con iniciativa de hacer discípulos?

Esta pregunta estratégica es una forma de preguntarnos cómo podemos cumplir lo que según Jesús es la misión de su Iglesia. Jesús ya nos ahorró tiempo y esfuerzo cuando escribió nuestra Declaración de Misión por nosotros: "Id y haced discípulos [míos] a todas las naciones" (Mateo 28:19). ¿Qué es un discípulo de Jesús, sino alguien que está completamente entregado a él, y que tiene la iniciativa de hacer nuevos discípulos? Parece muy difícil pensar en un día en el que nuestras iglesias estén llenas de discípulos a los que no se tenga que empujar, motivar y engatusar para que se pongan manos a la obra.

Mi objetivo en este capítulo ha sido que reflexionáramos y que viéramos que nuestro sueño es posible. Pero después de reflexionar, los líderes debemos hacer algo. John Kotter en su libro *Leading Change* dice que la mayoría de las veces en las que no se dan los cambios esperados es porque no hay sentido de urgencia.[24] ¡El liderazgo tiene que

---

[23] Joel Barker, *Future Edge: Discovering the New Paradigms of Success* (New York: William Morrow, 1992), p. 147.

[24] John P. Kotter, *Leading Change* (Boston: Harvard Business School Press, 1996), p. 35.

transmitir ese sentido de urgencia, que surge cuando definimos la realidad y llamamos al pueblo de Dios a ver las posibilidades y los sueños de los que Dios quiere que participemos!

Hasta que no evaluemos seriamente la situación en la que nos encontramos, las cosas no podrán llegar a ser tal y como Dios planeó que fueran. Tenemos esperanza porque Jesús como Señor de la Iglesia obra para que su *Esposa* llegue a ser sin marcha, ya que su Iglesia es la encargada de manifestar la vida en Él. Barna escribe lo siguiente: "El cristianismo sería increíblemente influyente en nuestra sociedad si los cristianos vivieran su fe de forma coherente. La mayoría de la gente que no es cristiana no lee la Biblia, por lo que juzgan el cristianismo mirando el estilo de vida de los cristianos que conocen. El problema es que la mayoría de cristianos no viven como cristianos y eso es, en parte, porque no saben lo que creen y, por tanto, no puedan aplicar de forma adecuada los valores bíblicos a sus vidas".[25]

¿Cómo hemos llegado a este punto? Describir la situación en la que nos encontramos es una cosa. Pero otra cosa bien diferente es identificar las causas del problema. En el capítulo siguiente, completaremos el retrato que hemos hecho de la realidad identificando los factores que han propiciado que la misión central de la Iglesia ya no sea hacer discípulos maduros que a su vez tengan la iniciativa de hacer discípulos. Si sabemos las causas de nuestro bajo nivel de discipulado, y las aceptamos, entonces podremos enfrentarnos a ellas e intentar buscar una solución.

2. La enfermedad del discipulado

Análisis de las causas

¿Qué posibilidades de supervivencia le darías a una organización en la que el 20 por ciento de sus miembros son los que hacen el trabajo, mientras el 80 por ciento eligen su nivel de participación? Solo una sexta parte de los miembros se esfuerzan de forma regular para entender la misión de la organización y el papel que ellos tienen en esa misión. Aunque sus miembros declaran que el manual de la organización es su guía, la mayoría dedica muy poco tiempo a leerlo para vivir según sus consejos. Cuando los miembros están desempeñando sus funciones públicas fuera de la organización, la mayoría de la gente con la que se relacionan no tiene ni idea de que la organización tiene para ellos algún tipo de significado. Los miembros se han mezclado tanto con el resto de la gente que no se les puede distinguir de aquellos que no tienen nada que ver con la organización. De hecho, la mayoría de participantes de la organización ven su membresía como algo opcional, no como una necesidad para vivir según los ideales de la organización.

Si la Iglesia tuviera simplemente un origen humano, sería una organización sin ningún tipo de esperanza; no tendría futuro. Pero ya que la Iglesia es el plan de Dios para redimir

---

[25] Estudio por encuestas *online*, Barna Addresses Four Top Ministry Issues of Church Leaders", 25 de septiembre, 2000 <www.barna.org>.

al mundo, tenemos la confianza absoluta de que nuestro Señor la restaurará para el propósito para el cual la diseñó: hacer discípulos de todas las naciones. Él dijo que sus seguidores serían la luz del mundo y la sal de la Tierra.

En este capítulo hablaremos de las causas de que el discipulado haya llegado al estado enfermizo en el que se encuentra. Si lleváramos a la Iglesia de hoy al médico para que le hiciera una revisión, ¿cuál sería el diagnóstico? Aquí incluimos ocho factores que han contribuido a que no haya más seguidores de Jesús completamente comprometidos y dispuestos a hacer discípulos.

Hemos olvidado el llamamiento principal

La primera causa del estado en que se encuentra el discipulado hoy es que los pastores se han desviado de su llamamiento principal, que es "preparar a los santos para la obra del ministerio".

El Nuevo Testamento no nos da una larga descripción de trabajo en cuanto al papel que los pastores y ancianos tienen que desempeñar en relación con el pueblo de Dios, pero lo que sí nos da, nos lo da de forma muy clara. La descripción de trabajo más cercana a la de un pastor la encontramos en el tan conocido pasaje de Efesios 4:12, que dice que aquellos que Dios ha llamado como líderes de la Iglesia tienen que "preparar a los santos para la obra del ministerio". En mi libro *Unfinished Business*[1] aparece una larga explicación del significado del término *preparar* o *perfeccionar*.[2] A los líderes de las iglesias se les ha encomendado la tarea de preparar o formar a los demás creyentes (a los santos) para el servicio que tienen que desempeñar en el Cuerpo de Cristo. Todos los miembros del pueblo de Dios son ministros, mientras que el liderazgo de la Iglesia son los administradores.[3] Dicho de otra forma, los líderes existen para servir a los siervos y, por tanto, ofrecer el ánimo y la formación necesarios para que los ministros puedan ministrar. Si los pastores-maestros y los otros líderes cumplen su papel tal como está prescrito en las Escrituras, entonces de forma natural habrá consecuencias positivas: el Cuerpo de Cristo es edificado, la unidad de la fe se fundamenta en el conocimiento del Hijo de Dios, y la Iglesia crece en madurez, "llegando a la plena estatura de Cristo" (Efesios 4:13).

Si fuéramos Satanás y quisiéramos impedir que los discípulos crecieran en madurez, ¿qué haríamos? Yo, intentaría que los líderes dejaran de cumplir la misión que Dios les ha dado de preparar a los santos. Les distraería con otras actividades buenas y nobles que no tuvieran nada que ver con ayudar a la gente a crecer hacia la madurez y a involucrarse en el ministerio. Esto es exactamente lo que ha ocurrido. Hemos relegado a nuestros líderes para tareas de planificación de programas, de administración y de visitación.

---

[1] Greg Ogden, *Unfinished Business: Returning the Ministry to the People of God* (Grand Rapids, Mich.: Zondervan, 2003). Este libro se había publicado anteriormente bajo el título *The New Reformation*.

[2] Ibíd., cap. 6.

[3] Rick Warren, *Una Iglesia con Propósito* (Grand Rapids, Mich.: Vida, 1998), cap. 19.

La tarea del cuidado pastoral ha consumido a los pastores. Poner sobre el pastor todo el peso de la visitación ha impedido que la madurez espiritual de las personas se desarrolle. Los pastores son plenamente conscientes de que una gran parte de su trabajo es responder a la necesidad de cuidado de sus miembros. Si alguien está en el hospital o está llorando la muerte de un ser querido o está pasando por una crisis como la pérdida de un trabajo, problemas matrimoniales o con un hijo rebelde, se espera que el pastor esté presente. El contrato emocional entre los miembros y el pastor en la mayoría de las iglesias es: "Pastor, si estoy pasando por dificultades, espero que estés a mi lado ayudándome a salir de ellas. Si no estás a mi lado, no estás cumpliendo con la tarea que se supone que los pastores deben desempeñar. Si no has estado a mi lado, entonces no eres un buen pastor".

Fui de conferenciante a un retiro de pastores metodistas. Todos habían venido atados a sus "buscas" y a sus móviles. Su ministerio pastoral se había centrado en dejarlo todo cuando los miembros de sus iglesias les decían que les necesitaban. Lo que hace que el cuidado pastoral sea tan atrayente es que parece ser una tarea muy noble o altruista. ¿Qué mejor forma de ejemplificar el ministerio de servicio de Jesús que responder al llamamiento de los demás? Pero, ¿en qué medida responder a las necesidades de los miembros "prepara a los santos para obras de servicio"?

Lo bueno siempre es enemigo de *lo mejor*. Los apóstoles se enfrentaron a esta tentación durante la primera etapa de la vida de la Iglesia. En la iglesia de Jerusalén surgió una disputa porque las viudas griegas creían que, en la distribución diaria de comida, se las dejaba de lado. Y el problema llegó hasta los apóstoles. Aquí tenían una oportunidad de actuar como verdaderos siervos, y establecer así un ejemplo para todos. Pero los apóstoles decidieron que servir las mesas no era su llamamiento principal. Acertadamente vieron esta oportunidad de servicio como un impedimento para ejercer su vocación, que era predicar la palabra y orar. "No es justo que nosotros dejemos la palabra de Dios, para servir a las mesas" (Hechos 6:2). Se negaron a hacerlo, no porque fuera una tarea indigna para ellos, sino porque no era el llamamiento que habían recibido de Dios. Además, al negarse a hacer algo a lo que Dios no les había llamado, dieron oportunidad de servicio a otros miembros del Cuerpo.

Cuando los pastores hacen tareas que no les incumben, están aceptando una tarea que ha sido asignada a la Iglesia: cuidaos los unos a los otros. Aunque a veces es necesario que los pastores ejerzan el cuidado pastoral, en la mayoría de las ocasiones los miembros deberían cuidarse los unos a los otros. Los pastores se pasan el tiempo visitando a gente en vez de invertir en desarrollar el liderazgo, en adiestrar a personas para que crezcan hacia la madurez, en enseñar a otras a cómo discernir la vocación al ministerio, en transmitir una visión del ministerio en la que todos los miembros se ministran los unos a los otros. La habilidad de los santos para ministrar, sigue tristemente subdesarrollada porque los pastores no se centran en su tarea de ayudar a los miembros a avanzar hacia la madurez y darles un ministerio.

Resumiendo, la situación es fácil de describir: tenemos una iglesia sin recibir discipulado porque los líderes no han hecho de éste una prioridad.

Hemos enseñado a través de programas

La segunda causa del bajo nivel de discipulado es que hemos intentado hacer discípulos usando programas sin revelación fresca. Ambos son necesarios.

El contexto que las Escrituras proponen para hacer discípulos es el de las relaciones. Jesús llamó a los doce para que estuvieran con Él, porque sus vidas serían trasformadas mediante el contacto personal con Él. Para hacer discípulos hace falta poner en práctica la proximidad. El apóstol Pablo tenía a sus "Timoteo" que eran compañeros del ministerio, ya que en ese ministerio "codo a codo", podía formar a los líderes para que siguieran su trabajo cuando él ya no estuviera. Los discípulos se hacen y crecen dentro del contexto de las relaciones intencionales y sinceras (Proverbios 27:17).

En la Iglesia de hoy, para cumplir con nuestra tarea de hacer discípulos, hemos sustituido el trabajo centrado en las personas por programas. Con el término "programas" me refiero a métodos estructurados que usamos para guiar a grupos grandes de personas a través de un material concreto. Todos los programas académicos pueden contribuir al desarrollo del discipulado, pero no pueden pasan por alto el ingrediente central, la revelación y la unción fresca. Cada discípulo es una persona única, que crece a un ritmo concreto. No lograremos hacer verdaderos discípulos a menos que éstos reciban una atención personal, y así podamos atender sus necesidades particulares de crecimiento de forma que lleguen a entender que el llamamiento a negarse a sí mismo y a dejar que Cristo sea el Señor de sus vidas es un llamamiento individual, personal.

Como el seguimiento personal es muy costoso y requiere mucho tiempo, lo hemos sustituido por programas. Como dice George Barna, los programas "normalmente se adoptan como una forma de ubicar a grandes grupos de gente en un proceso ordenado, fácil de gestionar y controlar. Si somos honestos, tenemos que admitir que la ausencia de crecimiento personal habla de nuestra preocupación por el estilo más que por la sustancia, y nuestra entrega a la acción o activismo más que a ser de impacto".[4] Dicho de otra forma, los programas nos hacen creer que estamos haciendo discípulos, pero a fin de cuentas, no es una realidad, sino una ilusión o espejismo.

¿Por qué no sirven los programas para hacer discípulos? Según mi opinión, los programas tienen cuatro características en común.

Los programas suelen estar basados en la información o el conocimiento. Los programas suelen partir de la idea de que si alguien tiene información, esa información automáticamente le llevará a la transformación. Es decir, un conocimiento correcto le llevará a una forma de vida correcta. Pero eso no siempre funciona. Un ejemplo muy conocido es el de Elvis Presley. De niño fue gratis cinco veranos seguidos a campamentos de la iglesia por haber memorizado 350 versículos de la Biblia durante el curso. ¡Eso significa que Elvis se había aprendido de memoria 1.750 versículos! No obstante, el contenido de esos versículos no fue suficiente para mantener al cantante en el camino que agrada a Dios.

---

[4] George Barna, *Making True Disciples* (Ventura, Calif.: Issachar Resources, 2000), p. 9.

Yo he sido pastor y profesor, y no tengo nada en contra de la enseñanza de conocimiento. Pero la información por sí sola no logrará que se dé una transformación. Somos capaces de guardar la verdad en un compartimento de nuestra mente, y no dejar que cambie la forma en que pensamos, sentimos o actuamos. Santiago hizo la misma observación cuando dijo que la fe sin obras es muerta. Podemos tener una serie de creencias y aun así, impedir que éstas afecten a nuestro estilo de vida. Para explicar esto, Santiago escribe: "También los demonios creen [en Dios] y tiemblan" (Santiago 2:19). Normalmente se ha visto el proceso de enseñanza como aquel profesor que toma su cántaro lleno y lo vacía en el cántaro vacío de su alumno, como si solo fuera un proceso de transmisión de información. Como nuestro objetivo es que los discípulos se parezcan a Cristo cada día más, tenemos que preguntarnos si eso se logra enseñando conocimiento.

Los programas son el trabajo de uno o unos pocos. Muchos programas son el trabajo de una persona o de un grupo reducido de personas. Los demás se convierten, en mayor o menor grado, en receptores pasivos del trabajo de esos pocos. Aunque este modelo será de mucho beneficio para aquellos que lo han preparado, el resultado suele ser que hay grandes cantidades de información que se quedan sin procesar. El clásico ejemplo de esto es la predicación. Aunque creo en el poder de la predicación para traer convicción y decisión, sería un ingenuo si defendiera que la predicación por sí sola es suficiente para hacer discípulos.

Durante la etapa en la que fui profesor de seminario, para liberarme en la iglesia no me añadieron en la lista de predicadores, así que tuve tiempo de reflexionar sobre lo que ocurre o no ocurre en el contexto de la predicación. Llegué a la conclusión de que la Palabra que ha sido predicada necesita del contexto de la comunidad, donde se pueda hablar sobre su significado y de donde puedan surgir declaraciones valientes sobre las implicaciones que la Palabra tiene para nuestras vidas. Cuando se acaba el culto, mucho de lo que ha ocurrido en el culto ya se ha perdido cuando la gente se levanta y empieza a saludar a los demás.

Los programas están caracterizados por la reglamentación o la sincronización. La naturaleza de la mayoría de programas no tiene en cuenta el ritmo de crecimiento de las personas, cosa esencial para el desarrollo de los discípulos. Cuando se juntan más de cuatro personas, debemos establecer un sistema para asegurarnos de que estas personas van avanzando por el contenido de una forma coordinada. Así que tenemos programas que duran diez semanas (o treinta semanas, o el tiempo que sea) para hacer discípulos. La idea es que todas las personas cubren el mismo contenido en el mismo tiempo y al mismo ritmo. Completar el programa es igual a hacer discípulos.

Cada persona es única, diferente a las demás. Hacer discípulos requiere una atención individualizada. Eso significa que áreas como (1) el conocimiento de la persona a la que estamos enseñando; (2) el crecimiento de su carácter; (3) su obediencia en las áreas del pensamiento, las palabras y las acciones; (4) su discernimiento en cuanto a su ministerio; etc., deben tratarse teniendo en cuenta que Jesús se declara Señor de la vida de cada creyente (de forma individualizada), a quien ha puesto en una comunidad concreta. Ése es el contexto bíblico y real. Barna llega a la siguiente conclusión: "Hay muy pocas iglesias que guíen a sus miembros a través de un aprendizaje que se adapte a las necesidades, las circunstancias y el ritmo del estudiante".[5]

Los programas no suelen ofrecer espacio para las relaciones sinceras. ¿Recuerdas a alguna persona que, dentro del contexto de una relación sincera, te retara cuando no estabas obedeciendo a Jesús? Si nos fijamos con atención, el objetivo principal de los programas es, por lo general, completar la serie de estudios. Muchas veces nadie se asegura de que el estudiante esté dando pasos que cambiarán su vida. Barna lo explica de la forma siguiente: "Hay muy pocas iglesias que tengan un sistema para medir lo que está ocurriendo en la vida de sus miembros o asistentes. Muy pocos creyentes tienen a alguien con quien desarrollar una relación sincera, alguien que les ayude a establecer objetivos específicos y alcanzables y alguien a quien rendir cuentas cuando no están trabajando para conseguir esos objetivos".[6]

Aunque todos los acercamientos al tema del discipulado tendrán elementos programáticos, como una estructura y un currículum (aunque solo sea la Biblia), el proceso de crecimiento de las personas siempre será mayor dentro de un contexto de relaciones.

Hemos reducido la vida cristiana

La tercera causa de la precariedad del discipulado es que hemos reducido la vida cristiana a los beneficios eternos que Jesús nos da, en lugar de vivir como "estudiantes" de Jesús.

Jesús definió claramente cuál era la misión de la Iglesia en lo que conocemos como La Gran Comisión, que algunos, y no sin razón, han llamado La Gran Omisión. Jesús ya escribió la Declaración de Misión que debían tener todas las iglesias del mundo: "Id, y haced discípulos a todas las naciones" (Mateo 28:19). No lo dejó ahí, para que adivináramos de qué forma se hacían discípulos. Jesús dijo que los discípulos debían ser bautizados en el nombre del Padre, y del Hijo, y del Espíritu Santo (sumergir su identidad en el Dios trino) y que se les debía enseñar a observar u obedecer lo que Él había ordenado. Dicho de otra forma, un discípulo es alguien que, en el contexto de la comunidad, se deja moldear por Jesús de forma que sea innegable que un poder transformador está actuando en él.

Dallas Willard, una voz profética en nuestra generación, asegura que nuestra comprensión de la vida cristiana como una vida entregada a Cristo dista mucho de lo que Jesús quería. Lo que hacemos es centrarnos en los beneficios que recibimos por fe en Jesús en lugar de vivir una vida como la de Jesús. Queremos abundancia, sin pasar por la obediencia. Willard llama a esta forma de vida un "cristianismo de *código de barras*". Si al pasar por el escáner de los cielos aparece la frase "posee la vida eterna" ya nos damos por satisfechos. Nos aferramos a la idea de que los cristianos no somos perfectos, pero hemos

---

[5] Ibíd.

[6] Ibíd.

sido perdonados. Según Willard, hemos reducido la vida cristiana a recibir el perdón de pecados. ¿Cuándo podemos decir que alguien es cristiano? Según nuestra tradición, alguien es cristiano cuando acepta el regalo de la vida eterna (el perdón) haciendo una oración de arrepentimiento, cuando levanta la mano en un culto evangelístico, cuando en silencio acepta a Jesús en su corazón o cuando recibe el sacramento del Bautismo. Desde la perspectiva evangélica, lo importante es que la deuda por nuestros pecados queda cancelada cuando los transferimos a la "cuenta" de Jesús.

Willard nos reta a que miremos el producto, y nos preguntemos cómo hemos llegado a la situación en la que nos encontramos. "¿No será que el pobre resultado que hemos obtenido no lo hemos logrado a pesar de lo que enseñamos y a pesar de cómo enseñamos, sino *como consecuencia* de lo que enseñamos y de cómo enseñamos?".[7] Reducir la vida cristiana a recibir el regalo del perdón ha hecho que la obediencia diaria de las enseñanzas sea algo irrelevante. Willard escribe: "El cristiano contemporáneo no ha interiorizado que entender la enseñanza de Cristo y vivir conforme a ella es de vital importancia para su vida, que es esencial".[8] ¿De qué otra forma podemos explicar, si no, que haya tantos que se llaman cristianos, pero que la calidad del discipulado sea ínfima? Creo que no hemos estado enseñando bien lo que significa ser cristiano.

Pero, ¿qué es lo que hemos hecho mal? No hemos animado a la gente a que se convierta en "aprendiz" de Jesús. Muchos cristianos no miran a Jesús como su Maestro, como su Señor. No lo ven como su Entrenador, que le ayudará a avanzar por la carrera de la vida. "Hoy en día no hay una determinación seria a animar a los seguidores de Jesús a que se dejen 'formar', para así poder obedecer y vivir en abundancia".[9] Si la hubiera, habría más estudios en la Iglesia sobre "Cómo bendecir de forma genuina a los que te escupen" o "Cómo vivir sin caer en la lujuria y la codicia". Estos títulos nos suenan un poco extraños, ¿no? Lo que hace que suenen extraños es nuestra poca determinación a conformarnos a las enseñanzas de Cristo.

Willard tiene razón cuando dice que hemos desligado la vida cristiana de la persona que nos ha llamado a que le sigamos. En su lugar, hemos aceptado los beneficios del perdón con un estado de paz interior y hemos igualado la vida cristiana a ser una persona decente.

Pensamos que hay dos niveles de discipulado

La cuarta causa del bajo nivel de discipulado consiste en que hemos convertido el discipulado en algo para los cristianos superespirituales.

Parece que existe una mala comprensión de lo que es ser cristiano, basada en la idea de que hay dos niveles de discipulado. Michael Wilkins, profesor de Nuevo Testamento y decano de la facultad del Talbot Seminary (California), suele hacer dos preguntas cuando

---

[7] Dallas Willard, *The Divine Conspiracy* (San Francisco: Harper, 1998), p. 40.

[8] Ibíd., p. xv.

[9] Ibíd., p. 315.

habla en clase sobre el discipulado. Las respuestas tan opuestas reflejan la forma en que las personas entienden el discipulado o seguimiento de Jesús. La primera pregunta es: "¿Puedes decir, con sinceridad, que eres un verdadero discípulo de Jesús? Si es así, levanta la mano". Wilkins dice que la mayoría de gente se queda confundida y no sabe lo que hacer y la mayoría, no levanta la mano. Algunos, la levantan con un gesto dubitativo, y la bajan rápidamente. Entonces Wilkins lanza la segunda pregunta: "¿Puedes decir, con sinceridad, que estás convencido de que eres un verdadero cristiano? Si es así, levanta la mano". Inmediatamente, todos levantan la mano con total confianza.[10]

¿Por qué a muchos les resulta fácil afirmar que son cristianos, pero tienen dudas a la hora de identificarse como discípulos de Jesús? La respuesta debe estar en que para los que se ven a sí mismos como verdaderos cristianos, el ser cristiano no tiene nada que ver con la calidad de su cristianismo. Los cristianos verdaderos son aquellos que han recibido el regalo de la Salvación y a quienes Cristo ve a través de la Gracia. Así que ser cristiano no es algo que uno pueda alcanzar por sí mismo. Sin embargo, decir que uno es un verdadero discípulo de Jesús es hacer una evaluación personal sobre la coherencia y el compromiso que uno tiene a la hora de seguir a ese que llama Señor.

Cuando Jesús dice: "Si alguno quiere venir en pos de mí, niéguese a sí mismo, tome su cruz cada día, y sígame" (Lucas 9:23), ¿es eso lo que espera de *todos* los que le aceptan como Salvador? La respuesta empírica es un rotundo "no". Mucha gente ha hecho una clara distinción entre lo que significa *ser cristiano* y *ser un discípulo*. Para algunos, la diferencia está en el nivel de compromiso. Dwight Pentecost escribe: "Hay una gran diferencia entre ser cristiano y ser un discípulo"[11] La diferencia está en el compromiso. Están los creyentes "de a pie" que han entrado en el reino a través de la fe en Cristo, y están los que se han negado a sí mismos respondiendo así al llamamiento de Jesús. Otros hacen una distinción similar, pero basada en el llamamiento a una profesión, es decir, están los creyentes "normales", y la clase superior, que son los pastores, misioneros, etc.

Pero si examinamos el concepto del discipulado desde una perspectiva bíblica, no podemos aceptar esa clasificación: los creyentes normales y los creyentes extraordinarios. Es cierto que hay cristianos que no han llegado a las expectativas que tenemos de los discípulos de Jesús y se siguen llamando cristianos, pero eso no quiere decir que les tengamos que dejar de lado. Pablo define a los cristianos que no han progresado como aquellos que aún están bebiendo leche cuando deberían estar tomando alimento sólido (1ª Corintios 3:1-3). No obstante, esta amonestación que Pablo lanza a los creyentes que no maduran no puede usarse para decir que hay discípulos de primera, y discípulos de segunda.

Tenemos que recuperar el estándar bíblico que Jesús estableció cuando dijo: "Si *alguno* quiere venir en pos de mí" (Lucas 9:23). Es ahí por donde Jesús empieza.

---

[10] Michael Wilkins, *Following the Master: A Biblical Theology of Discipleship* (Grand Rapids, Mich: Zondervan, 1992), p. 25.

[11] Dwight Pentecost, citado en ibíd., p. 14.

No hemos llamado a las personas al discipulado

La quinta causa del bajo nivel de discipulado es que los líderes no han llamado a la gente al discipulado.

Los líderes cristianos parecen ser reticentes a transmitir el tipo de discipulado del que Jesús hablaba. ¿Por qué esa reticencia? Tememos que si pedimos demasiado, nuestros miembros dejen de venir a nuestras iglesias. Creemos que si pedimos que den mucho de sí, escaparán a alguna otra iglesia donde no les atosiguen. Así que al principio ponemos un listón muy bajo, e intentamos engatusar a la gente para que se vaya comprometiendo más, esperando poder levantar el listón sin que se den cuenta hasta llevarles al destino último, que es el discipulado verdaderamente entregado. En nuestro mundo postcristiano, lo que hacemos normalmente para atraer a los no creyentes es destacar los beneficios de nuestra fe, su relevancia para los desafíos de la vida. En muchas ocasiones, estas promesas atraen a personas que solo piensan en sí mismas, que buscan a alguien que cubra sus necesidades, que buscan realizarse, que buscan la felicidad. Y muchas veces el mensaje que reciben se centra en ellas mismas, en todo lo que pueden encontrar, en lugar de aclararles que solo se encontrarán a sí mismos en la medida en que entreguen su yo a Cristo.

Si al principio explicamos un evangelio exento de dolor, entonces solo lograremos decepcionar a la gente, porque no recibirá lo que se les ha prometido. Yo sé lo frustrante que puede ser hacer caso de las promesas irreales. He comprado muchos de esos aparatos para hacer ejercicio que anuncian en la televisión. Te aseguran que perderás peso y, además, que conseguirás un cuerpo atlético. Mi mujer y mi hija se ríen de mí porque tengo una colección de esos aparatos inútiles en el trastero. Por no ser realista, ahora me siendo estúpido. Lo mismo ocurre con el discipulado. Jesús solo se alegra cuando entendemos las implicaciones del discipulado. Solo encontraremos la vida si primero estamos dispuestos a perderla por su causa.

Por último, a veces los líderes no llamamos a la gente a comprometerse porque nosotros mismos no estamos dispuestos a responder a las exigencias de Jesús. ¿Estamos dispuestos a vivir el mensaje que queremos presentarles a las personas a las que servimos? Como el discipulado es algo que la gente no solo aprende cuando predicamos, sino que lo aprende cuando ve modelos vivos, es imprescindible que nos autoevaluemos, aunque eso nos resulte incómodo. ¿Es posible que no estemos retando a nuestra congregación porque nosotros no estamos dispuestos a pagar el alto precio del discipulado? Si estamos animando a la congregación a arriesgarse por Jesús, ¿estamos nosotros dispuestos a lanzarnos a esa aventura? Parafraseando a Willard, ¿no será que el nivel de entrega de nuestra congregación es consecuencia de nuestro liderazgo?

Curiosamente, el miedo que tenemos de que vamos a perder gente si les pedimos que se comprometan, no tiene fundamento. Las iglesias que han experimentado crecimiento por lo general han apelado al sacrificio animando a la gente a unirse a la mayor empresa de este planeta: la misión de rescatar a la Humanidad que Dios quiere hacer a través de su Iglesia.

Tenemos una visión inadecuada de la Iglesia

La sexta causa de la precariedad del discipulado es que tenemos una visión inadecuada de la Iglesia, pues no la vemos como una comunidad de discipulado.

En el primer capítulo mencioné que muchos ven la Iglesia como una opción, y no como un requisito. Cuando alguien piensa en la Iglesia de esta forma es porque tiene una comprensión incorrecta del lugar que tiene en el plan redentor de Dios. Según la Biblia, el discipulado no es solo una relación personal con Jesús, en la que solo tenemos parte él y yo, sino que la Iglesia es una comunidad de discipulado.

Éste es el mensaje que Pablo escribió a la iglesia en Corinto: "*Vosotros sois* [de forma conjunta] el cuerpo de Cristo, y miembros *cada uno* en particular [de forma individual]" (1ª Corintios 12:27). Dios no solo salva a individuos, a personas concretas, sino que también está formando un pueblo. Nuestra identidad como creyentes la encontramos, y se va formando, en la comunidad. Pablo nos presenta un equilibrio perfecto entre nuestra relación con la comunidad y nuestra identidad como individuos. En la Iglesia, mantenemos nuestra individualidad o particularidad. No somos gotas de aguas perdidas en el océano. Sin embargo, no tenemos una identidad individual fuera de la Iglesia. Nuestro valor como creyentes está en que realicemos la función que Dios nos ha dado en la misión de edificar la Iglesia usando nuestros dones espirituales. La vida cristiana es, inherentemente, comunitaria.

Vivimos en una época en la que el individualismo radical está afectando negativamente a la comunidad cristiana. Robert Putnam, en su libro *Bowling Alone: The Collapse and Revival of American Community*, explica de forma convincente que el elemento social de la vida religiosa está desapareciendo a causa de la privatización de la fe. La fuerza colectiva de la Iglesia se ha visto debilitada por la tendencia en esta última generación hacia las creencias aisladas, personalizadas. Putnam cita a Wade Clark Roof y William McKinney:

> *Muchos jóvenes de clase media, con estudios... desertaron de las iglesias a finales de los sesenta y principios de los setenta... Algunos se unieron a nuevos movimientos religiosos, otros buscaron la iluminación personal a través de diversas terapias y disciplinas espirituales, simplemente se alejaron de cualquier religión organizada... [La consecuencia fue una] tendencia hacia una psicología religiosa altamente individualizada sin los beneficios que se desprenden de pertenecer a una comunidad. Después de los 60, otra gran fuerza en esta misma dirección fue la de la realización personal y la búsqueda del yo ideal... En este contexto de un individualismo tan marcado, la religión tiende hacia la "privatización" y a estar más anclada en el ámbito personal.*[12]

La Iglesia ha dejado que esta tendencia hacia la privatización de la fe socave la comunidad unida necesaria para hacer discípulos. Jesús dijo que nuestro amor los unos por los otros (Juan 13:34-35) y la evidencia de nuestra unidad (Juan 17:20-23) serían señales de que somos sus discípulos y de que Él fue enviado por el Padre. Estas cualidades

---

[12] Wade Clark Roof y William McKinney, *American Mainline Religion: Its Changing Shape and Future* (New Brunswick, N.J.: Rutgers University Press, 1987), pp. 18-19.

tienen que estar presentes en una comunidad que quiere hacer discípulos. No obstante, muchas veces, nuestra falta de compromiso con la comunidad a la que como creyentes pertenecemos hace que esta última declaración no sea más que un sueño no cumplido. En muchas organizaciones, si faltas a las reuniones o mítines un número concreto de veces, te retiran la membresía. ¡La misión de la Iglesia de Jesucristo es mucho más importante que la misión de cualquier organización! Dada nuestra débil comprensión de la Iglesia como comunidad, ¿cómo podemos actuar como siervos de los demás o procurar estar unidos a otros creyentes?

No presentamos un camino claro hacia la madurez

La séptima causa del bajo nivel de discipulado es que la mayoría de iglesias no presenta un camino claro y público para llegar a la madurez.

Si hacer discípulos es la misión principal de la Iglesia, ¿no sería normal que las iglesias presentaran un camino para llegar a la madurez en Cristo? Sin embargo, es difícil encontrar una iglesia con un proceso o camino fácil de entender y bien desarrollado por el que la gente puede avanzar si quiere convertirse en seguidor de Cristo dispuesto a hacer discípulos. No tenemos en mente un destino concreto, por lo que tampoco tenemos un camino que sugerir a la gente, ni siquiera a aquella que quiere entender las implicaciones del discipulado.

Rick Warren, pastor de Saddkeback Community Church en el sur de California, ha desarrollado un modelo de discipulado que muchos ya han copiado, al que llama "Proceso del desarrollo de la vida". Ilustra este proceso usando la imagen de un campo de béisbol. La primera base es el pacto de membresía, por el que uno se compromete con Jesucristo. La segunda base es el pacto de madurez, por el que uno se compromete a seguir las disciplinas espirituales necesarias para el crecimiento. La tercera base es el pacto de ministerio, por el cual uno descubre y se compromete con un ministerio en el que puede ejercer sus dones espirituales, puede cumplir sus deseos, y puede usar sus habilidades, su personalidad, y las experiencias que ha tenido en la vida. La meta representa el compromiso con las misiones, actuando ante las necesidades a través de la compasión y el servicio, y testificando de Jesucristo; todo, con la esperanza de que otros también puedan tener una relación con Dios. El montículo del lanzador en el centro del campo vendría a representar que todo gira en torno al quinto propósito de la Iglesia, que es la adoración.

Aunque algunos han tachado este modelo de simplista porque no contempla el efecto que las dificultades de la vida pueden ejercer, creo que algo muy positivo de este modelo es que nos presenta una imagen muy clara de lo que significa seguir a Jesús, es decir, un avance progresivo hasta un compromiso total. Warren escribe: "En lugar de tratar que la Iglesia crezca con programas, buscad un proceso que ayude a los miembros a crecer. Y ese proceso tiene que tener un propósito. Y en ese mismo sentido, si ya se tiene el propósito, pero no se planea un proceso para llegar a él, no obtendremos ningún resultado".[13] Según Warren, la Iglesia tiene que definir de forma clara sus propósitos, y entonces organizarse

---

[13] Warren, *Una Iglesia con Propósito*, cap. 5.

en torno a esos propósitos, desarrollar un proceso secuencial para que los creyentes puedan llegar a ellos.

Muchas iglesias no tienen propósitos claros, ni la comprensión de la necesidad de crear un proceso por el que sus miembros puedan llegar a la madurez. De un estudio de Barna se pueden extraer las siguientes conclusiones: "Muy pocos cristianos respondieron que sus iglesias les ofrecen un proceso o unos pasos concretos para avanzar hacia la madurez. Algo menos de la mitad dijo que en el pasado año en sus iglesias se presentó una lista de objetivos y expectativas en cuanto al crecimiento espiritual, a las cuales los miembros debían llegar ... Solo uno de cada cinco creyentes dijo que su iglesia ofrecía a los miembros alguna forma de evaluar su madurez espiritual o su compromiso a madurar".[14] No obstante, nueve de cada diez creyentes en este mismo estudio dijo que si su iglesia les presentara una recomendación de cómo crecer espiritualmente, la tomarían en serio.

No hemos enseñado de forma personal

La octava causa del bajo nivel de discipulado es que la mayoría de cristianos nunca ha tenido a nadie que les discipulara de forma personal.

Ahora llego al pesar que me ha llevado a escribir este libro. Y con esto volvemos a la pregunta que nos hemos hecho anteriormente: "¿Cómo podemos llegar a tener seguidores de Cristo completamente comprometidos, que tengan la iniciativa de hacer discípulos, y transmitir a los que enseñen que luego ellos también tendrán que hacer discípulos? Estoy convencido de que la forma de lograrlo es tener células de discipulado cuyo objetivo sea multiplicarse, células de tres o cuatro personas en las que éstas se puedan relacionar con confianza, y se puedan apoyar y rendir cuentas las unas a las otras.

Las siete causas que ya hemos mencionado se deben, principalmente, a que la mayoría de cristianos nunca ha tenido a nadie que les enseñara de forma personal. Por "hacer discípulos" me refiero a "un proceso que tiene lugar durante un periodo de tiempo en el contexto de unas relaciones sinceras cuyo propósito es el de llevar a los creyentes a la madurez en Cristo"[15] Durante los últimos diecisiete años en los que he estado dando seminarios sobre cómo hacer discípulos, he preguntado a miles de creyentes: "¿Cuántos de vosotros habéis tenido a alguien que se comprometiera a caminar con vosotros con el propósito concreto de ayudaros a madurar en Cristo?". Aproximadamente, entre un 10 y un 15 por ciento levantaron la mano. Y éste creo que es un porcentaje relativamente elevado, si pensamos en todas las personas que asisten a la Iglesia. Después de todo, los que asisten a este tipo de seminarios son parte del 20 por ciento involucrado en la comunidad eclesial.

Mi tesis es la siguiente: para motivar y enseñar a la gente a que se comprometa plenamente con Cristo, y a que haga discípulos, es necesario pasar tiempo con ella. La

---

[14] Barna, *Growing True Disciples*, p. 41.

[15] The Eastbourne Consultation, *Joint Statement on Discipleship*, 24 de septiembre, 1999.

motivación y la disciplina no se logran con las predicaciones, las clases, las células en casas o los estudios bíblicos en el lugar de trabajo o estudios. Solo se logran a través de los grupos reducidos de discipulado (tres o cuatro personas) en los que los miembros se comprometen a ser sinceros, a ser transparentes, a decir la verdad y rendirse cuentas los unos a los otros. Por experiencia, creo que éste es el contexto óptimo para que se dé la transformación. Si todos los creyentes tuvieran esta oportunidad, daríamos un gran paso para remediar las causas de la enfermedad del discipulado que hemos estado analizando en este capítulo. En cuanto a esto, Barna dice que "una mayoría (55%) de los adultos que dijeron que harían caso de los consejos para mejorar su vida espiritual también dijo que si la Iglesia les asignara un mentor espiritual, una persona que les guiara, les sería más fácil llevar a la práctica esos consejos".[16]

Cuando el producto que estamos fabricando en nuestras iglesias es completamente diferente de lo que Jesús no pidió, tendremos que hacer un alto en el camino y preguntarnos: *¿en qué nos hemos equivocado?* Si la descripción que he hecho es fiel a la realidad, tendría que hacernos estremecer y llorar. Tenemos que clamar a Aquel que nos llamó como sus discípulos y preguntarle: "Señor, ¿cómo podemos enderezar nuestro camino y hacer discípulos de calidad, que, según tú, es nuestra misión?".

Antes de continuar, dedica unos minutos a evaluar tu realidad. Examina cuáles son las causas del bajo nivel de discipulado en tu ministerio. En cada uno de los apartados, valora vuestra situación del 1 (cierto) al 5 (falso).

CAUSAS DEL DÉFICIT DEL DISCIPULADO	PUNTUACIÓN	NOTAS
Hemos olvidado el llamamiento principal		
Hemos hecho discípulos a través de programas		
Hemos reducido la vida cristiana		
Pensamos que hay dos niveles de discipulado		
No hemos llamado a las personas al discipulado		
Tenemos una visión inadecuada de la Iglesia		

---

[16] Barna, *Growing True Disciples*, p. 42.

No presentamos un camino
claro hacia la madurez

No hemos enseñado de forma
personal

Los siguientes capítulos recogen la perspectiva bíblica de cómo hacer discípulos. Examinaremos los modelos de nuestro Señor Jesús y del apóstol Pablo. Hemos perdido algunos elementos básicos. Jesús nos enseñó cómo debemos llevar a la gente a la madurez, y lo hizo eligiendo a doce e invirtiendo en sus vidas durante un periodo de tres años. El sueño de Pablo era "presentar perfecto en Cristo a todo hombre", y también lo hizo invirtiendo tiempo y esfuerzo en las personas. Mi sueño es que una vez hayamos visto la forma en la que Jesús y Pablo hacían discípulos, sintamos el deseo de hacer la obra del Señor *a su manera*.

Parte 2

HACIENDO LA OBRA DEL SEÑOR A SU MANERA

La Biblia como manual

3. Por qué Jesús invirtió en unos pocos

Sonó el teléfono. Era Don. Lo recuerdo perfectamente. Lo que yo no sabía es que aquella llamada me iba a cambiar la vida. Don era un estudiante de seminario que estaba haciendo prácticas en mi iglesia. Había empezado un ministerio para llegar a los estudiantes de Secundaria, realizando un encuentro los miércoles por la tarde, a los que llamó Campus Club. Llegó a ser un éxito en menos tiempo de lo que él había imaginado, por lo que necesitaba refuerzos. Don hizo una lista de universitarios que tuvieran la energía suficiente y el compromiso para invertir en las vidas de aquellos adolescentes. Y yo estaba en la lista. "Greg, ¿te gustaría formar parte de un equipo para trabajar con chavales de Secundaria los miércoles por la tarde?". Yo aún no había aprendido a decir "no". Así que contesté: "Claro. ¿Qué quieres que haga?".

La verdad es que no recuerdo que la invitación incluyera más encuentros que el del miércoles por la tarde, pero la cuestión es que Don empezó a llamarme regularmente para quedar, los dos solos. Normalmente, una gran parte de ese tiempo lo pasábamos jugando al tenis. Luego charlábamos un rato, sentados en un banco que había al lado de la pista. Don abría la Biblia y me explicaba alguna cosa de la Palabra que le había hecho bien. Lo que más me impresionó de Don fue su transparencia. No escondía sus cosas malas cuando la Biblia las sacaba a la luz, ni tampoco lo difícil que le resultaba cambiar las cosas que la Biblia le decía que debía cambiar. Dejaba claro que ser un seguidor de Jesús no era fácil, pero que valía la pena pagar el precio. A través de aquellas conversaciones sinceras, apareció en mí la siguiente determinación: "Si Don quiere seguir a Jesús, yo también quiero".

No sé si el tiempo que Don invirtió en mí respondía a un plan de discipulado que Don estaba siguiendo conmigo, o si Don intuitivamente sabía que si quieres impactar a una persona, tienes que acercarte a ella. Pero fuera de forma intencional o no, lo cierto es que Don fue para mí un ejemplo de la forma en la que Jesús ministraba.

Hace unos años estaba escuchando a Charles Miller, entonces pastor de jóvenes en Lake Avenue Congregational Church en Pasadena, California, y éste dijo una frase memorable. Dijo que la Biblia no solo es un libro con mensaje, sino que es un libro con instrucciones. Dicho de otra forma, las Escrituras no solo responden al *qué*, sino también al *cómo*. Normalmente vemos la Biblia como un libro que solo contiene el Evangelio y el estilo de vida correspondiente. Pero en la narración de las buenas nuevas se esconden también las instrucciones y varios modelos de cómo transmitir esas buenas nuevas a las personas de las siguientes generaciones. Yo creo que el problema de hoy no tiene que ver tanto con el mensaje, sino con el método. No estamos siguiendo el método que Dios nos ha dejado en las Escrituras para ayudar a los creyentes a ser maduros en Cristo, y a cumplir la misión de hacer discípulos.

En éste y en los dos capítulos siguientes examinaremos la estrategia que Jesús y Pablo usaron para transmitir la fe de una generación a otra. Tenemos que tener en cuenta la perspectiva bíblica. Siguiendo el modelo bíblico, crearemos grupos reducidos de discipulado para ayudar a la gente a crecer en su fe y vencer la acentuada superficialidad de nuestra era. Lo que descubriremos en los ministerios de Jesús y de Pablo es que para lograr fruto hay que invertir en las personas, relacionarse con ellas, y hacerlo de forma intencional. Ésta es la única forma de asegurarnos de que ellas harán discípulos que, a su vez harán discípulos, que a su vez harán discípulos, y así, sucesivamente.

Haciendo la obra del señor a su manera

Se calcula que unos cuatro o seis meses después de que Jesús iniciara su ministerio público, eligió de entre todos sus seguidores a aquellos que más adelante serían, además de sus discípulos, sus apóstoles. Lucas recoge ese momento: "En aquellos días Él [Jesús] fue al monte a orar, y pasó la noche orando a Dios. Y cuando era de día, llamó a sus discípulos, y escogió a doce de ellos, a los cuales también llamó apóstoles" (Lucas 6:12-13).

Si uno lee el Evangelio de Marcos, puede pensar que Jesús eligió a sus apóstoles la primera vez que se encontró con ellos. Allí dice que Jesús iba andando junto al mar de Galilea, y que observó a cuatro hombres, a Simón y su hermano Andrés, y a Jacobo y su hermano Juan, que estaban atareados con su oficio, la pesca. Se acercó a ellos y, sin presentarse, les dijo: "Seguidme, y os haré pescadores de hombres" (Marcos 1:17). Rápidamente dejaron sus redes y todo lo que estaban haciendo y, como cachorrillos, siguieron a su nuevo amo. Quedaron tan hipnotizados por el carisma de Jesús que lo dejaron todo por seguirle aunque lo acababan de conocer. ¿No suena esto un poco extraño, como si estuviéramos hablando del gurú de una secta y de unos inconscientes que se han dejado lavar el cerebro?

Si leemos los Evangelios atentamente, veremos que el círculo más cercano de Jesús se fue consolidando a través de varias etapas. A.B. Bruce dice que cuando los que iban a ser los apóstoles deciden seguir a Jesús estamos ya en la tercera etapa del proceso.[1]

El Evangelio de Juan recoge la primera etapa. La mayoría de comentaristas cree que el encuentro con los primeros discípulos que aparece en Juan 1 es anterior al momento en que empiezan las narraciones de Mateo, Marcos y Lucas. En Juan parece que los encuentros iniciales con Jesús abrieron un periodo de reconocimiento. A los primeros discípulos, Jesús les invita a descubrir si Él es el Mesías que estaban buscando. Andrés y un discípulo anónimo (probablemente Juan) conocieron a Jesús a través de Juan el Bautista. Éste les había preparado para buscar al Mesías, cuyo camino él había venido a preparar. Juan, al ver a Jesús, exclamó: "He aquí el Cordero de Dios" (Juan 1:36). Fueron Andrés y Juan los que decidieron seguir a Jesús. Jesús, en esa etapa de prueba, solo les invitó a "venir y ver" (Juan 1:39). Jesús anima a aquellos discípulos a que le vean de cerca para que se puedan hacer una idea de quién es. Durante esta primera etapa también vemos a Pedro, que recibe la noticia de parte de Andrés: "Hemos hallado al Mesías" (Juan 1:41), y a Felipe, que utiliza las mismas palabras para dar la noticia al escéptico Natanael (probablemente Bartolomeo): "Hemos hallado a Aquel de quien escribió Moisés en la Ley" (Juan 1:45).

Queda claro que los que más adelante llegaron a ser del grupo de los doce tuvieron una fase de búsqueda, de análisis. Cuando conocieron a Jesús, lo primero que éste hizo no fue pedirles que tomaran la decisión de seguirle, sino que les invitó a "venir y ver". Es cierto que pronto llegaría el momento en que tendrían que tomar esa decisión, pero primero fue necesario un tiempo para que la identidad y la autenticidad de aquel llamativo personaje les impactara.

La segunda etapa la encontramos en Lucas 6. Jesús llama a un grupo de discípulos, de los que va a elegir a un grupo de doce. La iniciativa de reunirles fue de Jesús. Si la primera etapa sirve para que la gente pueda investigar libremente, en la segunda etapa Jesús define la naturaleza de la relación mediante un llamamiento ante el que se debe tomar una decisión: "Sígueme" (Juan 1:43; Marcos 1:20; 2:14; Lucas 9:59; Mateo 8:21; 19:22). Hablando a la multitud, Jesús dice: "Si alguno quiere ser mi discípulo, niéguese a sí mismo, tome su cruz cada día, y sígame" (Lucas 9:23). La definición léxica de "discípulo" (*matetes*) "siempre implica la existencia de una relación personal que da forma a la vida del *matetes*, forma que reflejará sin lugar a dudas las particularidades de aquel que ejerce el poder formativo".[2] Jesús iba a ser el que iba a dar forma a aquellos hombres que él iba a elegir para que "estuvieran con él". En este momento los doce están entre la multitud que ha respondido al llamamiento, específico pero general, de ser discípulos de Jesús. La multitud que Jesús reúne en esta ocasión podría consistir en aquellos setenta a quienes más adelante enviaría de dos en dos a los lugares a los que él había de ir (Lucas 10:1-2).

---

[1] A.B. Bruce, *The Training of the Twelve* (Grand Rapids, Mich.: Kregel, 1971), p. 11.

[2] Gerhard Kittel, *Theological Dictionary of the New Testament*, 10 vols. (Grand Rapids, Mich.: Eerdmans, 1967), 4:441.

En la tercera etapa, de entre la multitud, los doce reciben un papel de liderazgo dentro del círculo más cercano de Jesús. Es decir, todos los seguidores de Jesús son sus discípulos, pero solo doce de entre todos los discípulos son apóstoles. Todos los apóstoles son discípulos, pero no todos los discípulos son apóstoles. Esta función solo es para unos pocos. Si la primera etapa es "venid y ved" y la segunda, "seguidme", la tercera es "venid y estad conmigo".

De todo esto, lo que ahora nos interesa es la importancia estratégica de la elección que Jesús hace, y el hecho de que Jesús se centre en unos pocos nos sirve como modelo para saber cómo hacer discípulos y, más adelante, líderes. Está claro que la elección de los doce es un momento crucial en el ministerio de Jesús. Lucas subraya la trascendencia de este momento diciendo que Jesús pasó toda la noche orando. No sabemos lo que Jesús tenía en su corazón aquella noche. ¿Estaba intentando discernir a quiénes debía elegir? Probablemente no. En lugar de preguntarse quiénes serían los adecuados, yo más bien diría que estaba orando para que aquellos que eligiera *llegaran a ser* los adecuados. Quizá Jesús, en su imaginación, estaba visualizando lo que aquellos doce podían llegar a ser bajo su tutela. Jesús veía a aquellos discípulos como diamantes en bruto que, bajo su amor y enseñanza podían llegar a ser una talla preciosa. Jesús sabía que al principio Pedro iba a rechazar a un Mesías sufriente, y que le iba a negar. Sin embargo, Jesús veía por fe que Pedro se convertiría en la "roca" sobre la que edificaría su Iglesia (Mateo 16:18).

La cuestión estratégica

Además de que Jesús pasó toda la noche orando, hay otro elemento que también acentúa la importancia estratégica de la elección de los doce: la forma en que Jesús realizó la selección. Lucas dice que "llamó a sus discípulos, y escogió a doce de ellos" (Lucas 6:13). Dicho de otra forma, de entre el grupo más extenso, Jesús llamó a los que serían parte de su círculo cercano. Esto me recuerda al colegio, cuando en el patio hacíamos equipos, y los dos niños más populares eran los capitanes y se ponían a elegir quiénes irían con ellos. Oír tu nombre de entre los primeros, no solo te hacía sentir especial, sino también algo arrogante. Entonces podías ponerte al lado del capitán como alguien "de los suyos", y sugerirle quién debía ser el siguiente. Cuando Jesús hizo aquel proceso de selección en público, Jesús hizo uso de una dinámica en la que algunos pudieron sentirse especiales y otros, dejados de lado. ¿Por qué iba Jesús a crear un ambiente que podía propiciar que los que no habían sido elegidos sintieran celos, y que los que habían sido elegidos, cayeran en la arrogancia?

He oído a pastores decir que no pueden escoger a unos pocos para discipularles porque algunos les acusarían de tener sus favoritos. Si un pastor invierte tiempo y esfuerzo en unos pocos, enseguida empieza a correr la voz de que el pastor tiene su círculo cercano. Según la perspectiva de la congregación, el pastor tiene que estar igual de disponible para todos. Estas sospechas se basan en dos presuposiciones. La primera, que el papel principal del pastor es cuidar a los miembros. El ministerio es igual a cuidar de las necesidades del rebaño. Para el pastor, todas las ovejas deben tener el mismo valor.

La segunda presuposición gira en torno a la preocupación, por otro lado normal, por el abuso de poder. La congregación puede pensar que hay un grupo pequeño que controla lo que ocurre en la vida de la iglesia o ministerio. Los miembros de la iglesia pueden verse como extraños a quienes les resulta difícil salvar la barrera invisible de un supuesto círculo interno. No obstante, este modelo de acceso igualitario tiene su raíz en una mala comprensión de lo que es la función pastoral. Según la perspectiva bíblica, los pastores son un regalo para la iglesia, y su función es preparar a los santos para el ministerio, no hacer el ministerio que concierne a los santos. Jesús hizo el proceso de selección de forma pública, aun sabiendo que algunos podrían tener reacciones inadecuadas precisamente por eso, porque pensaba que invertir en unos pocos era de suma importancia.

¿Por qué era tan importante rodearse de un círculo cercano? ¿Por qué era estratégico? Aunque podría haber otras razones válidas, dos de ellas están estrechamente relacionadas con el objetivo de Jesús de hacer discípulos maduros: la interiorización y la multiplicación.

Interiorización

Solo había una forma en la que Jesús podía convertir a un grupo de hombres imperfectos e inconstantes en discípulos maduros, y así asegurarse de que su reino iría más allá de su ministerio en la Tierra: teniendo con él a un grupito que pudiera llegar a conocerle en profundidad, a conocer su identidad y su misión. Sus discípulos tenían que interiorizar[3] la vida y la misión de su Maestro. Y la única forma en que podían interiorizar todo eso era "estando cerca de Él".[4]

Pero, podríamos objetar lo siguiente: *si Jesús estaba intentando llegar al mayor número de gente posible, ¿por qué no aprovechar su popularidad y las grandes multitudes que le seguían para formar un gran movimiento de masas?* Jesús se había hecho tan famoso que los líderes religiosos no se atrevían a arrestarle en público. En varias ocasiones, la gente que le seguía era tanta, que para que no le arroyaran tuvo que subirse a una barca y hablar a la multitud desde el agua. ¿Por qué no aprovechar aquella fama?

Pero lo que vemos en Jesús es un sano escepticismo frente al fenómeno de las masas. Jesús sabía que las motivaciones de muchos de los que le seguían eran innobles. Juan recoge unas palabras que muestran el gran conocimiento que Jesús tenía de la naturaleza humana: "Estando [Jesús] en Jerusalén en la fiesta de la Pascua, muchos creyeron en su

---

[3] Lawrence Richards, *Christian Education: Seeking to Become Like Jesus* (Grand Rapids, Mich.: Zondervan, 1975), p. 83. Los sociólogos han identificado cuatro etapas de influencia social que llevan a un cambio de actitud profundo. El cambio más superficial ocurre a través de la sumisión o conformidad. Alguien se conforma o cambia porque está bajo el control de una autoridad. El segundo nivel es el de la imitación, que consiste en el deseo de conformarse porque alguien se quiere parecer a otra persona. Esto nos lleva a la identificación, nivel en el que hay algún tipo de asociación emocional con la otra persona. Y por último, tenemos la interiorización, por la que las actitudes y la conducta que uno ha adoptado han llegado a ser intrínsecamente gratificantes.

[4] Alicia Britt Chole, "Purposeful Proximity – Jesus' Model of Mentoring", *Enrichment Journal: A Journal of Pentecostal Ministry* (primavera 2000) <www.ag.orgenrichmentjournal/2001102/062_proximity.cfm>.

nombre, viendo las señales que hacía. Pero Jesús mismo no se fiaba de ellos, porque conocía a todos, y no tenía necesidad de que nadie le diese testimonio del hombre, pues Él sabía lo que había en el hombre" (Juan 2:23-25). Lo que podemos deducir de las palabras de Juan es que mucha gente está dispuesta a seguir a alguien que hace demostraciones de poder, especialmente si ellos son los beneficiarios de esas demostraciones. Algunos venían a Jesús y eran sanados. Otros venían a ver al hombre que hacía milagros. Como los insectos, que se sienten atraídos por la luz, la gente quedaba fascinada ante la presencia de un personaje carismático que daba vida. Sin embargo, Jesús sabía que muchos de los que le aclamaban no serían constantes. Tan pronto como Jesús explicó cuál era el precio de seguirle, de ser su discípulo, su *club de fans* se redujo considerablemente.

Una de las ventajas de estar en medio de la multitud es poder perderse en ella. No cuesta nada ser parte de una gran masa. Y uno puede formar parte de ella independientemente de si su actitud es positiva o negativa. En medio de la multitud, un miembro de la congregación puede seguir escondido en un mar de caras, sin tener la necesidad de comprometerse o de pronunciarse sobre su lealtad. Y en medio de la multitud puede haber desde miembros que solo vienen a calentar el banco, hasta escépticos curiosos que se acercan para observar. Jesús ministraba a las multitudes para así rescatar a la gente de ese anonimato. El que quería seguir a Jesús tenía que desmarcarse, identificarse con Él, salir de entre la multitud. Para seguir a Jesús había dos requisitos: pagar el precio, y adquirir un compromiso. Y ninguno de ellos puede darse desde el anonimato.

¿Cuál hubiera sido el resultado si Jesús hubiera basado el futuro de su ministerio en la lealtad de las multitudes? Sabemos cuál es la respuesta porque podemos leer el giro de 180 grados que dio la multitud al final. La popularidad de Jesús llegó a su clímax en el episodio que conocemos como la entrada triunfal a Jerusalén. Cuando Jesús llegó se encontró con una multitud que le adoraba, porque pensaba que era el Mesías que venía a librarles de la opresión romana. Jesús entró en la ciudad marchando por el camino que la muchedumbre había hecho con sus mantos y ramas de los árboles, y escuchando un clamor que decía: "¡Hosanna, gloria a Dios en las alturas"! Pero cinco días después, esas voces que habían cantado "Hosanna" gritarían "Crucifícale, crucifícale". Es por eso que Bruce dice lo siguiente: "Si no hubiera sido por los doce, la doctrina, las obras y la imagen de Jesús habrían desaparecido; solo nos habría quedado un mito lejano con valor histórico, pero sin ninguna relevancia práctica".[5]

Vemos claramente que la estrategia de Jesús era rescatar a la gente del anonimato de la multitud, y centrarse en unos pocos. Y aun así, seguimos confiando que, a través de la predicación y de los programas, lograremos hacer discípulos. Si confiamos en el contenido de las predicaciones para potenciar el discipulado, no hemos puesto la confianza en el lugar correcto. El discipulado es, principalmente, un proceso en el contexto de una relación. Y la predicación no lo es. En la mayoría de ocasiones el oyente es un receptor pasivo. La predicación puede explicar cómo ser discípulos, pero no es esa

---

[5] Bruce, *Training of the Twelve*, p. 13.

relación donde poder compartir las luchas del discipulado, donde poder ver si se están llevando a la práctica los consejos escuchados en la predicación, donde poder ver un modelo de cómo llevar a la práctica.

En segundo lugar, como ya dijimos en el primer capítulo, también hemos confiado en los programas. Y muchas veces lo hacemos porque no queremos pagar el precio de desarrollar relaciones significativas con aquellos a quienes queremos hacer discípulos. Acabamos creyendo que si contamos con buenos programas, haremos muchos discípulos. Leroy Eims critica este acercamiento: "El discipulado no funciona como una cadena de producción, donde encajas a la masa en un programa, y cuando éste finaliza todos salen siendo discípulos. Hacer discípulos es un proceso largo, que además requiere una atención individualizada".[6]

Jesús sabía que a la hora de hacer discípulos la superficialidad era un obstáculo, y que tenía que priorizar. Sus discípulos tenían que poder pasar tiempo con Él, vivir con Él, para estar en un contexto de confianza y así, poder tratar los temas realmente importantes. Cuando los discípulos se pusieron a discutir sobre quién era el mayor, pudo darle la vuelta a su sistema de valores y hacerles ver que en su reino, el mayor es el menor. Cuando Pedro expresó cuál era su visión del Mesías, que éste no podía morir en manos de los líderes religiosos, Jesús pudo amonestarle y decirle que aquello era una idea de Satanás. En muchas ocasiones, después de enseñar a las multitudes, Jesús reunió a sus discípulos en privado, y entonces estos tenían la oportunidad de preguntarle el significado de sus enseñanzas, y Jesús les explicaba, de una forma que no podría haber usado frente a las multitudes, las implicaciones que tenían para sus vidas.

Muchas veces me he preguntado por qué Jesús no nos dejó su mensaje haciendo uso de los medios comunes. Él nunca puso sus enseñanzas por escrito. Parece que no le preocupaba que sus enseñanzas no quedaran recogidas, pues no se procuró a un escriba que fuera recogiendo lo que enseñaba. Normalmente, cuando un presidente deja su puesto, inaugura una librería presidencial donde expone los documentos que recogen los momentos importantes de su mandato. Muchos ex-presidentes intentan dejarnos su percepción de la Historia escribiendo sus memorias. ¿Por qué Jesús no hizo lo mismo? Para que su vida y su misión continuaran, parece ser que Jesús confió en dos medios: el Espíritu Santo, y los doce discípulos. Les transfirió su vida a través del Espíritu y del tiempo que invirtió en ellos. La herencia irrefutable que Jesús quiso dejar fueron las vidas transformadas de unos hombres que darían continuidad a su misión una vez Él volviera al Padre. La interiorización se dio a través de la relación estrecha.

Citaremos a un autor que expresa esta idea con las siguientes palabras: "Esta cuidadosa formación de los discípulos fue lo que garantizó que la enseñanza del Maestro fuera duradera; que su reino estuviera fundado en unos pocos con convicciones profundas e indestructibles, en lugar de estar fundado en la multitud, cambiante y superficial".[7]

---

[6] Leroy Eims, *The Lost Art of Disciple Making* (Colorado Springs, Colo.: NavPress, 1978), p. 45.

[7] Bruce, *Training of the Twelve*, p. 13.

La primera razón estratégica por la que Jesús se centró en unos pocos es que los que iban a ser el fundamento del movimiento cristiano interiorizaran la vida y el ministerio de su maestro.

Multiplicación

Si pensamos en que Jesús se centró en los doce, podríamos llegar a la conclusión de que no se preocupaba por las multitudes. Jim Egli y Paul Zehr hicieron un estudio del Evangelio de Marcos y descubrieron que Jesús pasó el 49 por ciento de su tiempo con los discípulos, y mucho más a medida que el final se iba acercando.[8] ¿No es esto otra evidencia de que a Jesús no le importaban las multitudes? ¡Claro que no! Jesús no pensaba como nosotros. Nosotros creemos que para llegar a las multitudes tenemos que hacer grandes actividades que atraigan a mucha gente. Calculamos el grado de visión en función del tamaño del auditorio. Pero Jesús tenía otro tipo de visión. Jesús tenía la suficiente visión como para centrarse en lo realmente importante. Fue la compasión por las multitudes lo que le hizo entregarse en cuerpo y alma a los doce. El escritor Eugene Peterson, con un toque de humor, lo explica de la siguiente forma: "Recordemos que Jesús dedicó el 90 por cien de su ministerio a doce judíos porque era la única manera de redimir a todos los americanos".[9]

La ironía es que en nuestro intento de alcanzar a las masas a través de medio masivos, no hemos logrado formar a personas a las que las masas puedan imitar. Muchas veces, cuando intentamos llegar a muchos, perpetuamos la superficialidad, sin llegar a la profundidad característica del discipulado. Jesús invirtió en los doce para que su vida se multiplicara y que cuando él marchara quedaran hombres que tuvieran la misma visión que Él. En los años 70 la película *Jesucristo Superstar* fue causa de muchas controversias porque presentaba a un Cristo muy humano y confundido en cuanto a su misión. Aunque la teología de la película deja mucho que desear, hay una escena que me impactó profundamente. En esa escena Jesús está solo en una ladera estéril y desierta. Mientras canta en medio del dolor, aparecen unas figuras negras. Cada una de esas figuras representa un aspecto de las tinieblas de este mundo. La figura de Jesús canta de forma emotiva sobre la inhumanidad de los hombres, la pobreza, las enfermedades incurables y el mayor de todos los enemigos, la muerte. Mientras, esas figuras negras van cubriendo a Jesús hasta que queda tapado por una oscuridad total. Y la pregunta que se le hace al espectador es: ¿Cómo puede *una persona sola* cargar con toda esa oscuridad? Está claro que en un primer nivel, Jesús cargó con ella en la cruz para librarnos de toda culpa. Sin embargo, en cierto sentido, Jesús no pretende cargar solo con toda esa oscuridad. Invirtiendo en unos pocos, Jesús transmitió su vida y misión a los doce para que ellos llevaran su vida redentora a las multitudes.

---

[8] Paul M. Zehr y Jim Egli, *Alternative Models of Mennonite Pastoral Formation* (Elkhart, Ind.: Institute of Mennonite Studies, 1992), p. 43.

[9] Eugene Peterson, *Traveling Light* (Downers Grove, Ill.: InterVarsity Press, 1982), p. 182.

Robert Coleman escribe: "El primer objetivo del plan de Jesús era formar un equipo de personas que dieran testimonio de su vida y continuaran su obra después de que él volviera al Padre".[10] George Martin toma la estrategia de Jesús y reta a los pastores a que lo tengan en cuenta a la hora de pensar sobre el ministerio hoy:

Quizá los pastores deberían imaginarse que solo van a estar tres años más en sus iglesias como pastores, y que no va a haber ningún pastor que les pueda sustituir. Su prioridad sería seleccionar, motivar y formar a personas que pudieran continuar la misión de su iglesia. Los resultados de tres años dedicados a esa prioridad serían realmente importantes. Incluso revolucionarios.[11]

Como parte del curso que imparto sobre discipulado, suelo hacer un ejercicio en el que invito a los asistentes a poner en práctica el reto de George Martin. Generalmente del 80 al 90 por ciento de los asistentes son responsables de iglesia que tienen sus trabajos seculares, mientras que solo entre el 20 y el 10 por ciento son pastores u obreros sostenidos económicamente por la iglesia. Lo que les pido en el ejercicio es que reescriban la descripción de trabajo de los pastores de sus iglesias, como si solo los fueran a tener durante tres años más, y como si no hubiera un posible relevo. "Aquí tenéis vuestra oportunidad. Siempre habéis querido decirles a vuestros pastores lo que tienen que hacer." Las respuestas de los responsables de iglesia son perspicaces. En seguida se dan cuenta de que debe haber un cambio en las prioridades. Se les ocurren muchas cosas que los pastores deberían dejar de hacer si antes de irse tuvieran que dejar una iglesia de cristianos comprometidos y con iniciativa de hacer discípulos. Normalmente, la lista de cosas que otros podrían hacer incluye cosas como el cuidado pastoral y la visitación, varios aspectos de la administración y la asistencia a reuniones de comités. Y una vez liberados de este tipo de actividades, los pastores se podrían dedicar a desarrollar relaciones significativas a través de las cuales hacer discípulos; a hacer sesiones de formación de líderes sobre temas como la predicación, la supervisión espiritual, la evangelización y el liderazgo de grupos pequeños; y al estudio cuidadoso de la Palabra, para que la enseñanza fuera más consistente.

Jesús vivió la urgencia, pues sabía que solo tenía tres años de ministerio. Sabía que el final era la cruz, y que tenía que preparar a los doce para que llevaran a cabo su misión. Cada día que pasaba estaba más cerca de la razón por la que había venido a este mundo y, por tanto, más cerca del día en que su ministerio pasaría a ser el ministerio de los discípulos. La estrategia de Jesús fue extender el liderazgo para que en lugar de que luego hubiera uno como Él, quedaran doce (incluso sabiendo que uno de ellos abandonaría). El relato de Marcos sobre la elección de los doce deja claro que Jesús quería que los doce llegaran a realizar el ministerio que Él estaba realizando. "Después subió al monte, y llamó a sí a los que él quiso; y vinieron a él. Y estableció a doce, para que estuviesen con

---

[10] Robert Coleman, *Plan supremo de evangelización* (El Paso, Tx.: Casa Bautista de Publicaciones, 1983)

[11] George Martin, citado en David Watson, *Called and Committed* (Wheaton, Ill.: Harold Shaw, 1982), p. 53.

Él, y para enviarlos a predicar, y que tuviesen autoridad para sanar enfermedades y para echar fuera demonios" (Marcos 3:13-15).

El mismo mensaje que Jesús proclamó saldría luego de la boca de los apóstoles. Jesús declaró la llegada del reino de Dios en su persona. Del mismo modo, los apóstoles anunciaban de aldea en aldea que el futuro reino de Dios que traería una era gloriosa había irrumpido en aquel oscuro presente. La tradición apocalíptica judía decía que la era presente acabaría cuando el Mesías llegara e iniciara la era venidera. El reino de Dios era para ellos un término político. Creían que un líder político como David restauraría la nación gloriosa de Israel liberándoles de la opresión romana. En cambio, Jesús presentó el reino de Dios como una invasión espiritual que primero liberaría los corazones de las personas de la opresión del pecado. Con el reino llegaba un nuevo orden del mundo, y Jesús acababa con el gobernante de este mundo. Jesús dio a los apóstoles autoridad para echar fuera demonios como señal de que el reino de Dios estaba ganando terreno a las tinieblas. El mensaje del reino fue confirmado con poder mediante las señales del reino. Jesús estaba transmitiendo su vida a los doce, y preparándolos para que cuando ya no estuviera, continuaran su misión.

La estrategia de Jesús ilustra un principio que los líderes de iglesia ven con regularidad: el alcance de nuestros ministerios es directamente proporcional a la seriedad de nuestro liderazgo. Solo en la medida en que hayamos hecho discípulos que tienen la iniciativa de crecer y de hacer discípulos, nuestros ministerios llegarán a las vidas quebrantadas. Ahora vemos que hay muchas necesidades por cubrir porque no hemos trabajado para tener creyentes que cubran esas necesidades. No obstante, Jesús conocía los límites humanos que Él tenía como consecuencia de su Encarnación. Como ser humano, su alcance, su influencia, estaba limitada. Su estrategia era llegar a tocar al mundo entero a través de la multiplicación de los discípulos que él estaba formando. La víspera de su muerte, vio el mucho fruto que iba a dar su estrategia de multiplicación. Por eso dijo a sus discípulos: "De cierto, de cierto os digo: El que en mí cree, las obras que yo hago, Él también las hará; y aún mayores hará, porque yo voy al Padre" (Juan 14:12). ¿Cómo puede ser que alguien haga obras mayores que las del Hijo de Dios? La expresión "obras mayores" se refiere a la cantidad, no a la calidad. Al multiplicarse por doce, los apóstoles cubrirían una zona geográfica mucho mayor que la que Jesús alcanzó con su ministerio itinerante limitado. El poder del Espíritu Santo que moraba en ellos les llevaría a todo el mundo conocido, extendiendo así el ministerio de Jesús. Y eso fue lo que ocurrió.

Al centrarse en unos pocos, Jesús no estaba siendo indiferente hacia las multitudes. Para alcanzar a las multitudes, Jesús tenía una visión diferente a nuestro esfuerzo a través de los eventos masivos. Jesús tenía una visión muy grande, y por eso fue capaz de empezar invirtiendo en unos pocos. Robert Coleman lo expresa de la siguiente manera: "El plan de Jesús no fue elaborar un programa para alcanzar a las multitudes, sino formar a un grupo de hombres que las liderarían".[12] Después de la interiorización, la multiplicación es la segunda razón estratégica por la que Jesús se centró en unos pocos.

---

[12] Coleman, *Plan supremo de evangelización* (El Paso, Tx.: Casa Bautista de Publicaciones, 1983)

La ausencia de un discipulado intencional

Jesús se centró en unos pocos porque ésa era la forma de asegurarse de que crecieran y captaran lo que había en su corazón y cuál era su visión. No obstante, en nuestros días, a muchos nos ha faltado ese tipo de relación.

Esta pasión que yo tengo por el discipulado intencional viene, sobre todo, de mi deseo de que a los demás no les pase lo que me pasó a mí. Es cierto que nuestras convicciones más profundas vienen de las experiencias que hemos tenido a lo largo de la vida. Yo fui un adolescente con muchos miedos y cargas emocionales, y no tenía ningún tipo de relación con la Iglesia. Pero a los doce años me invitaron a un campamento de un fin de semana, organizado por una iglesia. Allí oí exactamente lo que necesitaba oír. El predicador del domingo acabó su mensaje con las siguientes palabras de Jesús: "Venid a mí todos los que estáis cansados y cargados, y yo os haré descansar" (Mateo 11:28).

Cuando hicieron la invitación a seguir a Cristo, yo quería lo que Jesús estaba ofreciendo: descanso. Al poner mi confianza en Cristo, fue como si las compuertas de los cielos se abrieran, porque sentí que un río de amor me inundaba. Aquella tarde uno de los monitores preguntó si alguien tenía algo que compartir sobre las actividades del fin de semana. Después de algunos segundos de silencio, tímidamente levanté la mano y expliqué mi encuentro con Jesús. Recuerdo que me dieron una tarjeta para que la firmara conforme había tomado esa decisión, y para que se la entregara al monitor. Nadie me explicó qué tenía que hacer entonces en esa relación tan especial con el Dios vivo. Cuando llegué a casa, hice el valiente esfuerzo de leer la Biblia cada día porque alguien me dijo que eso era lo que debía hacer.

Me acuerdo de que pensé que pronto tendría noticias de alguien de la iglesia, dado que me habían hecho rellenar aquella tarjeta. Silencio absoluto. Nadie me llamó. Nadie me visitó. Con lo tímido que yo era, no se me pasó por la cabeza acercarme a alguien y preguntar: "¿Qué tengo que hacer ahora? ¿Cómo se supone que tengo que alimentar este nuevo amor?". Por eso, estuve a la deriva durante años, contento de que en Jesús tenía un Amigo como el que nunca había tenido, pero no tenía ni idea de qué hacer.

¡Eso nunca debería ocurrir! Perdí unos cuantos años en un momento en que mi corazón estaba listo para ser alimentado. Sí, es cierto que Jesús fue misericordioso y que, a pesar del descuido humano, me mantuvo y, en los últimos años en el Instituto y durante la Universidad, puso cerca de mí a personas que se preocuparon por mí y me enseñaron de la Palabra. Vemos que la Iglesia no sirvió como un cuerpo que hace discípulos. Si hacer discípulos es la misión de la Iglesia, ¿por qué hay muchas iglesias que no están preparadas para ofrecer cuidado y alimento a los nuevos discípulos de Jesús?

Podríamos acabar con la precariedad del discipulado si adoptáramos la estrategia de Jesús: hacer discípulos que entendieran que su misión es hacer más discípulos, invirtiendo en unos pocos durante un periodo de tres años, Jesús logró que sus discípulos interiorizaran su mensaje y su misión. Yo doy gracias a Dios porque en la Universidad tuve a alguien como Don que me dio lo que no recibí cuando conocí a Cristo. La honestidad de Don y la generosidad que tuvo conmigo, dándome de su tiempo, propició una relación a través de la cual me transmitió su pasión por Cristo, propiciando así la multiplicación. Cuando Don acabó su carrera, el grupo de adolescentes se quedó sin su líder, pero no sin liderazgo. Don nos había transmitido aquella misión a mí y a otros. Los líderes de la iglesia me invitaron a continuar lo que Don había empezado. Durante los dos veranos que aún me quedaban en la Universidad llevé aquel grupo de adolescentes con algunos universitarios más. Don nos había preparado para su partida.

Después de hablar de las razones estratégicas que llevaron a Jesús a invertir en unos pocos, vamos a centrarnos en la forma en que Jesús preparó a sus discípulos para que llevaran a cabo su misión después de que él volviera al Padre. Jesús les hizo pasar por un proceso de crecimiento, hasta conseguir el resultado deseado, que era que estuvieran listos para darle continuidad a su misión. En tres años, Jesús logró que aquellos hombres, en principio inadecuados, llegaran a estar preparados. ¿Cómo lo hizo?

4. El modelo de Jesús

En el capítulo tres vimos dos razones estratégicas por las que Jesús seleccionó a doce: la interiorización y la multiplicación. Jesús se centró en unos pocos porque ésa era la única forma de comunicar toda su visión y misión: comunicarla de forma completa a los que serían sus discípulos clave. La interiorización no se logra con las actividades masivas; para que se dé hace falta un ambiente más personal. La verdadera multiplicación o multiplicación solo es posible cuando los discípulos interiorizan o hacen suya la misión de tal forma que están motivados a transmitirla a otros. Robert Coleman ha escrito: "Lo mejor que uno puede hacer es trabajar con unos pocos. Es mejor dedicar un año a uno o dos hombres para que aprendan lo que realmente significa hacer discípulos de Cristo que pasar una vida con una congregación cuya única preocupación es darle continuidad al programa de actividades".[1]

El comentario de Coleman nos introduce en el tema de este capítulo. ¿Qué hizo Jesús para formar a aquellos doce discípulos y convertirlos en pescadores de hombres? ¿Abrió una escuela? ¿Impartió seminarios? ¿Tendrían la recompensa de un diploma o certificado, que serían las credenciales necesarias para ser los apóstoles de Jesús? ¿Desarrolló unos contenidos que Jesús quería que sus discípulos dominasen?

Aunque la enseñanza de Jesús era muy importante, el vehículo que él usó para transmitir su vida a sus discípulos fue su propia persona. David Watson habla de la centralidad de la persona de Jesús: "Cuando Buda estaba a punto de morir, sus discípulos le preguntaron cómo quería que le recordaran. Él les dijo que no se preocuparan, que lo que tenían que recordar era su enseñanza, no su persona. Con Jesús fue diferente. Todo se basa en Él, en su persona. El discipulado significa conocerle, amarle, creer en Él, comprometerse con Él".[2] El mensaje estaba totalmente ligado a su persona, era inseparable de su identidad. "Jesús hizo de aquellos discípulos unos líderes; y no lo hizo dándoles un curso, sino compartiendo su vida con ellos".[3]

---

[1] Robert Coleman, *Plan supremo de evangelización* (El Paso, Tx.: Casa Bautista de Publicaciones, 1983),

[2] David Watson, *Called and Committed* (Wheaton, Ill.: Harold Shaw, 1982), p. 9.

[3] Leighton Ford, *Transforming Leadership* (Downers Grove, Ill.: InterVarsity Press, 1991), p. 200.

Ahora que tenemos al Espíritu Santo es fácil olvidar todo el trabajo que Jesús tuvo que hacer con aquellos doce hombres. ¿Quiénes eran esos apóstoles que Jesús había escogido para que caminaran con Él? ¿Estaban hechos de una pasta especial y por eso tenían la capacidad de realizar cosas extraordinarias? Todos sabemos que los hombres que Jesús eligió eran personas normales, exactamente igual que tú y que yo. A continuación añadimos un memorándum ficticio que, de forma humorística, parodia la forma en la que hoy en día se seleccionan a los candidatos para el ministerio profesional.[4]

Memorándum

PARA:
Jesús, Hijo de José
Taller de Carpintería
Nazaret

DE:
Consultoría Jordán
Jerusalén

Estimado Señor:
   Muchas gracias por enviarnos los currículum de las doce personas que ha seleccionado para que ocupen los cargos de gestión de su nueva organización. A todos ellos les hemos aplicado nuestro sistema de selección; hemos cotejado los resultados con nuestra base de datos y también han tenido una entrevista personal con nuestros psicólogos y asesores laborales.
   Todos hemos llegado a la conclusión de que sus candidatos no tienen el trasfondo necesario, no cumplen los requisitos académicos ni tienen las aptitudes ni la vocación necesarios para formar parte de la empresa que Ud. quiere iniciar. No entienden el concepto de equipo. Le aconsejamos que continúe buscando personas que puedan probar su experiencia y eficacia en el campo de la Administración. Simón Pedro es emocionalmente inestable, y de temperamento fuerte y rebelde. Andrés no tiene ninguna cualidad para el liderazgo. Los dos hermanos, Jacobo y Juan, los hijos de Zebedeo, anteponen sus propios intereses a la lealtad. Tomás es muy escéptico, y su tendencia a cuestionar las cosas puede desanimar al resto.
   En cuanto a Mateo, tenemos la obligación de comunicarle que las autoridades financieras de Jerusalén le han abierto un expediente. Tadeo y Jacobo, el hijo de Alfeo, han presentado en varias ocasiones conductas radicales y trastornos maniacodepresivos.
   Sin embargo, uno de los candidatos parece tener cierto potencial. Tiene habilidades sociales y una mente apta para los negocios. También tiene contactos con altos cargos. Tiene mucha motivación, ambición y es responsable. Le recomendamos a Judas Iscariote como director de la administración de su empresa, y como su mano derecha. Todos los demás candidatos quedan, a nuestro parecer, descartados.

---

[4] Servant Quarters <www.servant.org/pa_m.htm>.

Le deseamos lo mejor en su nueva empresa.

Atentamente,
Consultoría Jordán

En las Escrituras podemos ver que, al principio, cuando Jesús escogió a sus discípulos, éstos estaban muy lejos de ser el tipo de persona que un líder escogería. "Eran pobres, de familias y oficios humildes, no habían recibido el estímulo o la influencia de la formación reglada, ni habían tenido la oportunidad de relacionarse con personas cultas".[5] No eran el tipo de personas que le iban a dar al ministerio de Jesús una credibilidad inmediata. Hoy en día, cuando alguien quiere empezar un proyecto, se asegura de poner en las posiciones más importantes a nombres que inspirarán confianza. En aquella época, no habría sido ninguna garantía para un inversor palestino leer: "Pedro y Andrés, Jacobo y Juan, pescadores; Mateo, recaudador de impuestos; Simón, religioso fundamentalista". Los doce, a excepción de Judas Iscariote, eran pueblerinos de la región montañosa de Galilea, cuyo acento daba a entender que eran "sin letras y sin preparación" (Hechos 4:13).

Además de no tener un trasfondo familiar y unos oficios favorables, y de no tener una educación académica y ningún tipo de poder dentro del ámbito religioso, los discípulos estaban marcados por los defectos de la época. "Cuando Jesús les llamó, eran extremadamente ignorantes, de mente obtusa, supersticiosos, y debido a la mentalidad popular judía estaban llenos de prejuicios, de conceptos erróneos y de resentimiento. Aún tenían muchas cosas que aprender, cosa para lo cual eran bastante lentos...".[6] Los discípulos eran productos de su época, con todas las limitaciones que eso implica. Para ellos era normal pensar que la mujer no era digna de aprender la Torá. En una ocasión, mientras los discípulos se fueron a un pueblo cercano a comprar comida, Jesús se detuvo en el pozo de Jacob a hablar con una samaritana. Cuando los discípulos volvieron, "se sorprendieron de que hablaba con una mujer" (Juan 4:27). A los discípulos, ¡el hecho de que fuera una mujer les molestó más que el hecho de que fuera samaritana! En otra ocasión, los discípulos se enfadaron cuando pillaron a Jacobo y a Juan intentando asegurarse una buena posición cuando Jesús instaurara su reino. Y toda esta lista de defectos, sin mencionar a Pedro. Resumiendo: cuando Jesús escogió a los doce, estaba claro que transformar a aquellos hombres sería una labor ardua. Lo mismo ocurre con nosotros.

Sin embargo, la relación que tuvieron con Jesús durante tres años sirvió para transformarles. Después de la venida del Espíritu Santo en Pentecostés, en lugar de un grupo de discípulos asustados y cobardes, tenemos a un grupo de valientes que buscan cualquier oportunidad para proclamar la resurrección de Jesús. Dos de los discípulos, Pedro y Juan, caen en manos de los líderes religiosos, quienes les amenazan diciéndoles que no sigan predicando que Jesús está vivo. De forma respetuosa, Pedro y Juan no se dejan intimidar, y les dicen que "en ningún otro hay salvación; porque no hay otro

---

[5] A.B. Bruce, *The Training of the Twelve* (Grand Rapids, Mich.: Kregel, 1971), p. 14.

[6] Ibíd.

nombre bajo el cielo, dado a los hombres, en el que podamos ser salvos" (Hechos 4:12). En el texto, acto seguido aparecen estas palabras de reconocimiento: "Entonces, viendo la valentía de Pedro y de Juan, y sabiendo que eran hombres sin letras y sin preparación, se quedaron asombrados y reconocieron que habían estado con Jesús" (Hechos 4:13).

Esto nos lleva al tema principal de este capítulo. ¿Cómo logró Jesús transformar a estos hombres, para convertirlos en gente preparada para continuar su misión? Hechos 4:13 se hace eco de la versión que encontramos en Marcos del llamamiento de los doce: "Y estableció a doce, para que estuviesen con Él" (Marcos 3:14). Estar con Jesús, tener una relación con Él, fue la base que sirvió para formar el carácter de los discípulos y para transmitirles la misión.

¿Qué pasos siguió Jesús para desarrollar esa relación, una relación que propiciaría la transmisión de su perspectiva y sus objetivos? Tenemos que reconocer que en los Evangelios no encontramos ninguna fórmula concreta. Algunos han intentado clasificar la relación de Jesús con sus discípulos en diferentes fases, como si Jesús hubiera estado siguiendo un manual para líderes sobre "Cómo desarrollar una relación con sus colaboradores: paso a paso". Aunque yo voy a describir un proceso, las diferentes etapas se solapan y se repiten. Hemos de partir de la base de que las personas avanzamos, retrocedemos, aprendemos, olvidamos, nos caemos, y nos volvemos a levantar. Nuestro crecimiento nunca ocurre en línea recta; es más bien como la línea de una tabla que va subiendo de forma progresiva haciendo zig-zag. En muchas ocasiones solo nos damos cuenta de los progresos que hemos hecho cuando miramos hacia atrás. Martin Luther King concluía muchos de sus discursos con la vieja oración del esclavo: "Señor, no soy lo que debo ser ni lo que un día seré, pero te doy gracias porque no soy lo que era".[7]

Etapa del prediscipulado

Antes de empezar a hablar de las diferentes etapas por las que Jesús llevó a sus discípulos, tenemos que mencionar que antes de entrar en este proceso de crecimiento es importante dar un paso muy serio. No hay formación sin sumisión. En la etapa del prediscipulado, descrita como la primera etapa en el capítulo anterior (ver pp. 68–69), los discípulos están observando. Vimos en Juan 1 que Andrés y el "otro" discípulo se dispusieron a seguir de cerca a Jesús, cuando éste aparece en escena. Jesús les pregunta: "¿Qué buscáis?" (Juan 1:38). Quieren pasar tiempo con Él para averiguar si verdaderamente es el Mesías. Jesús simplemente les dice: "Venid y ved". En esta etapa, ellos son los que controlan la situación, los que deciden acercarse a observar.

Pero para que haya discipulado tienen que dar un paso más allá. Esos curiosos que se acercan a observar a Jesús se tienen que comprometer con Él, someterse a Él. Hay una gran diferencia entre "venir y ver" y "seguir" a Jesús. Jesús solo puede influir en las vidas de los que deciden seguirle. Ahí estaba la diferencia entre Jesús y los otros rabíes o maestros de la época. Por lo general, los aspirantes a discípulo observaban a varios rabíes y luego decidían a quién querían seguir. Dicho de otra forma, los discípulos controlaban

---

[7] Martin Luther King, citado en *Opening Blind Eyes*, de John Claypool (Nashville: Abingdon, 1983), p. 75.

su destino. Pero no ocurrió así con Jesús. Michael Wilkins observa lo siguiente: "En el primer siglo, mientras que con otros maestros el discipulado era una iniciativa de los discípulos (...), con Jesús, la iniciativa estaba, en última instancia, en su elección y el llamamiento que extendía a los que iban a ser sus discípulos".[8] En este primer momento, Andrés (y Juan) estaban haciendo lo que hacían todos los que buscaban un maestro. Pero pronto cambiarían los roles; Jesús tomaría la iniciativa, y les llamaría diciendo: "Ven y sígueme". Este llamamiento exigía una respuesta, ya fuera afirmativa o negativa. Este concepto es inherente a la naturaleza del discipulado. Jesús es el que está al mando del proceso, el que pone las reglas.

Una vez que los discípulos dan ese paso, Jesús va llevando a los discípulos por un proceso preparatorio de cuatro etapas (ver Imagen 4.1.). Hay dos ideas, obtenidas de un modelo de liderazgo muy conocido, que me ayudaron a entender el proceso de crecimiento por el que Jesús lleva a los discípulos. Paul Hersey y Ken Blanchard dicen que hay dos cosas que los buenos líderes hacen. En primer lugar, tienen en mente el nivel de preparación al que deben llegar los discípulos y, en segundo, adaptan el estilo de su liderazgo a la situación del individuo o grupo para así poder avanzar hacia el nivel de preparación deseado. Hersey y Blanchard definen ese nivel a alcanzar como "la habilidad y la disposición de una persona o grupo a hacerse responsable de dirigir su propia conducta".[9] Según ellos, no hay un estilo de liderazgo ideal, sino que el estilo debe adaptarse a la situación de aquellos a los que queremos hacer discípulos.

Del mismo modo, Jesús llamó a sus discípulos "para que estuvieran con Él" con el objetivo de que llegaran a estar preparados para continuar su obra cuando ya no estuviera. "Él sabía lo que ellos aún no podían ver: que les había elegido para formarles como líderes de la Iglesia y del campo misionero, para el día en que Él ya no estuviera con ellos"[10] Jesús tenía claro cuál era el objetivo que quería alcanzar en tres años. En el capítulo tres nos enfrentábamos al reto que George Martin nos planteaba: ¿cómo actuarían los pastores de las iglesias si supieran que solo les quedan tres años de pastoría y que no hay nadie para sustituirles? Jesús sabía cuál era su destino, y eso marcó la forma en que vivió. Le quedaba poco tiempo, y tenía que preparar a sus discípulos. ¿Cuál era el nivel de preparación que Jesús buscaba en aquellos doce hombres? Jesús quería que estuvieran preparados para hacer discípulos que, a su vez, tuvieran la iniciativa de hacer discípulos completamente comprometidos. Pero para lograrlo, tenía que partir del nivel en que se encontraban, e ir desarrollando un proceso de preparación. ¿Cómo fue ese proceso?

---

[8] Michael Wilkins, *Following the Master: A Biblical Theology of Discipleship* (Grand Rapids, Mich.: Zondervan, 1992), p. 107.

[9] Paul Hersey y Ken Blanchard, *Situational Leadership: A Summary* (Escondido: Calif.: Center of Leadership Studies, 2000), p. 2.

[10] Thomas Schirrmacher, "Jesus as Master Educator" <www.visi.com/~m/ab/schirrmacher/educator.html>.

Jesús actuó como un maestro inigualable. El destino final de su vida era la cruz. Había nacido para morir. Y, por eso, era necesario que sus discípulos, después de su resurrección y su vuelta al Padre, estuvieran preparados para continuar la misión que Él había venido a cumplir. Para preparar a los discípulos, según el momento y la necesidad de sus discípulos, Jesús desempeñó diferentes papeles. En la primera etapa, al principio de su ministerio, Jesús fue un ejemplo vivo. Los discípulos le observaban con atención, y así empezaron a absorber su mensaje y su ministerio. En la segunda, Jesús se convirtió en un maestro provocador. La intención de Jesús no solo era informar a los discípulos sobre un nuevo reino, sino que también quería echar abajo las ideas preconcebidas y los prejuicios que habían heredado de un mundo secular y de un mundo religioso que había dado la espalda a Dios. En la tercera etapa, Jesús fue un formador comprensivo y alentador. Envió a los discípulos a ministrar, pero les dio unas pautas, y los discípulos sabían que en breve volverían al lado de su Maestro, y podrían evaluar y recibir consejo. En la cuarta etapa, Jesús delega. Los discípulos ya habían interiorizado suficientes elementos para enfrentarse a la dispersión que experimentarían después de su crucifixión, para reagruparse después de la Resurrección y para recibir el Espíritu Santo en Pentecostés. El ministerio de Jesús ya estaba en manos de sus discípulos.

	PRE DISCIPULADO	ETAPA 1	ETAPA 2	ETAPA 3	ETAPA 4
El papel de Jesús	Jesús invita	El ejemplo vivo	El maestro provocador	El maestro alentador	Jesús delega
El papel de los discípulos	Están buscando	Observan e imitan	Aprenden y preguntan	Salen a ministrar	Apóstoles
Situación	Quieren saber si Jesús es el Mesías prometido	Listos para observar a Jesús y la naturaleza de su ministerio y misión	Listos para interactuar con Jesús e identificarse públicamente con él	Listos para probar la autoridad de Jesús por medio de ellos	Listos para asumir la responsabilidad de hacer discípulos
Preguntas clave	¿Es Jesús el Mesías?	¿Quién es Jesús, y cuál es su ministerio y misión?	¿Cuál es el precio de seguir a Jesús?	¿El poder de Jesús seguirá actuando en nosotros cuando ejerzamos su ministerio?	¿Voy a dedicar mi vida a la tarea de hacer discípulos?

04.1. El modelo de Jesús

Primera etapa: Jesús, el ejemplo vivo

En esta etapa del proceso, los discípulos necesitaban comprender la naturaleza del ministerio y de la misión de Jesús, y preguntar: "¿Quién es éste, que hace cosas tan maravillosas?" En las etapas iniciales de la formación, el líder tiene que dirigir mucho. Él es quien marca unas pautas y define los roles de los neófitos. Para Jesús, esto significó presentarse como un ejemplo vivo, para que los discípulos pudieran observarle y estudiarle. "El conocimiento se adquiría gracias a la relación cercana, más que debido a alguna explicación".[11] La expresión que definiría muy bien esta etapa es la siguiente: "Yo hago y tú miras".

Así, parece ser que en la primera etapa del ministerio de Jesús, el rol de los discípulos era el de observar y callar. Los discípulos están presentes cuando Jesús entabla una conversación, o cuando Jesús enseña a las multitudes, pero su nivel de participación es muy reducido. A uno le da la impresión de que se quedan a un lado, observando a Jesús. Él es el centro. "Ésta era la esencia de su programa de formación: dejar que sus discípulos le siguieran".[12] El método de Jesús era similar al rol del rabí. El modelo rabínico consistía, básicamente, en que el discípulo copiara el modo de vida de su maestro. A los rabinos se les veía como la Torá viva. Refiriéndose al modelo rabínico, Gerhardsson escribe: "Para aprender, uno tiene que ir a un maestro... Pero también aprende mucho tan solo observando: con ojos atentos observa todo lo que el maestro hace y entonces le imita. La Torá es, por encima de todo, una actitud santa ante la vida. Como esto es así, se puede aprender mucho simplemente observando e imitando a los que la conocen".[13]

Tomemos una porción de los Evangelios, y analicemos el papel de los discípulos. En los primeros cinco capítulos del Evangelio de Marcos, los discípulos solo se mencionan de forma esporádica, lo justo para que sepamos que están presentes. Marcos subraya tres características de la persona de Jesús, características que los discípulos están observando. En primer lugar, Marcos describe la autoridad de Jesús sobre los demonios (Marcos 1:21–28; 5:1–20), sobre el pecado (Marcos 2:1–12), sobre el *Sabat* (Marcos 2:23–3:6), sobre la naturaleza (Marcos 4:35–41), sobre la enfermedad (Marcos 1:40–45; 5:21–34) e incluso sobre la muerte (5:35–43).

En segundo lugar, Marcos deja muy claro el tipo de persona a la que Jesús se acerca: a los endemoniados (Marcos 1:23; 5:2), al leproso (Marcos 1:40), al paralítico (Marcos 2:3), al recaudador de impuestos (Marcos 2:14), al hombre con la mano seca (Marcos 3:1), a la mujer que padecía una hemorragia (Marcos 5:25), y al principal de la sinagoga, cuya hija estaba enferma de muerte (Marcos 5:41).

---

[11] Coleman, *Plan supremo de evangelización* (El Paso, Tx.: Casa Bautista de Publicaciones, 1983)

[12] Ibíd.

[13] B. Gerhardsson, *The Origins of the Gospel Tradition* (Philadelphia: Fortress, 1979), p. 17.

En tercer lugar, Marcos recoge el antagonismo entre la jerarquía religiosa y Jesús. Los fariseos se burlaron de Jesús cuando éste dijo poder perdonar al paralítico (Marcos 2:6-7), le criticaron por comer con recaudadores de impuestos y con pecadores (Marcos 2:16), se sorprendieron de que Él y su discípulos violaran el *Sabat* (Marcos 2:24) y le acecharon para ver si sanaba en el Día de Reposo (Marcos 3:2), y declararon que estaba poseído por el demonio (Marcos 3:22).

¿Dónde están los discípulos mientras Jesús establece su autoridad sobre las fuerzas del mal, mientras demuestra que está del lado de los desfavorecidos, y mientras manifiesta su antagonismo hacia las autoridades religiosas? Simplemente están absorbiendo todo lo que Jesús hace. ¿Cuántas veces aparecen los discípulos en estos primeros cinco capítulos? Aparte de los episodios en los que los cuatro pescadores se disponen a seguir a Jesús, los discípulos aparecen de forma implícita (así lo sugiere el verbo en plural) cuando Jesús entra en la sinagoga en Capernaúm y libra a un hombre que tenía un espíritu inmundo (Marcos 1:21-28), y cuando van a la casa de Simón y Andrés y Jesús sana a la suegra de Simón (Marcos 1:29-31). Simón y los demás vuelven a aparecer cuando están buscando a Jesús, que se ha ido a orar a un lugar desierto para estar con el Padre (Marcos 1:35-39). Vemos que son pocas las veces que se les menciona. Aparecen como invitados en casa de Leví el recaudador de impuestos (Marcos 2:15-17). Se convierten en causa de disputa porque no ayunan, mientras que los discípulos de Juan el Bautista y los discípulos de los fariseos sí lo hacen (Marcos 2:18). También, porque arrancaban espigas del campo el Día de Reposo (Marcos 2:23-28). En Marcos 3 aparece, por fin, la escena en la que Jesús escoge a los doce que se convertirían en sus apóstoles (Marcos 3:13-15). No obstante, parece que en esta etapa Jesús no tiene ninguna prisa por introducirles en su misión, pues hay un espacio considerable de tiempo entre el momento en que Jesús escoge a los doce, y el momento en que los envía a ministrar. En Marcos 4 los discípulos se asustan ante una tormenta que amenaza sus vidas, pero aún se asustan más cuando Jesús le ordena a la tormenta que se detenga. La última aparición de los discípulos en estos primeros cinco capítulos de Marcos es la mención de Pedro, Jacobo y Juan, que están presentes cuando Jesús sana a la hija de Jairo.

La única interacción importante de los discípulos con Jesús en estos primeros cinco capítulos la encontramos después de que Jesús cuenta a la multitud la parábola del sembrador. Pero en el resto de escenas, simplemente están presentes. No obstante, eso no les describe como observadores pasivos. La escena que mejor les describe es la posterior a la tormenta, cuando preguntan: "¿Quién es éste, que aún el viento y el mar le obedecen?" (Marcos 4:41). En esta etapa de observación e imitación, ésa es la pregunta predominante: ¿Quién es este hombre? ¿Quién dice ser? La fascinación por la persona de Jesús es la base del discipulado.

Aunque ésta solo es la etapa inicial del discipulado, la observación y la imitación continúan como una herramienta de formación durante todo el ministerio de Jesús. Justo antes de la crucifixión, Jesús se arrodilla para lavarles los pies a sus discípulos, como lo haría un siervo ante los invitados de su señor. Incluso al final del ministerio de Jesús, los discípulos aún no han entendido que la grandeza se mide por la humildad, no por la exaltación. Jesús se ve en la necesidad de ir más allá de las palabras, y enseñar mediante el ejemplo. Cuando acaba este acto de servicio, concluye con unas palabras para hacer explícita su intención: "Pues si yo, el Señor y el Maestro, he lavado vuestros pies, vosotros también debéis lavaros los pies los unos a los otros. Porque ejemplo os he dado, para que como yo os he hecho, vosotros también hagáis" (Juan 13:14-15).

Jesús explicó este principio de forma muy clara cuando dijo: "El discípulo no es superior a su maestro; mas todo el que fuere perfeccionado será como su maestro" (Lucas 6:40). En el sentido más básico del término, un discípulo es un aprendiz. Y el primer nivel del aprendizaje es el deseo de ser como el modelo que uno sigue. Jesús está diciendo que el discipulado, formarse como discípulo, no consiste en la transmisión de información, en dar conocimiento, sino en la imitación, en dar vida.

Mi mujer es directora de una escuela de primaria. Antes de ser directora, fue profesora en muchas escuelas primarias, enseñando en los diferentes niveles de Primaria. Durante los treinta años de profesión, ha visto grandes avances en la teoría y la tecnología de la enseñanza. Las aulas se han convertido en un lugar muy estimulante. Los niños no se aburren, pues existen muchas y muy variadas formas de aprender. No obstante, dice que está claro que hay algo que no ha cambiado, y que nunca cambiará: el factor humano. El ingrediente más importante para motivar a un niño a que aprenda es el lazo entre el niño y su profesor. Hay un refrán que resume esta idea muy bien: "A las personas no les importa lo que sabes hasta que saben que te importan".

El magnetismo de la vida y ministerio de Jesús fue lo que atrajo a los discípulos en la etapa inicial.

Segunda etapa: Jesús, el maestro provocador

Es fascinante ver cómo iba adaptándose el estilo de liderazgo de Jesús según la situación de sus seguidores. No obstante, Jesús no solo respondía al nivel de preparación de sus discípulos, sino que, de forma intencional, iba cambiando su estilo de liderazgo para lograr que los apóstoles fueran avanzando en su camino hacia la madurez. En esta segunda etapa, Jesús actúa como un maestro provocador. Jesús instruye y hace preguntas a sus apóstoles en privado para confundirles y obligarles a pensar y a modificar su forma de ver las cosas. En esta etapa, Jesús sigue al mando, pero anima a los discípulos a interactuar para que puedan darse cuenta del precio de seguir a Jesús. Esta etapa podría describirse con la siguiente expresión: "Yo hago y tú me ayudas".

Jesús enseñaba a sus discípulos mientras ejercía su ministerio. Los discípulos siempre estaban "en clase". Jesús sabía que mientras ejercía su ministerio de enseñanza, de predicación y de sanación, también estaba formando a aquellos pocos que Él había escogido. Primero los discípulos escuchaban y observaban a Jesús en su ministerio público y, luego, generalmente Jesús apartaba un tiempo con ellos para las preguntas y para darles más explicaciones.

Veamos dos momentos en los que Jesús acababa de enseñar a las multitudes o había tenido una conversación, y se apartó para poder interactuar con sus discípulos. Los doce comenzaron a seguir a Jesús sin saber exactamente lo que supondría, y con la mente llena de ideas erróneas; igual que cuando hoy alguien decide seguir a Jesús y empieza una relación con Él. El objetivo de esas interacciones era desenmascarar y confrontar aquellas actitudes y valores que no se correspondían con el reino de Jesús. Algunos de estos momentos fueron bastante duros para los discípulos, pues en ocasiones Jesús fue muy directo, pero tenían que darse cuenta del precio que costaba seguirle y del compromiso que suponía identificarse con Él.

El primer incidente, que aparece en Marcos 7, viene cuando Jesús confronta a los escribas y fariseos porque ellos tienen una opinión diferente sobre la naturaleza de la justicia. Para los líderes religiosos, la justicia o rectitud era igual a la conducta exterior, como por ejemplo el ritual de purificación antes de tocar algún tipo de alimento. Para Jesús, la rectitud es, ante todo, una cuestión del corazón. Jesús resumió su posicionamiento con las siguientes palabras: "Y llamando a toda la multitud, les dijo: 'Oídme todos y entended: nada hay fuera del hombre que entre en él, que le pueda contaminar; pero lo que sale de él, eso es lo que contamina al hombre" (Marcos 7:14-15). En este momento, Jesús realiza un cambio deliberado pasando de la esfera pública a la privada: "Cuando se alejó de la multitud y entró en casa, le preguntaron los discípulos sobre la parábola" (Marcos 7:17). Y Jesús subraya la idea que había querido transmitir, lanzándoles un reproche en forma de pregunta: "¿También vosotros estáis sin entendimiento? ¿No entendéis que todo lo de fuera que entra en el hombre no le puede contaminar, porque no entra en el corazón, sino el en vientre, y sale a la letrina?" (Marcos 7:18-19). Los discípulos no fueron lo suficientemente rápidos para captar lo que Jesús había querido decir, porque tenían una comprensión de la rectitud similar a la de los líderes religiosos, pues ésa era la enseñanza predominante. Así, esos momentos en privado servían para reformular su comprensión de la verdad.

Hay otro encuentro en Marcos 10 en el que Jesús corrige las ideas teológicas que los discípulos han absorbido. Un joven rico se acerca a Jesús. ¡Qué bien, pues sería una gran ventaja contar con alguien así en el grupo! Además, el joven parece estar dispuesto. "Maestro bueno, ¿qué haré para heredar la vida eterna?" (Marcos 10:17). Jesús responde de forma un tanto misteriosa. "¿Por qué me llamas bueno?".[14] Respondiendo en cuanto a qué es lo que debe hacer, Jesús enumera algunos de los Diez Mandamientos. El joven se apresura a aclarar que él los ha guardado todos. Pero Jesús no acepta esa auto justificación, sino que saca a la luz al dios que controla la vida de aquel joven: "Una cosa te falta; anda, vende todo lo que tienes... y ven, y sígueme" (Marcos 10:21). Jesús le ha tocado donde le duele. El joven se fue afligido, pues no estaba dispuesto a renunciar a sus riquezas.

Inmediatamente, Jesús se vuelve a sus discípulos y les dice: "¡Cuán difícilmente entrarán en el reino de Dios los que tienen riquezas!" (Marcos 10:23). Marcos recoge la reacción de los discípulos. Se quedan perplejos. Siempre les han enseñado que hay una relación inseparable entre las riquezas y la rectitud. Si tienes riquezas, es porque cuentas con la bendición del Señor. Aprovechando su confusión, Jesús establece una separación entre la rectitud y las riquezas usando una imagen muy gráfica: "Más fácil es pasar un camello por el ojo de una aguja, que a un rico entrar en el reino de Dios" (Marcos 10:25).

---

[14] Con estas palabras, Jesús no estaba negando que fuese bueno, ni mostrando una humildad extrema que le llevó a rechazar esa designación. La intención de Jesús fue llamar la atención al joven rico por usar el término "bueno" tan a la ligera, pues solo Dios es bueno.

Ahora los discípulos están exasperados: "Entonces, ¿quién puede salvarse?" (Marcos 10:26).

A Jesús le gustaba hablar a sus discípulos con acertijos. Lo hacía de forma intencionada. Y no eran acertijos sencillos. Quería que los discípulos pensaran por sí mismos, que se enfrentaran a las cuestiones que Él les planteaba. El discipulado incluye el discipulado de la mente. Muchos de los materiales que se publican bajo el título de "discipulado" ofrecen a los participantes respuestas "ya masticadas". Eso no es lo que hacía Jesús. Él, de forma intencionada, confundía a los discípulos retando a sus ideas preconcebidas.

En una relación de discipulado, las circunstancias de la vida se convierten en el contexto en que hacemos la exégesis de la Palabra de Dios. Las relaciones que he establecido con aquellos a los que he discipulado a lo largo de los años me han ofrecido un sinfín de oportunidades para reflexionar sobre la Palabra de Dios en los momentos de cambios o dificultades. Mike es un hombre al que estuve enseñando. Estaba pasando por un juicio interminable a causa del incendio que había arrasado la casa que estaba construyendo. El primer domingo que asistió a la iglesia fue el domingo después de esta penosa experiencia. "Por casualidad", aquel domingo se predicó sobre el pasaje en que Dios habla a Moisés desde la zarza en llamas. Mike enseguida comprendió que las cenizas que habían quedado de su casa eran su "zarza en llamas". No solo eso, sino que ese incidente, y todo el litigio que causó y que duró durante algunos años, sirvió en diferentes ocasiones como una herramienta de formación, de enseñanza. En Occidente hemos asumido que Dios nos bendice dándonos una mejor situación económica. Desde que Mike decidió seguir a Cristo, su situación económica había ido empeorando. ¿Cómo entendemos la bendición de Dios en estas circunstancias? Así que pasamos muchos ratos hablando de la forma en que nuestra visión occidental de la bendición había hecho sombra a la visión que Jesús tiene de la misma.

El diálogo más importante entre Jesús y los discípulos fue aquel en que se centraron en una cuestión personal que todo aspirante a discípulo de Jesús debe contestar. Jesús lanzó a los discípulos dos preguntas, empezando de forma más general y acabando de forma más específica. Ésta fue la primera pregunta: "¿Quién dice la gente que soy?" (Marcos 8:27). Los discípulos repitieron lo que habían oído por las calles. Entonces Jesús les hizo la pregunta clave, exigiendo una respuesta personal e intransferible: Y vosotros, ¿quién decís que soy?" (Marcos 8:29). Después de que Pedro de forma milagrosa acertara la respuesta, "Tú eres el Cristo", Jesús se dispuso a aclarar conceptos, a presentar al Mesías como el siervo sufriente, visión que chocaba con la comprensión popular. Pedro no podía concebir la idea de que el Mesías iba a morir. En cuestión de segundos, Pedro pasó de ser un instrumento de la revelación de Dios, a ser un instrumento de Satanás. Pedro reprendió a Jesús por decir algo tan ridículo como que iba a ir a Jerusalén y allí iba a morir en manos de los injustos. Jesús aprovechó este momento en el que estaba hablando de que iba a entregar su vida, para hablar del precio del discipulado.

Además de estos momentos de enseñanza a través de la conversación, Jesús afirmó el valor de los discípulos incluyéndoles como sus ayudantes o colaboradores. En una ocasión, Jesús intentó apartarse a un lugar tranquilo para que le informaran de cómo habían ido sus misiones. Pero las multitudes les siguieron a ese lugar desierto. Como estaban lejos de la ciudad y no había forma de comprar comida, los discípulos se preocuparon de que aquella gente no tuviera qué comer. Al principio, Dios les dio a los discípulos la responsabilidad de dar de comer a aquellas cinco mil personas. Los discípulos se miraron el monedero, y vieron que con los doscientos denarios que tenían no iban a llegar muy lejos. Entonces Jesús entró en acción haciendo un milagro, multiplicando cinco panes y dos peces, y hubo suficiente para toda la multitud. No obstante, la participación de los discípulos fue importante: dividieron a la multitud en grupos de cien y de cincuenta y distribuyeron el pan y el pescado de forma ordenada. Los discípulos en este caso hicieron de lazo entre el ministerio de Jesús y las multitudes. Su papel fue importante, aun cuando Jesús seguía siendo Aquel al que las multitudes miraban.

Aquí tenemos un claro principio de formación. Si queremos seguir el modelo de Jesús y hacer lo posible para que el ministerio pueda multiplicarse, hemos de buscar aprendices y darles oportunidades. Los líderes de grupos pequeños observan y buscan en sus grupos aprendices, gente que tenga el potencial de dirigir. Semana tras semana les van dando más responsabilidad para que los demás miembros del grupo vean a quiénes se está animando para que, en el futuro, asuman el liderazgo. Un pastor nunca va solo cuando visita a los enfermos o a los miembros que han perdido a un ser querido, pues es una oportunidad para ir acompañado de aquellos que se sienten llamados a este ministerio. Cuando estaba intentando ampliar un seminario para ayudar a la gente a descubrir sus dones y su llamamiento al ministerio, reelaboré el curso y lo impartí con la ayuda de dos responsables de la iglesia que tenían el don de la enseñanza. Participaron conmigo en la reelaboración del curso, y una vez nos pusimos a impartir el curso, lo enriquecieron con su estilo de enseñanza. El material que creamos y la forma en cómo lo enseñamos fue mucho mejor de lo que yo hubiera hecho si hubiera estado solo. Cuando surgen oportunidades para enseñar, especialmente si tiene que ver con el área del discipulado o las misiones, invito a personas a las que yo he discipulado, para que añadan su testimonio, pero también para que oigan una vez más la visión relacionada con estos énfasis.

Tiene muchos beneficios incluir a nuestros colaboradores en el ministerio de forma pública. En primer lugar, los que ayudan se dan cuenta de que tienen valor para la persona que les ha pedido su colaboración. Estoy seguro de que para los discípulos, la asociación pública con Jesús les hizo sentirse valiosos e importantes. En segundo lugar, esa visibilidad hizo que, poco a poco, la misión de Jesús se convirtiera en la misión de los discípulos. En tercer lugar, y por obvio que parezca, al entrar de forma consciente en un proceso de instrucción, la velocidad y el grado de aprendizaje aumentan. Cuando alguien está recibiendo formación para dirigir una misión, desplegar todos sus sentidos para observar y no perderse ningún detalle, y así tener todos los elementos necesarios para el momento en que toda la responsabilidad recaiga en sus manos.

En esta segunda etapa en la que Jesús actuó como un maestro provocador, Jesús elevó el listón ofreciendo a sus discípulos una instrucción personalizada y haciéndoles preguntas difíciles, y ampliando su actividad pública.

Tercera etapa: Jesús, el maestro alentador

En la tercera etapa del modelo formador de Jesús, éste actúa como un maestro alentador que envía a los doce y a los setenta a ministrar. Cuando Jesús designó a los que serían sus apóstoles, ya tenía este momento en mente. Su misión ya había quedado bien definida. Estaba claro que los iba a enviar "a predicar, y para que tuviesen autoridad para sanar enfermedades y para echar fuera demonios" (Marcos 3:14-15). Pero tuvo que pasar un tiempo desde que Jesús los escogió hasta que ellos asumieron esa responsabilidad. Jesús quiso que fueran asumiendo ese rol poco a poco. La expresión que definiría esta etapa es "Tú haces y yo te ayudo".

Jesús adapta su estilo de liderazgo de nuevo para ayudar a los discípulos a pasar a la etapa siguiente. Jesús les envía con una misión, pero ellos saben que Él estará ahí a su vuelta, para escucharles, para alegrarse con sus victorias, para animarles y ayudarles con amor a aprender de sus derrotas. Un aprendiz nunca se ve totalmente preparado para asumir un rol de liderazgo; igual que ocurre con los pajaritos, Jesús tiene que empujar a los discípulos para que salgan del nido y vean que pueden volar. Pero ellos sabían que el nido seguía en su sitio y que podían volver a él después de realizar ese vuelo inicial.

Jesús sabía delegar. Una vez que Jesús acabó con la formación, los discípulos no solo sabían cuál era su misión, sino que además tenían unas pautas específicas que podían seguir para cumplir la misión.

En Mateo encontramos el relato más detallado de estas misiones.

Instrucciones claras. Mateo introduce estos momentos de misión con las siguientes palabras: "A estos doce envió, y les dio las siguientes instrucciones" (Mateo 10:15). En muchas ocasiones he oído a pastores decir que han delegado algún ministerio a miembros de su congregación, y lo que quieren decir es que les han cargado con una responsabilidad sin explicarles cuáles son los objetivos a lograr, ni las pautas a seguir. Pero eso no es lo que Jesús hizo. Si no, lee el pasaje de Mateo 10:5-15 y observa lo específicas que son las instrucciones de Jesús. Les da unos parámetros: id a las ovejas perdidas de Israel, es decir, no vayáis a los gentiles. El objetivo de la misión era proclamar el mensaje del Reino. La autenticación de la misión consistía en sanar a los enfermos, resucitar a los muertos, limpiar a los leprosos y echar fuera demonios. Para tener éxito en la misión, les dijo que no se preocuparan del apoyo material, y que se alojaran con aquellos que recibían el mensaje. Si desempeñando la misión había gente que no les recibía, tenían que marchar de allí y dejarles en manos del juicio de Dios.

Autoridad clara. Para que la labor de los discípulos fuera eficaz, Jesús no solo les delegó la responsabilidad, sino que les confirió autoridad. Y esto es lo que muchas iglesias aún no han entendido. Muchas veces se da responsabilidad, pero no se da autoridad. Todas las decisiones tienen que ser aprobadas por el Consejo, porque a las personas a las que se les han confiado ciertas responsabilidades no se les ha dado la capacidad de tomar decisiones. Jesús dio a sus discípulos los parámetros en los que debían moverse y luego les dio todo su respaldo para que cumplieran la misión que les había encomendado.

Expectativas claras. Después de enumerar las instrucciones y de conferirles autoridad, Jesús también advirtió a los discípulos de lo que les esperaba (Mateo 10:16-42). El discipulado es un privilegio, pero también tiene un coste. Si los discípulos creían que iban a ganar popularidad, estaban equivocados. Jesús comparó el mundo con un lugar lleno de lobos. Muchos de ellos serían perseguidos y azotados por las autoridades; también, traicionados por familiares. Después de todo, si eso es lo que le pasó al Maestro, ¿no iba a ocurrir igual con sus seguidores? Sin embargo, es un gran privilegio representar el nombre de Jesús y acabar como Él acabó. "A cualquiera que me confiese delante de los hombres, yo también le confesaré delante de mi Padre que está en los cielos" (Mateo 10:32). Del mismo modo que un entrenador anima a los jugadores de su equipo diciéndoles "¡Dejaos la piel en el campo!", Jesús les está diciendo a sus discípulos, "Paga el precio, porque tienes mi aprobación".

Los doce y los setenta comenzaron su misión sabiendo que Jesús estaría esperando su vuelta. En un sentido era una salida experimental que serviría como avance de la misión que les esperaba una vez Jesús volviera al Padre. Cuando vuelven, los Evangelios recogen tanto la emoción como las luchas de los discípulos. Marcos refleja su entusiasmo con las palabras siguientes: "Entonces los apóstoles se juntaron con Jesús, y le contaron todo lo que habían hecho, y lo que habían enseñado" (Marcos 6:30). Lucas nos informa de que los setenta "volvieron con gozo" (Lucas 10:17). Y, sin embargo, se encontraron en situaciones en las que les faltaron recursos, por lo que era evidente que aún debían seguir aprendiendo y recibiendo de Jesús.

¿Qué beneficios obtuvieron los discípulos de aquella breve misión? En primer lugar, ganaron confianza en la autoridad de Jesús. Como Jesús les había prometido, sanaron a enfermos, echaron demonios y mucha gente recibió las buenas nuevas del Evangelio. ¡Era cierto! ¡Jesús les había dado autoridad para cumplir aquella misión! En segundo lugar, crecieron en competencia. El proceso de aprendizaje solo se desarrolla cuando uno tiene la oportunidad de poner en práctica lo que ha aprendido. Hacia el final de mi primer ministerio con estudiantes universitarios, una de nuestras líderes estudiantiles me dijo algo que a mí no me sonó a cumplido: "Has mejorado muchísimo como maestro". Debería haberle contestado algo como "muchas gracias", y dejarlo ahí. Pero mi respuesta hizo que ella añadiera: "Cuando empezaste a enseñar no eras muy bueno". ¡Cómo me dolió! Pero tenía razón. Mi don de la enseñanza mejoró en medio de la paciencia de los estudiantes. Del mismo modo, los discípulos necesitaron un "laboratorio" donde hacer sus prácticas.

Pero, en tercer lugar, los discípulos también se tuvieron que enfrentar a sus defectos. Solo así se aprende de verdad. Un padre desesperado se acercó a Jesús porque sus discípulos no habían podido echar fuera el demonio que atormentaba a su hijo. Entonces Jesús, con algo de impaciencia, hizo lo que sus discípulos no habían podido hacer. Más tarde, cuando estaban en privado, los discípulos le preguntaron a Jesús: "¿Por qué nosotros no pudimos echarle fuera?" (Marcos 9:28). Jesús solo les contesta que aquel tipo de demonio requería mucha más oración y ayuno.

Delegar es una parte necesaria para aumentar la fe y desarrollar el liderazgo. Cuando un niño aprende a ir en bicicleta, hay un momento en el que tiene que ir solo con dos ruedas. Cuando ese momento llega, la primera vuelta es una combinación de miedo y emoción. En la primera vuelta, la bici se tambalea, y muchas veces el niño se cae. Pero se levanta, vuelve a montar, y lo intenta de nuevo. Con el tiempo, montar en bicicleta se convierte en una conducta mecánica y, aunque pasemos mucho tiempo sin usarla, siempre sabremos cómo mantenernos en equilibrio. Crecer en el servicio a Jesús es como montar en bicicleta. Tenemos que ir a lugares a los que nunca hemos ido, con todo el miedo y la emoción que acompañan la visita a un nuevo territorio. Y descubrimos que Jesús está allí para apoyarnos y para hacer a través de nosotros lo que prometió que iba a hacer. No hay nada que contente más a Jesús que cuando confiamos en Él.

Cuarta etapa: Jesús delega

Jesús dedicó todo su ministerio a preparar a los doce para que llevaran a cabo su misión cuando Él volviera al Padre. Había llegado el momento de enviar a los discípulos a cumplir su misión de ir y hacer discípulos. A Jesús le había llegado "la hora" de encontrarse con la cruz (Marcos 14:41; Juan 4:21; 7:30; 8:20; 12:33; 13:1; 16:25; 17:1). Cuando "llegó la hora", también llegó el momento de transferir el ministerio a los doce. Y ahora Jesús deja muy claro que el centro de su trabajo ha sido preparar a los discípulos para que pudieran asumir su liderazgo bajo la guía de su Espíritu, pues Él ya no estaría con ellos de forma física. Para describir esta etapa sirve la expresión "Tú haces y yo miro".

El ministerio de Jesús anterior a la crucifixión acaba con la reunión que tiene con los doce durante la Pascua (Juan 13-17). La importancia que estos hombres tendrían para que el ministerio de Jesús continuara queda demostrada en que el Maestro eligió pasar sus últimas horas con ellos. En estos capítulos somos testigos de un momento muy sagrado. Podemos escuchar la última oración que Jesús hace antes de llegar a la cruz. ¿Qué había en el corazón de Jesús? Dos cosas: Jesús sabía que pronto se iba a reunir con su Padre, y oró exclusivamente por los doce.

Jesús es plenamente consciente de que está completando lo que el Padre le ha enviado a hacer. "Yo te he glorificado en la Tierra acabando la obra que me diste que hiciese" (Juan 17:4). Con nostalgia, desea regresar al lugar privilegiado que dejó para venir a salvarnos. "Ahora pues, Padre, glorifícame al lado tuyo, con aquella gloria que tuve contigo antes que el mundo fuese" (Juan 17:5). Jesús se acuerda de la vida al lado del Padre. Tiene ganas de volver a tener esa comunión con Él cara a cara.

Aunque esta oración está acompañada de ese deseo de volver a casa, Jesús se centra en los doce. Jesús dice, incluso, que no ruega por el mundo rebelde, sino por aquellos que el Padre le ha dado (Juan 17:9). La preparación final de los doce era una parte importante del cumplimiento de su obra. Su obra no hubiera quedado completa si los doce no hubieran estado preparados para asumir la tarea que les había encomendado. La tragedia es que la mayoría de los líderes cristianos casi no dan prioridad a los periodos de transición de liderazgo. La eficacia del ministerio de un líder se mide por el fruto que ese ministerio sigue teniendo cuando él ya ha dejado el liderazgo.

¿Por qué cosas ora Jesús? Ora para que el Padre proteja a sus discípulos (Juan 17:11); para que sean uno (Juan 17:11); para que les proteja del maligno; para que no caigan en la apostasía, como Judas; para que su gozo sea completo en ellos (Juan 17:13); para que sean santos en la verdad de la Palabra de Dios. Y entonces aparece la frase por la cual les transfiere su misión: "Como Tú me enviaste al mundo, así yo los he enviado al mundo" (Juan 17:18). Ahora, el ministerio de Jesús ha pasado a ser el ministerio de sus discípulos. No solo les envía, sino que les dice que se multipliquen. Jesús no solo ora por estos doce, sino por los que también creerán por el testimonio de ellos (17:20). Al principio de aquel encuentro, Jesús había dicho: "En esto es glorificado mi Padre, en que lleváis mucho fruto, y seáis así mis discípulos" (Juan 15:8). Como es típico de Juan, aquí puede estar apuntando en dos direcciones. Podemos entender estas palabras en sentido cuantitativo, que deben hacer más discípulos, pero también en sentido cualitativo, que los discípulos deberán reflejar el carácter y la vida de Jesús. Como dijo Dawson Trotman, los apóstoles nacieron "para hacer más discípulos", cosa que podría decirse de todos los seguidores de Jesús.

Aquí tenemos un reto para todos los pastores y líderes cristianos. ¿Dónde están los hombres y las mujeres a los que estamos enseñando a hacer discípulos, para que el ministerio continúe cuando nosotros ya no estemos? ¿Tu ministerio sería diferente si dieras prioridad a seleccionar, motivar y formar a posibles líderes para que pudieran continuar la misión una vez tú ya no estés? Tómate un momento para evaluar cómo sería tu ministerio si para ti la prioridad fuera invertir en unos pocos, como lo fue para Jesús. ¿Qué ocurriría si adoptaras el modelo de Jesús de formar a unos pocos acompañándoles a través de todas las etapas del proceso hasta que su ministerio no dependiera de ti? ¿Cambiaría la forma en la que usas tu tiempo? ¿Cómo afectaría a tu agenda semanal? ¿A qué tendrías que renunciar para poder formarles? ¿Qué habilidades que hoy no son tu fuerte tendrías que desarrollar? Robert Coleman escribe: "Lo que hará que nuestro trabajo permanezca es que las personas a las que hemos hecho nuestros discípulos sean fieles y salgan y hagan otros discípulos, es decir, que no solo consigan conversiones, sino que formen a los nuevos conversos".[15]

Jesús usó un modelo de liderazgo y formación caracterizado por el servicio. Mientras que muchos pastores y líderes en la actualidad tienden a estar satisfechos con tener miembros dependientes de su enseñanza y cuidado, Jesús quería seguidores con iniciativa, con la iniciativa de multiplicarse, de hacer más discípulos. El pastor de hoy muchas veces cree que solo puede ministrar a la iglesia cuando tiene delante a la congregación entera. Jesús, sin embargo, creía que la multiplicación tendría lugar si invertía en unos pocos. Me temo que lo que Coleman escribió de manera profética en 1963 aún sigue siendo una realidad: "No es que hayamos rechazado el plan de Jesús; simplemente, lo hemos ignorado".[16] Si queremos que la característica de nuestro ministerio sea ver seguidores de Jesús completamente comprometidos y con la iniciativa de ir y hacer discípulos, tenemos que adoptar el método de Jesús de invertir tiempo y esfuerzo en unos pocos. Ese será el fundamento que propiciará el crecimiento de nuestro ministerio.

En el capítulo cinco veremos que el apóstol Pablo tenía un método similar al de Jesús, aunque usó diferentes imágenes para explicar la misma realidad.

5. El modelo de Pablo

---

[15] Coleman, *Plan supremo de evangelización* (El Paso, Tx.: Casa Bautista de Publicaciones, 1983)

[16] Ibíd.

En el capítulo cuatro analizamos el modelo que Jesús siguió para preparar a los discípulos, modelo que toma principios del liderazgo situacional. Mi tesis es que Jesús adaptó su estilo de liderazgo al nivel de preparación de sus discípulos en cada una de las etapas. Su objetivo era que los doce continuaran su misión. El Hijo Encarnado de Dios buscaba desde el principio dejar un modelo de vida y ministerio en manos de este pequeño grupo de discípulos para que ellos lo transmitieran y, así, establecer una cadena de discípulos que hacen discípulos a su vez (Juan 17:20).

Ahora vamos a fijarnos en el modelo de discipulado del apóstol Pablo, es decir, veremos la forma en que él hacía discípulos. Para empezar, partimos de la base de que Pablo no usa el mismo lenguaje que encontramos en los Evangelios. El vocabulario de Jesús y los primeros registros históricos sobre el inicio de la Iglesia están impregnados de expresiones como "hacer discípulos" y "ser un discípulo", expresiones que no hallamos en los escritos paulinos. De hecho, ¡Pablo en ningún momento menciona que él tuviera discípulos! Todos sus esfuerzos estaban dirigidos a que la iglesia entendiera que ser cristiano significa "estar en Cristo" o que "Cristo está en nosotros". Pero esto no significa que Pablo no contemple el concepto de discipulado. Pablo, igual que Jesús, quiere que los seguidores de Cristo sean personas completamente comprometidas que tienen la iniciativa de hacer discípulos. La diferencia está en que lo expresó de un modo diferente.

La metáfora que Pablo más usa, aunque no es la única, para describir el objetivo y el proceso del discipulado es la de la paternidad espiritual. Los escritos de Pablo están plagados de imágenes de "paternidad" y "maternidad" espiritual: llama "hijos" o "hijos amados" a los que están bajo su cuidado; se describe a sí mismo como una madre que amamanta a sus hijos o como una madre que está como con dolores de parto; para él, el objetivo de estar en Cristo es crecer para llegar a ser perfecto (maduro, adulto). Aunque las metáforas familiares no son las únicas que usa, la imagen del padre que cuida y guía a su hijo es la que mejor define el proceso del discipulado.

El objetivo de la paternidad espiritual

En las familias sanas, el objetivo de los padres es ayudar a los niños a que lleguen a ser adultos independientes y responsables. Jack y Judy Balswick hacen un buen resumen de las metáforas familiares que podemos encontrar en el proceso del crecimiento espiritual.

La vida cristiana aparece descrita en varios pasajes del Nuevo Testamento como un proceso de crecimiento, proceso por el que se pasa de la infancia espiritual a la madurez espiritual. El recién convertido empieza como un niño y, con el tiempo, va creciendo en Cristo. Pasa de una estado de dependencia, en el que otros le enseñan y le discipulan, a una relación con Dios madura. Mientras va creciendo, el discípulo también va asumiendo su responsabilidad de hacer discípulos a otros. Aunque es verdad que el creyente siempre depende de Dios y del Espíritu Santo en ese proceso de crecimiento, hay una progresión natural hacia la madurez que propicia que Dios use al creyente para servir y ministrar a otros.[1]

Estos autores entrelazan de forma natural una compresión bíblica de la paternidad con las imágenes familiares que se usan para describir el proceso del crecimiento cristiano. "La paternidad que propicia que los niños alcancen la madurez es conceptualmente similar a la descripción del discipulado que encontramos en el Nuevo Testamento".[2] Vemos que la forma en la que estos autores conciben el objetivo de la paternidad espiritual suena como una definición de la madurez cristiana. "Si se ejerce una buena paternidad, los niños llegarán a alcanzar la misma independencia y madurez de los padres. En el contexto cristiano, los niños que han recibido la enseñanza de amar a Dios y al prójimo como a sí mismo, luego tendrán una mayor capacidad de ir más allá del interés personal y, así, vivir para alcanzar a otros".[3]

No debería sorprendernos que el objetivo de la paternidad espiritual sea exactamente el mismo que el del discipulado. El principal contexto o grupo de discipulado es el hogar cristiano. Los primeros "padres" espirituales son los mismos padres. Por eso, tiene sentido que Pablo use las imágenes familiares, la educación dentro del contexto de la familia, para plasmar su comprensión del proceso hacia la madurez espiritual.

El objetivo de Pablo

Ahora está de moda que las iglesias escriban su "Declaración de Misión". En la última iglesia en la que fui pastor, me dio la impresión de que para la Declaración de Misión tardamos más de lo que se tarda en elaborar una enciclopedia. Estuvimos tres años retocándola, fijándonos en las Declaraciones de Misión de otras iglesias, y volviéndola a retocar. Miro atrás con cierta vergüenza, pues pasó bastante tiempo hasta que caí en la cuenta de que Jesús ya nos había dado una Declaración de Misión. Y no solo a nosotros, sino a todas las iglesias. Normalmente se le llama La Gran Comisión (Mateo 28:18-20). En lugar de elaborar una nueva Declaración de Misión, como si cada iglesia tuviera que tener la suya propia, ¡deberíamos usar nuestras energías para contextualizar la Declaración de Misión que Jesús ya nos dio! Por ejemplo, la iglesia en Willow Creek, que tanto ha crecido, ha cogido las palabras de Jesús y las ha expresado de la siguiente manera, usándolas como su Declaración de Misión: "Trabajar para que personas que nunca pisarían una iglesia se conviertan en seguidores comprometidos de Cristo".

Para Pablo, el objetivo principal de la vida cristiana es alcanzar la madurez en Cristo. El apóstol Pablo, con el llamamiento de Jesús en mente, escribió su propia Declaración de Misión. Si leemos con atención Colosenses 1:28-29, podremos oír el "id, y haced

---

[1] Jack O. Balswick y Judith K. Balswick, *The Family: A Christian Perspective on the Contemporary Home* (Grand Rapids, Mich.: Baker, 1991), p. 94.

[2] Ibíd., p. 108.

[3] Ibíd., p. 105.

discípulos" de Jesús. Pablo recoge la forma en la que ese llamamiento afecta a su vida: "anunciamos [a Jesús], amonestando a todo hombre, y enseñando a todo hombre en toda sabiduría, a fin de presentar perfecto en Cristo Jesús a todo hombre; para lo cual también trabajo, luchando según la potencia de Él, la cual actúa poderosamente en mí". Pablo dedica todas sus fuerzas, todas sus energías, a un único propósito: llevar a la gente a la madurez en Cristo. Una forma de discernir el llamamiento de Dios es descubrir aquello que te da energía. En Colosenses 1:29 Pablo dice que él dedica su energía a ayudar a la gente a que sea adulta espiritualmente. Pablo empieza diciendo: "para eso *trabajo*". La raíz griega que traducimos por "trabajo" significa "golpes" o "la fatiga causada por una paliza". El significado de este término fue evolucionando, y se convirtió en un sinónimo de la fatiga causada por el trabajo duro o forzado.

Esta imagen aparece junto a la de "luchar". "Para eso trabajo, luchando...". Una traducción literal del verbo en griego sería "agonizar". En otra ocasión Pablo usó esta misma palabra para comparar la vida cristiana con la de un atleta: "El atleta lucha *[agoniza]* y de todo se abstiene; lo hacen para recibir una corona incorruptible; pero nosotros, una incorruptible" (1ª Corintios 9:25). Al articular su Declaración de Misión particular, Pablo dice que su objetivo principal es ayudar a todo aquel con quien se encuentra en el camino, a avanzar hacia la madurez en Cristo.

La raíz de la palabra que traducimos por "madurez" o "perfección" es *telos*, que significa "objetivo", "meta" o "finalidad". Esta visión de la madurez como el objetivo de la vida cristiana es otro indicador de que Pablo ve el proceso del discipulado como la educación y el cuidado de un hijo. Ser maduro es ser completamente adulto. J.B. Lightfoot cree que Pablo ha tomado prestada, de forma intencionada, una palabra de las antiguas religiones mistéricas. Según estas religiones, los que habían recibido toda la instrucción eran los maduros, que eran todo lo contrario a los principiantes o novicios. En la iglesia primitiva, los que se habían bautizado eran los *teleios* ("maduros" o "completos"), que se diferenciaban de los catecúmenos, los que aún estaban en el periodo de preparación o instrucción previos al Bautismo. Otra muestra de que esta palabra está muy relacionada con el vocabulario de la familia, es el contraste que Pablo hace entre ser maduros en la fe, y ser niños en la fe. Pablo reprende a los corintios por ser "niños en Cristo", que aún están bebiendo leche cuando ya deberían estar comiendo comida sólida (1ª Corintios 3:1-2). Más adelante en la misma carta, Pablo vuelve a establecer un claro contraste entre la "niñez espiritual" y la "madurez espiritual": "Hermanos, no seáis niños en el modo de pensar, sino sed niños en la malicia, pero maduros *[teleios]* en el modo de pensar" (1ª Corintios 14:20). En Efesios Pablo dice que los maduros (*teleios*) han llegado a la estatura de Cristo, mientras que los que son niños en la fe son inestables, nada firmes, y van de un lado para otro siguiendo cualquier doctrina que se les presenta de forma atractiva (Efesios 4:13-14).

Como ya he dicho, aunque las imágenes de la familia son las más predominantes, no son las únicas que Pablo utiliza para reflejar su comprensión del discipulado. El objetivo que Pablo quiere alcanzar es la madurez, pero esta palabra nos dice muy poco sobre el proceso de cómo llegar hasta ella. Pablo expresa lo que quiere decir por madurez cuando verbaliza cuál es el propósito de la existencia: "ser conforme a la imagen del Hijo de Dios" (Romanos 8:29).

Transformación: producto y proceso

La transformación engloba tanto el producto como el proceso del discipulado cristiano. La raíz griega que tenemos aquí es *morphoo*, que nosotros hemos convertido en el término informático "morphing". Este término lo asociamos con las imágenes creadas y retocadas por ordenador. Por ejemplo, por ordenador se puede lograr que la cara de una mujer se transforme en la de un hombre, o que nuestro cuerpo tenga diez kilos menos. También podemos ver cómo nos quedaría un smoking o un traje de fiesta, o vernos en una playa de Hawai con un bronceado espléndido.

Esa transformación sugiere que el lugar en el que estamos y el lugar en el que nos gustaría estar son dos cosas diferentes. Aún somos un proyecto. De niño fui testigo de una gran transformación. El Scholl Canyon en el Sur de California era un barranco que servía de vertedero para todo tipo de basura y desperdicios. Pero ya de adulto he jugado alguna partida de golf en ese mismo lugar. Lo habían transformado. Aquel apestoso lugar se había convertido en un precioso campo de golf. Una vez el barranco quedó lleno hasta los topes, lo transformaron para convertirlo en una nueva creación.

En griego, el sentido general de *morphe* es "la formación interna de la naturaleza esencial de una persona o ser vivo". Este término contrasta con otra palabra que también se traduce por "forma": *schema*. Mientras que *schema* se refiere a lo externo, *morphe* hace referencia a un núcleo nuevo e inmutable. *Schema* tiene que ver con la capacidad de que lo externo se adapte al entorno, como por ejemplo cuando el camaleón se adapta a la flora y fauna del lugar en el que se encuentra. Pablo hace un contraste entre *schema* y *morphe* cuando exhorta a los romanos, diciéndoles: "No os conforméis [*syschematizomai*] a este mundo, sino transformaos [*metamorphoomai*] por medio de la renovación de vuestro entendimiento" (Romanos 12:2). Pablo entiende la transformación como algo que ocurre en el interior, mientras que la conformidad significa que el exterior toma una forma concreta para adaptarse a las circunstancias. Un traductor expresa el uso que Pablo hace de "conformarse" de la siguiente forma: "No os adaptéis a las formas externas y pasajeras de este mundo". *Metamorphoomai* ("metamorfosis") es la palabra que se usa para describir la transformación de Jesús en el monte de la Transfiguración (Marcos 9:2). Durante un momento el aspecto externo de Jesús mostró la gloria que caracteriza su naturaleza, su interior.

No he acabado de contarte la historia de la transformación que experimentó el Scholl Canyon. Solo he ido a jugar al golf una vez, porque de debajo de aquella fina capa de césped subía un hedor que producía nauseas. Mientras jugaba aquella partida no dejaba de pensar que lo que tenía bajo mis pies era un gran hervidero químico. Habían dado forma al terreno, pero no se había dado una metamorfosis. Habían hecho un arreglo superficial, pero no una transformación completa y permanente. Para ello tendrían que haber retirado todos los desperdicios y haberlos sustituido por tierra limpia. Por eso Pablo asocia la transformación con las imágenes de "deshacerse" de la vieja naturaleza y "revestirse" con la nueva naturaleza (Efesios 4:17-32).

Para Pablo, el discípulo totalmente comprometido, el que tiene claro que tiene que ir y hacer discípulos, es aquel que ha cambiado para así reflejar el carácter de Jesús en su vida. El proceso de la transformación sustituye todo lo que refleja el viejo yo pecaminoso por el aroma de Cristo, que permea todo el ser de dentro hacia fuera. La madurez para Pablo es la disposición a que Jesús refleje su naturaleza a través de cada área o aspecto de nuestro ser.

Si ése es el objetivo, ¿qué hacía Pablo para llevar a los creyentes a esa transformación? Su modelo se puede dividir en una serie de roles que ayudan al creyente a avanzar de la infancia a la madurez. El proceso del discipulado se puede comparar a la forma en que los padres van adaptando su rol para guiar a sus hijos y ayudarles a convertirse en adultos responsables.

ETAPA VITAL	NECESIDAD	ROL DEL DISCÍPULO	ROL DE PABLO
Etapa infantil	Ejemplo y dirección	Imitación	Modelo
Etapa primaria	Amor incondicional y protección	Identificación	Héroe
Etapa de la adolescencia	Libertad creciente y formación de la identidad	Exhortación	Capacitador
Etapa adulta	Mutualidad y reciprocidad	Participación	Igual

Imagen 5.1. El modelo de Pablo

Primera etapa: imitación

Pablo combina su trato paterno con un llamamiento a los corintios a que le imiten. Para él, su relación con ellos es como la relación entre un padre y sus "hijos queridos". Por un lado, fue su padre espiritual, el que llevó a muchos de ellos a los pies de Cristo: "En Cristo Jesús yo os engendré por medio del Evangelio" (1ª Corintios 4:15). Y luego Pablo extrae cuál es la consecuencia natural de ello: "Por tanto, os ruego que me imitéis" (1ª Corintios 4:16). En tiempos de Pablo, la conducta de los padres era un modelo que los hijos debían copiar. "Observa la conducta de tu padre como si fuera la ley y esfuérzate en imitar la virtud de tu padre".[4]

El término "imitar" es, en este caso, *mimeomai*, de donde viene nuestra palabra castellana "mímica". *Mimeomai* aparece en varias ocasiones (1ª Corintios 11:1; Filipenses 3:17; 1ª Tesalonicenses 1:6-7; 2ª Tesalonicenses 3:7, 9), y normalmente va acompañada de

---

[4] Citado en Linda L. Belleville, *Patterns of Discipleship in the New Testament* (Grand Rapids, Mich.: Eerdmans, 1996), p. 121.

la palabra *typos*, que se suele traducir por "ejemplo" o "modelo". En 1ª Corintios 11:1 Pablo concluye el consejo anterior añadiendo un llamamiento a imitarle: "Sed imitadores de mí, así como yo de Cristo". Dicho de otra forma, sus discípulos tenían que imitar el reflejo de Cristo que veían en Pablo. Pero, ¿por qué Pablo no dice simplemente "Imitad a Cristo"? ¿Por qué se pone a él de ejemplo? La primera vez que leí este texto, pensé: "Pablo, ¿cómo puedes decir algo así? ¡Qué arrogante! ¿Quién te has creído?". Más adelante, cuando fui entendiendo la forma en la que Dios obra, me di cuenta de que Pablo estaba poniendo en práctica la teología de la Encarnación. Dios puso cuerpo a su presencia. Se presentó de forma plena en Jesús. Y luego se presentó en la vida de sus seguidores, los cuales se convirtieron en reflejo de Él.

La imitación implica seguir el estilo de vida de otra persona. Pablo dice a los filipenses: "Hermanos, sed imitadores *[mimeomai]* de mí, y mirad a los que así se conducen según el ejemplo *[typos]* que tenéis en nosotros" (Filipenses 3:17). Añade que él, junto con Timoteo, el coautor de esa epístola, les tienen que servir de modelo (*typos*). *Typos* proviene del vocablo que significa "golpear", o "la marca o impresión que deja un golpe". Es decir, el estilo de vida de Pablo y Timoteo dejaba huella, y servía de molde para las vidas de los filipenses. Estas dos palabras vuelven a aparecer juntas en 1ª Tesalonicenses 1:6-7 y 2ª Tesalonicenses 3:7, 9.

¿Qué cosas concretas quería que todos aquellos cristianos imitaran? ¿Quería que fueran sus clones? ¿Quería que todos vivieran como él, que sufrieran como un apóstol? ¿Que tuvieran su personalidad combativa? Ésta es una cuestión importante, pues algunos modelos de discipulado exigen que los nuevos conversos lleguen a ser una réplica superficial de la personalidad dominante. Pero ese modelo tan jerárquico es más bien característico de las sectas. Algunos líderes han llegado a decir que el que está siendo discipulado siempre debe consultar todas sus decisiones con el que le discipula, porque éste es la voz de Dios para aquellos que están a su cargo. ¿Es eso lo que Pablo tenía en mente cuando dijo "sed imitadores de mí"?

No hace falta especular sobre lo que Pablo quería decir cuando animaba a los creyentes a que le imitaran, igual que él imitaba a Cristo. Está bien claro. Cuando se encuentra en Mileto con los ancianos de Éfeso (Hechos 20:17-38), él mismo hace una descripción de aquello que hay que imitar. Cuando Pablo llegó al puerto de Mileto en su segundo viaje misionero, mandó llamar a los ancianos de la iglesia en Éfeso para darles unas últimas palabras de ánimo. Antes de la triste despedida, Pablo les recordó el ejemplo que les había dejado cuando vivió en medio de ellos. ¿Qué es lo que Pablo enfatiza? Su vida estuvo caracterizada por la humildad, las lágrimas, los problemas y los ataques por parte de los judíos. Contra viento y marea, él se mantuvo firme defendiendo el mensaje central del Evangelio, sin eliminar la exhortación al arrepentimiento, ya fuera cuando predicaba de forma pública, como cuando enseñaba en las casas. Su único deseo era acabar el ministerio que Jesús le había dado. Entonces, ¿qué es lo que aquellos cristianos debían imitar? Creo que Pablo lo hubiera resumido de la siguiente manera: "Yo estoy dispuesto a negarme a mí mismo, a morirme yo mismo, para que Cristo pueda brillar a través de mí. Haced vosotros lo mismo. Yo estoy cumpliendo el ministerio que Cristo me ha dado; haced vosotros lo mismo. Decid conmigo 'ya no vivo yo, más vive Cristo en mí'".

Cuando Pablo nos llama a que Cristo sea formado en nosotros, lo que quiere es que lleguemos a tener la forma para la que Dios nos diseñó. C.S Lewis explica este aspecto de una forma muy llamativa. Algunos creen que al entregar nuestra vida a Jesús, Él borra nuestra personalidad para que lleguemos a parecernos a Él. Pero Lewis nos recuerda que se trata precisamente de lo contrario.

Cuanto más nos liberemos de lo que llamamos "nosotros mismos" y le dejemos a Él encargarse de nosotros, más nos convertiremos verdaderamente en nosotros mismos. Él es tan grande que millones y millones de "otros cristos", todos diferentes, no son suficientes para expresar todo lo que Él es. Él los hizo a todos. Él inventó – como un autor inventa a los personajes de su novela – todos los hombres diferentes que vosotros y yo estábamos destinados a ser. En ese sentido nuestro auténtico yo está esperándonos en Él. Es inútil intentar ser "nosotros mismos" sin Él. Cuanto más nos resistamos a Él e intentemos vivir por nuestra cuenta, más nos vemos dominados por nuestra herencia genética, nuestra educación, nuestro entorno y nuestros deseos naturales... Cuando nos volvemos a Cristo, cuando nos entregamos a su personalidad, entonces empezamos a tener una auténtica personalidad propia.[5]

Pablo tenía personas a su cargo, y creía firmemente que la forma en la que él vivía la vida en Cristo podía servirles de modelo. Éste es un elemento necesario que debemos tener en cuenta a la hora de invertir en las personas a las que estamos enseñando.

Segunda etapa: identificación

Los padres que aman a sus hijos supeditan su bienestar y su felicidad al bienestar y la felicidad de sus hijos. En este sentido, Pablo tenía el corazón de un padre cuando se trataba del bienestar de sus hijos espirituales. La habilidad que Pablo tenía para entrar en las vidas de los nuevos creyentes abría un camino para que ellos se pudieran identificar plenamente con su maestro. En el capítulo tres describí el impacto que Don tuvo en mi vida cuando yo estaba en la Universidad. Yo era como un pedazo de barro buscando a alguien que me ayudara a darle forma y así dar sentido a mi vida. Quería ser como Don porque me identificaba con él. Pero yo me identificaba con él porque él se había dado por mí. Cuando recuerdo los momentos pasados con Don, nos veo conversando sentados uno al lado del otro en el banco de una pista de tenis, o uno enfrente del otro, sentados a la mesa de un bar. Lo que recuerdo de esos momentos es que él me dejaba entrar en su corazón. Él me hablaba no solo de su amor por Jesús, sino también de esos lugares de su vida más oscuros en los que Jesús aún tenía mucho que hacer. La pasión que observé en Don fue lo que me llevó a querer ser como él.

La imitación se hace con motivación si hay identificación. "La identificación es el proceso por el que una persona cree ser como otra persona en algunos aspectos, y experimenta las victorias y los fracasos de la otra como los suyos propios, y consciente o

---

[5] C.S. Lewis, *Mero Cristianismo* (Madrid: Ediciones Rialp, S.A., 2001 [3ª Edición]), p. 231–32.

inconscientemente imita su conducta... Lo que distingue la identificación de la mera imitación es que en la primera se establece un vínculo emocional".[6]

La identificación emocional comienza por iniciativa del que enseña e invierte tiempo y esfuerzo en las personas a su cargo. Pablo se identificó de forma plena con las personas a las que servía. Usó imágenes paternas y maternas para explicar lo importante que para él era el bienestar de aquellas personas.

Pablo usó sin problema alguno imágenes femeninas para explicar su relación con aquellos que quería llevar a la madurez en Cristo. Quizá la más extraña de todas sea la que usa escribiendo a los gálatas: "Hijitos míos, por quienes vuelvo a sufrir dolores de parto, hasta que Cristo sea formado en vosotros" (Gálatas 4:19). Como varón, no sé qué sabría Pablo sobre dolores de parto. Probablemente había oído los gritos de las mujeres que dan a luz y pensó que esa agonía era parecida a lo que él había sufrido por los gálatas. Durante la larga noche en la que nació nuestra hija, a mi mujer no le importaba lo más mínimo su aspecto. En cierto momento llegó a decir que aquella era la peor noche de su vida, y los gritos que profería así lo confirmaban. Del mismo modo, Pablo supeditó su bienestar a que Cristo fuera formado en los gálatas.

Si miramos la primera carta que Pablo escribe a los tesalonicenses, continúa con otra imagen femenina: "Antes fuimos tiernos entre vosotros, como la nodriza que cuida con ternura a sus propios hijos" (1ª Tesalonicenses 2:7). No hay nada como la comprensión que emana del amor de una madre. El momento más bajo durante mi adolescencia llegó cuando cambié de la escuela primaria a la secundaria. Vivía con un miedo constante a fracasar en clase, a perder amigos, y a no ser suficientemente bueno en el deporte. Mi mundo no era un lugar seguro. Muchas noches me dormía entre sollozos. Al verme así día tras día, mi madre sufría mucho. Se le partía el corazón. Recuerdo con cariño muchas conversaciones antes de irme a dormir, y los poemas que ella me leía con la esperanza de consolar el alma abatida de aquel adolescente. Lo mismo hacía Pablo con los tesalonicenses. Éste es el lado tierno de Pablo, que no se corresponde con la imagen que normalmente tenemos de él.

Eugene Peterson traduce muy bien esta sección en su versión de la Biblia: "Nunca fuimos condescendientes, sino que cuidamos de vosotros del mismo modo en el que una madre cuida a sus hijos. Os amamos de todo corazón. Por eso no nos contentamos con daros el mensaje, sino que también quisimos daros nuestras vidas" (*The Message*, 1ª Tesalonicenses 2:8). No fueron allí a "escupir" el Evangelio, para así poder marchar a la siguiente ciudad. A veces, las iglesias invitan a predicadores que vienen a dar un mensaje, pero pocos son los que vienen a darse a sí mismos. Pablo llegaba a una ciudad y se quedaba. Y no solo daba el mensaje, sino que se daba a la gente. No podía concebir el mensaje sin encarnarlo.

El apóstol no solo usa la figura de la madre, sino que también usa la del padre: "También sabéis de qué modo, como el padre a sus hijos, exhortábamos y consolábamos a cada uno de vosotros, y os encargábamos que anduvieseis como es digno de Dios, que os

---

[6] L. Douglas DeNike y Norman Tiber, "Neurotic Behaviour", *Foundations of Abnormal Psychology* (New York: Holt, Rinehart and Winston, 1968), p. 355.

llamó a su reino y gloria" (1ª Tesalonicenses 2:11–12). Los padres sabios saben cómo tratar a cada uno de sus hijos. Lo que motiva a un niño puede desmotivar a otro. Hay niños de temperamento tranquilo, y otros, de temperamento rebelde. Unos tienen talento artístico, y otros nacen con el código genético de un contable. Pablo dice que trató a cada uno de los creyentes en Tesalónica "como el padre a sus hijos". Para hacer discípulos hay que respetar la personalidad, y potenciar los aspectos positivos que Dios les ha dado. Los padres atentos y observadores ya detectan en la niñez la personalidad de cada uno de sus hijos.

Pablo elige tres verbos para describir que en esa relación con los tesalonicenses, donde él es el maestro y ellos los discípulos, él tiene hacia ellos un amor de padre. Cada una de estas palabras expresa una estrategia de motivación diferente; así hay una estrategia para la etapa de preparación y disposición de cada persona. "Como el padre a sus hijos, exhortábamos y consolábamos *a cada uno* de vosotros".

Parakaleo es el mismo término que Jesús usa para referirse al Espíritu Santo cuando dice a sus discípulos: "Os enviaré otro consejero, abogado, ayudante, consolador". En castellano no existe ninguna palabra que recoja todos los matices de este término griego. Literalmente significa "acercarse para ayudar". Pablo se acercaba a ellos a veces exhortándoles, otras consolándoles, otras animándoles y otras, encargándoles que vivieran como era digno de su llamamiento. Si unimos esa palabra a "exhortando", "consolando" (*paramytheomai*) significa, muy probablemente, recibir ánimo para continuar en la carrera que han iniciado. También recoge el sentido de "edificar, o dar razón de la esperanza". La vida cristiana puede ser muy dura cuando luchamos contra nuestros propios demonios y contra el mundo hostil. Para continuar, necesitamos esperanza.

La raíz de "encargando" (*martyreo*) significa aquí "testigo" o "mártir". También se puede traducir por "encargar". Del mismo modo en que un entrador puede darles a sus jugadores unas palabras de ánimo, también hay momentos en los que es más adecuado pedirles o exigirles que saquen lo mejor que hay en ellos. A veces llegaba el momento en el que Pablo tenía que decir: "¡Salid de vuestra comodidad y servid a Jesús, aunque eso implique correr algún riesgo!".

Pablo no evitaba las decepciones. Estuvo dispuesto a ser totalmente vulnerable al desespero que produce que un discípulo te decepcione. El amor implica identificación, no auto-protección. En esta etapa, los discípulos necesitan saber que hay alguien que se preocupa de su bienestar.

Tercera etapa: exhortación

La etapa de la adolescencia en el discipulado se parece mucho a la adolescencia propiamente dicha. Durante esta etapa lo más importante es ayudarles a desarrollar la confianza para que los "adolescentes" puedan encontrar su personalidad. Esto se consigue dejando que aprendan probando y equivocándose. Los padres deben tener cuidado de no querer rescatarles en todo momento (si no, no madurarán), pero deben ofrecerles todo el apoyo y el consuelo que necesiten. Dicho de otra forma, los "adolescentes" crecen enfrentándose a las consecuencias de sus actos.

La imagen de un entrenador es muy apropiada para esta etapa. El entrenador tiene el privilegiado papel de ayudar a la gente a ver el potencial que tienen. Tom Landry, el legendario entrenador de los Dallas Cowboys, definió el entrenamiento de la siguiente forma: "consiste en lograr que hagan lo que no quieren hacer, para que lleguen a convertirse en lo que quieren ser".[7] Elton Trueblood propone que la mejor metáfora moderna para el pastor-formador es la de un "entrenador-jugador". "La gloria del entrenador es ser el que descubre, desarrolla y entrena el potencial de otros hombres. Esto es exactamente lo que queremos decir cuando usamos la terminología bíblica sobre el ministerio de preparar a los fieles".[8]

En 2ª Timoteo, considerada la última epístola del apóstol, une la imagen del entrenador y la del padre. En esta carta Pablo explica que el final de su ministerio es inminente: "El tiempo de mi partida está cercano" (2ª Timoteo 4:6). El objetivo de Pablo es asegurarse de que el Evangelio se va a transmitir a la siguiente generación. Él ya ha cumplido la tarea que Dios le ha dado. Así que está pensando de qué forma pasarles el relevo a los que han estado luchando con él. Él ya está acabando la carrera; pero antes de recibir el premio, tiene que pasar el testigo.

Una de las personas que continuará su labor cuando él no esté es Timoteo, su querido hijo en la fe. Parece ser que en la vida de Pablo había muy poca gente por la que sintiera tanto cariño. Pero además de ser su hijo espiritual, yo creo que si Pablo hubiera tenido un hijo biológico, habría querido que fuera como Timoteo. Empieza su carta con un cariñoso "a Timoteo, amado hijo". Y en la primera carta se dirige a él como "mi hijo fiel". En 1ª Corintios también lo menciona, y lo hace con las siguientes palabras: "que es mi hijo amado y fiel en el Señor" (1ª Corintios 4:17).

Según el orden natural de las cosas, es normal que la fe pase de padres a hijos. Todos los que son hijos e hijas desean recibir la bendición de sus padres. Un mes después de la muerte de mi padre (en 1994), me retiré durante dos días a un lugar tranquilo para poder procesar las emociones de los últimos meses (mi madre había muerto tan solo un mes antes que mi padre). Estuve leyendo 2ª Timoteo. Toda mi vida soñé que algún día mi padre me daría la bendición final y me exhortaría a continuar en la fe. Ahora sabía que ese día nunca llegaría.

¡Cómo envidio a Timoteo! Pablo es el entrenador/padre que exhorta a Timoteo a vivir según su llamamiento. Pablo resume todos sus deseos cuando le dice a su hijo: "cumple bien tu ministerio" (2ª Timoteo 4:5). Y Pablo respalda esa petición con su propio ejemplo: "He peleado la buena batalla, he acabado la carrera, he guardado la fe" (2ª Timoteo 4:7). El mensaje que Pablo está dejando a Timoteo es: ¡Haz lo mismo! En mi opinión, 2ª Timoteo es una carta de motivación. Si lees esta carta desde esa aproximación, haciendo una lista de las diferentes técnicas que Pablo usa para motivar a Timoteo, abarcarás casi todo su contenido. Toda esta variedad de técnicas de motivación fueron diseñadas para decirle

---

[7] Bill Hull, *The Disciple Making Pastor* (Grand Rapids, Mich.: Revell, 1988), p. 91.

[8] Elton Trueblood, *The Incendiary Fellowship* (New York: Harper & Row, 1967), p. 43.

una cosa a Timoteo en su etapa de adolescencia: conviértete en la persona que Dios quiere que seas.

Es natural que los seres humanos tendamos a la comodidad y a evitar el dolor. Queremos vivir una vida tranquila, que nos dejen en paz, y estar lo más lejos posible de los problemas de los demás. Así, nuestro sentido de urgencia desaparece, y dejamos de estar alerta. No siempre tenemos la mirada puesta en nuestra meta, y nuestros objetivos ya no están tan claros. Necesitamos crear espacios para que nuestro entrenador nos pueda decir las verdades a la cara. Muchas veces he visto a otros y también a mí mismo reducir la temperatura de nuestra pasión, hasta que llegamos a ser tibios e insípidos. Necesitamos movernos en contextos de confianza donde las relaciones sirvan para purificarnos y para sacar de nosotros lo mejor, para animarnos a cumplir con nuestro llamamiento.

Cuarta etapa: participación

El objetivo del discipulado es llegar a la madurez. El matrimonio Balswick explica el objetivo del acompañamiento paterno de la siguiente forma: "El ideal de Dios es que los niños maduren hasta el punto en que ellos y sus padres se animan y forman mutuamente".[9] Esa mutualidad es la característica principal de la etapa de la madurez. Llega un momento en que los padres también pueden aprender de sus hijos. "Si el dar y el recibir es recíproco entre padres e hijos, eso es una prueba de que se ha llegado a la etapa de la madurez."[10] Como padres, mi esposa y yo estamos aprendiendo a relacionarnos con nuestra hija recién casada, quien además acaba de empezar a ejercer como médico. A ella le encanta enseñarnos sobre Medicina. Nosotros siempre le hacemos consultas sobre nuestras dolencias. Muchas veces nos reímos juntos en las ocasiones en que nos dejamos seducir por los productos "milagro" que prometen frenar el envejecimiento y los compramos. Ella ha incorporado nuestros valores en su vida y en la trayectoria que ésta ha tomado. Hemos llegado a ese momento en el ya no la llevamos de la mano, y tenemos que ponernos al mismo nivel de nuestra hija y de nuestro yerno.

La mutualidad y la participación fueron las características de la etapa adulta del ministerio de Pablo. En las etapas infantil y primaria, el que discipula es mucho más directivo. La imitación y la identificación consisten en ilustrar cómo deben ser las cosas, y hacerlo a través de la inversión en los que uno discipula y del servicio a los que uno discipula. Una vez que pasamos a la etapa de la adolescencia, exhortamos a los que discipulamos a que se conviertan en la persona que Dios quiere que sean. Para ello damos lugar a un mayor grado de libertad y experimentación. En la etapa adulta, el aprendizaje se convierte en un proceso de edificación mutua. Cuando Pablo escribe a los romanos, les está tratando como a adultos: "Porque deseo veros, para comunicaros algún don espiritual, a fin de que seáis confirmados; esto es, para ser mutuamente confortados por la fe que nos es común a vosotros y a mí" (Romanos 1:11-12). Pablo les estaba diciendo a los

---

[9] Balswick y Balswick, *Family*, p. 107.

[10] Ibíd.

romanos que no solo quería ir a verles para darles o enseñarles, ¡sino también para recibir de ellos! Las relaciones sanas son aquellas en las que hay un intercambio. Eso no quiere decir que tenga que haber el mismo nivel de madurez. Pero sí quiere decir que independientemente del nivel de madurez en Cristo, hay algo que ofrecer, y hay deseo de recibir. Pablo, a pesar de su estatura espiritual, nunca negaría la necesidad de recibir regalos espirituales de parte de los creyentes que él había discipulado.

En su ministerio, Pablo se veía a sí mismo como un colaborador más en el Evangelio. Contamos con una lista considerable de nombres con los que Pablo trabajó por el avance del Evangelio: Timoteo, Tito, Epafrodito, Silvano, Priscila, Aquila, Evodia, Síntique, Onesíforo (y ver Romanos 16). Aunque Pablo tenía la autoridad del apostolado, no se aprovecha de ella ni la usa con mano dura. Por ejemplo, escribe a Filemón sobre su esclavo Onésimo. En los saludos, se dirige a él como "nuestro colaborador" (Filemón 1). Le pide a Filemón que reciba de nuevo al esclavo que se escapó, diciéndole que como apóstol podría ejercer su autoridad y hacerlo en forma de mandato, pero que, como respeta a Filemón, le pide que lo haga por amor.

Pablo evita usar lenguaje jerárquico cuando trata con los que comparten con él el ministerio del Evangelio. En 2ª Corintios 8:23 describe a Tito como "compañero y colaborador para con vosotros". El término "compañero" deriva de *koinonia*, que significa "lo que tenemos en común", por lo que normalmente se traduce por "comunión". Y a Epafrodito, como "mi hermano y colaborador y compañero de milicia" (Filipenses 2:25). Más adelante en la misma epístola, a Pablo le preocupa la unidad entre dos mujeres, Evodia y Síntique. Y de ellas dice lo siguiente: "combatieron juntamente conmigo en el Evangelio, con Clemente también y los demás colaboradores míos" (Filipenses 4:2-3). Aunque Pablo no se amedrenta cuando tiene que llamar la atención a los que no están creciendo, no hace hincapié en la naturaleza jerárquica del proceso del discipulado. Y aunque hay diferencias en los niveles de madurez de las personas, hacer hincapié en las diferencias o definir las relaciones según esas diferencias no ayuda a nadie.

El modelo de Pablo siempre tiene el objetivo de animar a los creyentes a que se conviertan en las personas que Dios quiere que sean en Cristo. El deseo de Pablo era que todos estuvieran completos, es decir, que cumplieran el propósito que Dios tenía para cada uno de ellos. Él no quería hacer réplicas de sí mismo. No se veía como un sabio sobre una tarima, sino como un guía que camina al lado de los que están a su cargo. El modelo de discipulado de Pablo era un modelo misionero, es decir, que todos colaboramos para llevar el Evangelio a aquellos que necesitan oír del amor de Dios. Cuando lo que predomina es la misión, la colaboración es el elemento que caracteriza la relación entre el líder y el pueblo de Dios.

El modelo de Pablo tenía diferentes partes. El fundamento era la imitación, sobre la cual se sostenía la identificación, elementos que caracterizaban las dos primeras etapas espirituales. Cuando los discípulos iban desarrollando su identidad, Pablo les exhortaba a crecer. Finalmente, cuando llegaban a la madurez, pasaban a colaborar con él en la misión del Evangelio.

Resumen de los modelos de Jesús y de Pablo

Este capítulo cierra nuestras reflexiones sobre la visión bíblica del discipulado. Vimos que Jesús llamó a unos pocos con la intención de invertir en ellos porque ésa era la única forma de lograr que interiorizaran su mensaje y su misión y ésta se multiplicara. Logró que los doce hicieran suyo el ministerio del Maestro, y que así su mensaje llegara a todo el mundo. Para preparar a los doce, Jesús siguió un modelo de liderazgo situacional, adaptando su estilo de liderazgo a las situaciones y a la preparación de sus seguidores. Pero de la misma forma en la que adaptaba su estilo a las necesidades de sus discípulos, también lo cambiaba para empujarles a la etapa siguiente. Así, Jesús desempeñó diferentes roles, desde el del ejemplo vivo, pasando por el de maestro provocador y maestro alentador, hasta llegar a un Jesús que delega. Y aunque el vocabulario y las imágenes que Pablo usa son diferentes, el objetivo y el proceso del apóstol son un espejo del modelo del Señor.

¿Y ahora qué? ¿Cómo aplicar esta visión bíblica a la realidad de nuestras iglesias? Es aquí donde muchas veces hemos fallado. Quizá muchos de nosotros ya teníamos el conocimiento que he desarrollado en estos tres últimos capítulos. Pero no siempre es fácil plasmar este imperativo bíblico en una estrategia factible y eficaz. No nos podemos quedar aquí. Así que, ¡a por los siguientes capítulos!

Parte 3

MULTIPLICACIÓN DE LOS GRUPOS DE DISCIPULADO

Estrategia de la Iglesia para hacer discípulos

6. Inversión de tiempo y esfuerzo en las vidas de los discípulos

La importancia de las relaciones

Ahora llegamos al eje central de nuestro estudio sobre cómo hacer discípulos completamente comprometidos con Cristo y con la iniciativa de multiplicarse. Los ejes o bisagras son pequeños conectores. Sin las bisagras, una puerta no puede moverse de un lado a otro bajo su marco, es decir, no puede cumplir su propósito. Muchas veces la Iglesia es como una puerta sin encajar que está apoyada contra la pared, y no colocada en el marco bíblico. Las Escrituras no solo nos dan el mensaje, sino que también nos dan el método para guiar a los creyentes hacia la madurez. Aun así, en muchas ocasiones no plasmamos los modelos de Jesús y de Pablo en estrategias prácticas y factibles.

Siguiendo los modelos de discipulado de Jesús y de Pablo, ¿qué principios podemos extraer para poder crear una estrategia de discipulado que involucre a la Iglesia y conecte con la época en la que vivimos? En éste y en los dos capítulos siguientes veremos tres principios fundamentales sobre los que podremos construir un discipulado eficaz. La primera "bisagra" es invertir en las vidas de las personas, o cómo dejar de hacer tanto hincapié en los programas para hacer más hincapié en las relaciones (cap. 6). La segunda "bisagra" es la multiplicación a través de las generaciones, o cómo llevar a los discípulos a la madurez y también a la multiplicación (cap. 7). Y la tercera "bisagra" es la transformación, que se dará si hay las condiciones necesarias (relaciones significativas) para que pueda haber un proceso hacia la transformación y para que se pueda consolidar el deseo y la determinación de ir y hacer nuevos discípulos (cap. 8).

Para hacer discípulos hay que dedicarles tiempo y esfuerzo

No se pueden hacer discípulos siguiendo un programa de seis, diez ni treinta semanas. Y añadir más elementos al programa, que lo hagan parecer más riguroso o que demande mucha dedicación y compromiso, tampoco sirve para hacer discípulos. Los programas suelen estar centrados en la información o el conocimiento, donde uno se prepara para instruir a muchos, en un contexto donde el horario no deja mucho lugar a las relaciones ni a la comunicación.

¿Cuál es hoy en día el método de discipulado más usado en nuestras iglesias o ministerios? La situación que describimos a continuación es, desafortunadamente, muy común. Cuando los líderes de una iglesia hacen varios intentos de encontrar a personas que quieran aceptar posiciones ministeriales, en muchas ocasiones les invade la frustración porque el proceso se queda en eso, en un intento. Y llegan a la conclusión de que hay muy poca gente cualificada. Esa dificultad de encontrar a personas para ocupar los puestos ministeriales nos lleva al diagnóstico siguiente: el estado del discipulado hoy es bastante precario. La conclusión es que si no tenemos voluntarios cualificados para el ministerio es porque previamente no hemos trabajado para formar o hacer discípulos con la visión y la iniciativa de "ir y hacer discípulos". La solución es crear un comité que se encargue de elaborar un programa de discipulado. Frank Tillapaugh pregunta con sarcasmo: "¿Qué es un comité? Un comité es un grupo de gente que se reúne para responder a dos preguntas: ¿qué es lo que hay que hacer? y ¿a quién se lo vamos a delegar?"[1]

El comité se pone a buscar un programa de discipulado que haya dado buenos resultados. Eso significa buscar un sistema o un currículum de asignaturas que se pueda empezar lo antes posible para cubrir de una vez por todas esas carencias de personas dispuestas a trabajar. Encuentran el programa. Lo toman tal cual o lo adaptan al ministerio en particular, y se imparte. Con unas expectativas muy altas, lo anuncian como una herramienta que hará que la gente viva una vida cristiana triunfante y comprometida y, por tanto, de entrega y servicio en el ministerio. Los líderes de la iglesia confían en que los discípulos y los talentos se multipliquen. Pero lo que comenzó como una gran promesa se convierte en una gran decepción cuando solo se apunta al programa un porcentaje muy bajo de la congregación. Normalmente, los que responden son los que ya están comprometidos y sobrecargados. Así, los "espirituales" se vuelven a reciclar. Y el

---

[1] Frank Tillapaugh, *The Church Unleashed* (Ventura, Calif.: Regal Books, 1982), p. 71.

número de miembros comprometido con el ministerio sigue siendo básicamente el mismo que antes de realizar el prometedor programa. La Imagen 6.1. muestra de forma gráfica esta aproximación.

Comité → Programa → Discípulos

Imagen 6.1. Discipulado basado en programas

En esta aproximación, lo que falta es hacer que las relaciones sean una prioridad. Yo no me opongo a los programas,[2] no me opongo a la enseñanza doctrinal, ni a la enseñanza práctica sobre las disciplinas espirituales o el desarrollo de las habilidades. Pero si queremos que las personas cambien, si queremos que sean transformadas, tenemos que desarrollar relaciones sinceras con ellas. Jesús nos sirve de modelo. Él dijo a los que iban a ser sus discípulos: "Seguidme y yo haré que seáis pescadores de hombres" (Marcos 1:17). Jesús estaba diciendo que si se mantenían cerca de Él, les daría lo necesario para cumplir la misión que les iba a dar. Éste énfasis relacional debe ser el fundamento de nuestra estrategia de discipulado (ver la Imagen 6.2.).

Estamos ignorando el poder que tiene invitar a los hermanos a tener una relación íntima y duradera. El desafío que quiero lanzar a la Iglesia es que vuelva a darle a este tipo de relaciones la prioridad que Jesús les daba, y que la pongamos en práctica con aquellos a los que queremos hacer discípulos de Jesús, mientras avanzamos juntos a la madurez en Cristo. En cuanto al tema de convertir en discípulo a alguien, personas con las que tendré que desarrollar una relación cercana y abierta, oro para que el Señor me ayude a discernir a qué personas debo convertir en discípulos. Jesús llamó a sus discípulos (véase que la iniciativa fue del Maestro) después de haber pasado la noche orando; las relaciones de discipulado debería iniciarlas la persona que va a enseñar y debería hacerlo después de un tiempo de oración. Después de orar, cuando quiero iniciar un discipulado con alguien, tomo la iniciativa y le digo algo como: "Me gustaría invitarte a encontrarte conmigo y otra persona una vez por semana con el propósito de crecer como discípulos de Cristo, de convertirnos en las personas que Dios quiere. ¿Qué te parece? He estado orando, y de verdad creo que es una buena idea". Me gusta que la persona en cuestión sepa que no es una persona que he escogido al azar de entre todos los miembros de la iglesia, sino que es alguien que el Señor ha puesto en mi corazón desde hace algún tiempo. En el capítulo nueve reflexionaremos sobre las cualidades que deberíamos buscar en las personas en las que vamos a invertir tiempo y esfuerzo.

Relaciones → Tiempo → Discípulos

Imagen 6.2. Discipulado basado en las relaciones

---

[2] Greg Odgen, *Manual del discipulado* (opus cit.)

¿En qué sentido difiere esta aproximación relacional de los programas que generalmente se realizan en las iglesias? En lugar de invitar a los miembros a que asistan a un programa o a un curso y a que hagan los trabajos que se le pedirán, les invitamos a una relación de amor mutuo y de transparencia, donde podremos abrirnos y donde deberemos rendirnos cuentas. Es cierto que en una relación de discipulado habrá elementos programados, como la temática a tratar, pero la prioridad es la dinámica de la relación. ¿En qué se diferencia una relación de un programa? Contrastemos las relaciones con las cuatro características de los programas que vimos anteriormente. En primer lugar, las relaciones de discipulado se caracterizan por la intimidad, mientras que los programas tienden a centrarse en la información. Alicia Britt Chole explica muy bien esta diferencia: "Los programas parecían más seguros, más fáciles de controlar, más fáciles de impartir, o sea, que eran menos arriesgados, menos desordenados, menos intrusivos. Era más fácil darle a alguien la lección que darle una hora; abrir un libro, que abrirle mi corazón. ¡Qué fácil es dejar de invertir en las personas y sustituir eso por un programa! Los programas no transmiten vida. ¡La única forma de transmitir vida es a través de una vida viva! Jesús puso como prioridad el discipulado relacional porque su objetivo era mucho mayor que conseguir dar una simple información; era el de conseguir la integración".[3]

En segundo lugar, las relaciones de discipulado implican que todos los participantes deben cumplir con sus responsabilidades, mientras que en los programas las responsabilidades las desempeñan una o unas pocas personas. En una relación de discipulado los participantes tienen la misma responsabilidad a la hora de, por ejemplo, la preparación. No se trata de que una persona sea el único maestro, y que las demás solo escuchen y aprendan de alguien cuya sabiduría es mucho mayor. Es cierto que en una relación así los niveles de madurez en Cristo variarán. Pero como todos los discípulos de Jesús que están avanzando para parecerse más a Él, dentro de la dinámica de las relaciones, que consiste tanto en dar como en recibir, los papeles de maestro y de aprendiz serán desempeñados por diferentes personas según el momento.

En tercer lugar, las relaciones de discipulado se adaptan al proceso de crecimiento de las personas, mientras que los programas avanzan a un ritmo concreto y preestablecido. Los programas suelen tener un tiempo de duración. Si empiezas un curso de diez semanas, lo haces durante esas diez semanas, y luego ya está. Normalmente las iglesias siguen el curso académico, así que empiezan un programa en septiembre cuando empieza el colegio, y lo acaban en junio cuando llegan las vacaciones. Una relación de discipulado no puede encajonarse de esta forma tan superficial. Las relaciones de discipulado no siguen un tiempo preestablecido, porque todas las personas tenemos nuestro propio ritmo de aprendizaje.

Por ejemplo, recientemente he pasado mucho tiempo con Mike, que conoció a Cristo a los cincuenta años y no tenía ningún trasfondo eclesial. Se ha pasado la vida dedicado a su empresa, y ahora se hace todas esas preguntas que los nuevos conversos se hacen: ¿Por qué los inocentes sufren? ¿Qué les ocurrirá a los que nunca han oído hablar de Cristo?

---

[3] Alicia Britt Chole, "Purposeful Proximity – Jesus' Model of Mentoring", *Enrichment Journal: A Journal of Pentecostal Ministry* (spring 2001) <www.ag.orgenrichmentjournal/2001102/062_proximity.cfm>.

Etc. Hemos estado dedicando mucho tiempo a preguntas que a otros les parecerán muy simples, pero que para Mike son muy duras y complejas. Y en el mismo grupo hay otro Mike, de mediana edad. El objetivo de su vida ha pasado de ser el éxito en los negocios a buscar el sentido de la vida. Está intentando discernir si tiene un llamamiento especial para el ministerio. Así que, a veces, dejamos a un lado el estudio que estamos siguiendo para escuchar los pensamientos de Mike, sus deseos, sus preguntas, etc. Aunque estamos cubriendo unos temas concretos, las relaciones siempre son la prioridad. Los programas tienen una duración concreta; las relaciones no. Las relaciones se adaptan a las necesidades y a la dinámica de lo que está ocurriendo en las vidas de los participantes.

En cuarto lugar, en las relaciones de discipulado rendimos cuentas sobre si hay o no cambios en nuestras vidas, mientras que en los programas solo se rinde cuentas en cuanto al contenido. El objetivo último es crecer para parecernos más a Cristo. En los programas se miden elementos observables como la memorización de las Escrituras, la realización de las tareas y la puesta en práctica de las disciplinas espirituales. En las relaciones de discipulado, a la hora de rendir cuentas lo más importante es si se está o no "guardando todas las cosas que [Jesús ha] mandado" (Mateo 28:19). Por ejemplo, hay una gran diferencia entre saber que Jesús enseñó que tenemos que amar a nuestros enemigos, y hacerlo de verdad. Las relaciones de discipulado sirven para incorporar las enseñanzas de Jesús en todo lo que somos y en todo lo que hacemos.

El atractivo de las relaciones

Invitar a alguien a seguir un programa es muy impersonal. La gente tiene la impresión de que los programas son actividades a las que la iglesia intenta atraer al máximo número de gente. Pero invitar a alguien a desarrollar una relación es algo bien diferente. En un mundo impersonal, la gente busca intimidad, amistad sincera y ayuda a diferentes niveles, también en el espiritual. Esto es cierto, sobre todo, en los hombres. Los estudios demuestran que los hombres generalmente conocen a mucha gente, pero tienen muy pocos amigos de verdad (a veces no tienen ninguno). Solo dos de cada diez hombres dicen tener una o más de una amistad significativa y abierta, en las que hay confianza y compromiso mutuos. Mientras que seis de cada diez mujeres dicen tener ese tipo de relación.[4] Cuando invito a algún hombre a tener una relación de discipulado, es decir, cuando invito a alguien a unirse a mí y a otra persona para estudiar lo que significa seguir a Jesús, siempre me encuentro con una respuesta positiva y una gran motivación.

El hombre de una iglesia en la que trabajé lo expresó con las siguientes palabras, hablando así por muchos de nosotros:

Durante muchos años estuve buscando un grupo de hombres en el que me sintiera cómodo, donde poder comentar y estudiar las preguntas y cuestiones que iban surgiendo en mi caminar con el Señor. Había asistido a algunos estudios bíblicos dirigidos a

---

[4] Paul D. Stanley y J. Robert Clinton, *Connecting: The Mentoring Relationships You Need to Succeed in Life* (Colorado Springs, Colo.: NavPress, 1992), p. 167.

parejas o a hombres, y me habían gustado mucho. Pero eran grupos demasiado grandes, por lo que no sirvieron para que yo me parara a analizar mi fe de una forma personal, ni para descubrir quién era en Cristo. Como resultado de esta sed espiritual, empecé a buscar un grupito de creyentes que quisieran desarrollar más su relación con el Señor a través del estudio regular de su Palabra. Dicho de otro modo, estaba buscando a un grupo de hombres con los que poder abrirme, ser sincero y mostrarme vulnerable, y que se convirtieran en un grupo de amigos con la confianza y el compromiso de pedirme cuentas.[5]

Construir poco a poco trae resultados sólidos

Si damos prioridad a las relaciones, tenemos que cambiar nuestra mentalidad a la hora de hacer discípulos. Tras los programas, normalmente se esconde la idea de que hacer discípulos es un proceso rápido. Siempre estamos buscando soluciones instantáneas cuando no tenemos gente para el ministerio o cuando queremos que los miembros de nuestra iglesia maduren. Robert Coleman sabe cuál es la clave: "Debemos decidir para qué queremos que sirva nuestro ministerio. ¿Para recibir el aplauso y el reconocimiento momentáneo o para transmitir un modelo a los pocos que continuarán nuestra labor una vez ya no estemos? Debemos analizar para qué generación estamos trabajando."[6]

La tentación a la que sucumbimos con tanta frecuencia es la búsqueda "del aplauso y el reconocimiento momentáneo". Juzgamos el éxito por el número de personas que asisten al culto. Creemos que el estudio bíblico del pastor es el único medio para que la Palabra de Dios llegue a las personas. O adoptamos el último programa o método que ha dado buenos resultados en algún otro lugar. Detrás de todos estos esfuerzos no hay nada más que la mentalidad de lo instantáneo.

Coleman, siguiendo el modelo de Jesús, nos anima a que construyamos lentamente, lo cual es necesario para obtener un resultado sólido. Una porción importante del tiempo de un líder debe estar dedicada a "los pocos que ha escogido para que continúen su labor una vez él o ella ya no esté". Trabajar con pocos o empezar con las cosas pequeñas supone tener mucha visión. Un maestro con visión es capaz de ver los resultados que un discipulado puede tener a cinco o siete años vista. Pero muchos somos incapaces de despegarnos de la gratificación o los resultados momentáneos, lo cual contribuye a la precariedad del discipulado que experimenta nuestra iglesia hoy. En un seminario de Manila estuve dando clase a un grupo de pastores filipinos sobre la tarea de hacer discípulos y la necesidad de tener una visión a largo plazo. Un día mientras hablaba, de repente noté que los pastores habían empezado a hablar entre ellos en voz baja. Dejé de hablar y les pregunté: "¿Qué es lo que he dicho? ¿Qué ocurre?". Me explicaron que en su situación de incertidumbre política, en la que se podía dar un cambio de régimen en

---

[5] Dick Wolden, citado en *Discipleship Bytes*, boletín sobre el discipulado de Saratoga Federated Church, una iglesia en Saratoga, California (abril, 1996).

[6] Robert Coleman, *Plan supremo de evangelización* (El Paso, Tx.: Casa Bautista de Publicaciones, 1983)

cualquier momento, era ridículo hacer planes a largo plazo. Entendía lo que querían decir. Pensé un momento, y viendo que en el fondo eso no cambiaba nada, dije: "Lo más probable es que de aquí a siete años sigáis siendo pastores en las mismas poblaciones en las que estáis ahora, así que, ¿por qué no vais a poder planear a largo plazo?". Queda claro, pues, que la estrategia de pensar a largo plazo no es una cuestión cultural: es igual de válido para el mundo occidental, como para las Filipinas.

El modelo que voy a proponer consta de *tres personas que deciden trabajar juntas durante año o año y medio para crecer en madurez y formarse para hacer discípulos a otros*. Cuando esta relación llega a su fin, el reto es que las dos personas que estaban siendo discipuladas discipulen a otras dos. Después de un periodo de entre cinco y siete años, en el que los grupos se han ido multiplicando, entre ochenta y cien personas han recibido una atención especial que les ha ayudado a madurar y a convertirse en creyentes conscientes de su tarea: hacer discípulos. Y esto tiene un gran impacto en cualquier ministerio o iglesia. Solo hace falta pasar esta visión al 10-20 por ciento de la congregación, y se notarán los resultados. Invierte en aquellos que pueden marcar el ritmo de la congregación. Y de esta forma potenciarás el liderazgo. Los líderes clave que están dispuestos a asumir responsabilidades en el ministerio o a iniciar nuevos ministerios vendrán de la cosecha de este tipo de discipulado. La mayoría de nosotros nunca vemos ese tipo de fruto porque no tenemos ese tipo de visión. Estamos demasiado centrados en los resultados a corto plazo, así que acabamos adoptando métodos que parecen más rápidos, pero que no producen el crecimiento que en realidad queremos. La mayoría de las iglesias en la actualidad están llenas de niños espirituales porque no hemos puesto en práctica el principio de construir poco a poco para obtener resultados sólidos.

Discipulado: definición

¿De qué elementos se compone una relación de discipulado? La clave es establecer una relación en la que uno o más creyentes se ayudan o invierten los unos en los otros con el objetivo de crecer en madurez, de parecerse más a Cristo. Bill Hull define el discipulado como "la determinación de capacitar a los discípulos, haciéndoles ver sus responsabilidades y pidiéndoles cuentas, dentro del contexto de la amistad y el amor".[7] La Consulta Internacional sobre el Discipulado estableció una definición clave del discipulado que contiene los elementos que ya hemos mencionado: "Definimos el discipulado cristiano como un proceso *que tiene lugar dentro de una relación de honestidad y amor durante un periodo de tiempo* con el propósito de llevar a los creyentes a la madurez espiritual en Cristo".[8] Así, el elemento distintivo del discipulado es que se debe invertir en las relaciones, con el objetivo de crear el ambiente necesario para que se dé un crecimiento hacia la madurez.

---

[7] Bill Hull, *The Disciple-Making Church* (Grand Rapids, Mich.: Revell, 1988), p. 32.

[8] International Leaders for Discipleship <www.cookministries.com>. La cursiva es mía.

Mi definición del discipulado enfatiza la idea de *las relaciones de discipulado*. "El discipulado es construir una relación intencional, es decir, con una intención concreta: la de caminar junto a otros discípulos para animarse, enseñarse y retarse los unos a los otros en amor para madurar espiritualmente. Esto incluye capacitar al discípulo para que enseñe a otros".[9]

Michael Wilkins ha escrito: "La terminología que elegimos determina el tipo de expectativas que comunicamos a la gente".[10] Nuestra definición de discipulado determinará el modelo que usamos para hacer discípulos. Dado que esta definición de discipulado está centrada en las relaciones, es importante que la entendamos bien y que sepamos ver por qué se diferencia de otros métodos de discipulado. Así que vamos a detenernos en algunas partes importantes de la definición.

Relaciones intencionales. Básicamente, "intencional" significa que los participantes se encontrarán de forma regular, preferiblemente una vez por semana. Lo contrario de "intencional" sería encontrarse "cuando podamos". Pero "intencional" también habla de propósito. La relación se establece con el propósito de "madurar juntos, parecerse más a Cristo". Entrar en este tipo de relación es como firmar un pacto. Los participantes se comprometen a hacer lo posible para que la relación cumpla sus objetivos. La relación, o lo que es lo mismo, estar los unos con los otros, es el medio principal para obtener la madurez en Cristo.

Caminar junto a otros discípulos. Con esta expresión queremos expresar la idea de que a la hora de hacer discípulos no existen jerarquías. La intención es crear un intercambio igual y mutuo entre personas que tienen un mismo objetivo: ser como Cristo. Por razones que explicaré con más detenimiento en el capítulo siete, mi propuesta es la de un discipulado de compañero a compañero, en lugar de la visión tradicional de la "relación entre maestro y alumno"[11] en la que "un creyente más maduro enseña a un creyente recién convertido".[12]

Hay tres cualidades que caracterizan esta relación de discipulado.

En primer lugar, en las relaciones de discipulado nos *animamos* los unos a los otros. Necesitamos un contexto positivo, de amor y de gracia, en el que nos sintamos cómodos y libres para aprender y hacer preguntas sobre quiénes somos en Cristo. El Espíritu Santo se describe como el *parakletos* (que se suele traducir por "el consolador") que está a nuestro lado y nos ayuda. Los compañeros de una relación de discipulado son los instrumentos del Espíritu Santo, a los que éste usa para que veamos las cosas especiales que tenemos y para ayudarnos a ser las personas que Dios quiere que seamos.

---

[9] Ogden, *Manual del discipulado* (opus cit.)

[10] Michael Wilkins, *Following the Master: A Biblical Theology of Discipleship* (Grand Rapids, Mich.: Zondervan, 1992), p. 44.

[11] Keith Philips, *The Making of a Disciple* (Old Tappan, N.J.: Revell, 1981), p. 15.

[12] Stanley y Clinton, *Connecting*, p. 48.

En segundo lugar, crecer espiritualmente significa *interiorizar* en nuestras vidas las disciplinas que nos ayudan a estar bajo la influencia moldeadora de Cristo. Para lograr una interiorización eficaz, tendremos que practicar esas habilidades, disciplinas y conductas que forman el esqueleto o estructura de cualquier seguidor de Jesús. La transformación implica una reordenación de hábitos.

Por último, en una relación de discipulado habrá momentos en los que los participantes tendrán que *llamarse la atención* por no haber cumplido con los compromisos que habían tomado, o se tendrán que *desafiar* a dar pasos arriesgados. Del mismo modo en el que yo desafié a Eric a que usara parte de su año sabático a participar en un proyecto concreto, habrá momentos en los que otros tendrán que desafiarme a mí. Eso ocurrirá si somos sinceros en todo, si nos rendimos cuentas y si somos fieles al compromiso que hemos adquirido con los miembros de nuestro grupo de discipulado. A la mayoría nos intimida la idea de animar a los demás a que ejerzan autoridad sobre nosotros, pero vale la pena.

En amor. Es importante que todo lo que se haga en el contexto de la relación de discipulado se haga con amor hacia los otros participantes. El amor y la confianza son inseparables. Si sospechamos que alguien intenta controlarnos o que está enfadado o que intenta hacernos daño, nos ponemos a la defensiva y nos cerramos. El amor es el único contexto en el que Cristo podrá ser formado en nosotros.

Crecer en madurez para parecernos a Cristo. El objetivo de las relaciones de discipulado es llegar a ser completos o maduros en Cristo. Esto implica que ninguno de los participantes ha llegado aún, sino que todos están en el mismo camino hacia la madurez en Cristo. Ésta es una de las razones por las que defiendo el discipulado de compañero a compañero, como decía antes: nadie puede ponerse como modelo de persona completa en Cristo. De hecho, una señal de madurez es la capacidad de aprender de la persona o situación menos pensada.

Capacitar para que puedan enseñar a otros. El objetivo es la multiplicación, que los nuevos discípulos lleguen a hacer discípulos. En nuestra comprensión de la madurez, entendemos que el discípulo tiene que interiorizar el valor de la multiplicación y desarrollar la confianza y la habilidad de llevar a alguien a los pies de Cristo, y luego acompañarle en el camino a la madurez espiritual.

Discipulado: encarnación

Hace unos años recibí una de esas cartas que te hace olvidar todas las decepciones y malos momentos del ministerio. Incluyo aquí una parte, pues la autora expresa de forma muy clara la importancia de las relaciones de discipulado duraderas. El primer ministerio en el que colaboré al salir del seminario fue el ministerio con estudiantes en la Universidad de Pittsburgh. La iglesia con la que trabajaba estaba en frente de la residencia universitaria. Habíamos hecho mucha publicidad y a la reunión que teníamos entre semana asistían unos trescientos estudiantes. Contábamos con un equipo de líderes de cuarenta estudiantes que hacían estudios bíblicos evangelísticos en el campus y que estaban siendo discipulados por los cinco obreros a todo tiempo. La carta que os he mencionado es de una estudiante que estaba en Primero el año que marché de Pittsburgh para ir a trabajar con una iglesia de California. Apenas nos conocíamos, pero sin embargo me escribió para animarme a seguir con el modelo de ministerio que mi equipo y yo usábamos en la Universidad de Pittsburgh. Pero lo que hace que esta carta sea muy especial es el tiempo que había pasado desde aquel encuentro en la Universidad. Yo me marché de Pittsburgh en marzo de 1977, ¡y la carta es de abril de 1985!

Estimado Greg,

Me llamo Jane Smith [he cambiado el nombre]. Yo estaba empezando a involucrarme en la iglesia en la que trabajabas cuando te llamaron para ir a California. Me quedé muy impresionada las veces que te oí enseñar, pero sobre todo, lo que más me impactó fue el amor que todos tenían hacia ti y hacia los demás. Para alguien que acababa de llegar, era evidente que aquel amor se había forjado a través de la oración. Allí había un discipulado vivo.

Años después, aún seguíamos usando los materiales de liderazgo que habías elaborado. A mí me formaron [menciona el nombre de tres líderes estudiantiles], que eran parte del grupo de líderes que yo admiraba y que Dios usó en mi vida.

Después de graduarme en Educación infantil, mi marido y yo abrimos un centro de educación cristiano [en Pennsylvania]. Poco a poco, el Señor ha ido haciendo milagros en este ministerio, y estamos muy contentos. Empezamos con un programa de preescolar, y ahora hemos empezado una escuela cristiana, y vamos añadiendo un nuevo curso cada año.

Creemos que aplicando los principios y los modelos bíblicos podemos ayudar a las familias de este vecindario. De hecho, gracias al modelo que aprendí en Pittsburgh, damos mucha importancia a las relaciones con las familias, y procuramos que sean pocas, de calidad y duraderas.

La razón por la que te escribo es la siguiente: ahora me doy cuenta del gran compromiso que tenías en Pittsburgh y la gran cantidad de tiempo y esfuerzo que invertiste de forma desinteresada en aquellos estudiantes. Y quería agradecértelo y darle gracias a Dios por tus dones, ¡porque me doy cuenta de que soy fruto de tu fruto! ¡Y gracias a Dios aún está habiendo más fruto! Ahora que estoy en el ministerio, aprecio mucho tu modelo, y me doy cuenta de que muchas veces uno se entrega, quiere abarcar más de lo que es posible abarcar, y no consigue muchos resultados. Así que si alguna vez cuestionas los años que pasaste en Pittsburgh, acuérdate de mí y de lo mucho que el Señor te usó allí. ¡Solo quería darte las gracias!

P.D. Espero que entiendas bien mi carta. No quiero que te sientas mal, sino solo darte gracias por ser fiel al Señor. Le pido que algún día alguien me escriba una carta similar, hablándome de su fe, y diciendo que mi obediencia a Él le ayudó en su camino a la madurez en Cristo.

Jane menciona todos los elementos que he intentado explicar en este capítulo. Veamos algunas de sus ideas.

Discipulado vivo. En la comunidad de creyentes Jane vió que el discipulado era algo vivo a través del amor que la comunidad tenía por sus líderes y por todos sus miembros.

El amor fue el imán que la atrajo a nuestra comunidad. Jesús ya lo predijo: "En esto conocerán que sois mis discípulos, si tuviereis amor los unos con los otros" (Juan 13:35). Jane se dio cuenta de esta realidad al verla en aquella comunidad cristiana, quizá mucho antes de leerla en la Biblia.

Me enseñaron miembros del grupo de líderes. Había un grupo de liderazgo. Los líderes se reunían todos los miércoles por la noche para formarse y para apoyarse. Y cada uno de aquellos líderes estudiantiles estaba siendo discipulado por uno de nuestros obreros. Pero no hacían un discipulado, y una vez acabado, se ponían manos a la obra. Mientras estaba haciendo el discipulado, ya dirigían estudios bíblicos evangelísticos en el campus y ya quedaban regularmente con un par más de estudiantes para ayudarles en su crecimiento espiritual. Estos estudiantes de los últimos cursos hicieron bien su trabajo y transmitieron a Jane la importancia de invertir en las personas.

Años después. Nuestro modelo de discipulado tiene muchas más posibilidades de influir a varias generaciones que el discipulado que se genera en torno a un líder carismático concreto. Para saber si un liderazgo ha sido realmente eficaz hay que esperar a ver lo que ocurre cuando el líder deja el ministerio. Mi ministerio no estaba basado en mí, sino en la filosofía de "hacer discípulos". Jane acababa de empezar sus estudios el año que yo me marché. Apenas tuvimos contacto. Pero la idea de trabajar las relaciones y de perseverar habían calado, y ese fue el modelo que ella se llevó y que, más tarde, también puso en práctica.

Gracias al modelo que aprendí. Al empezar un ministerio para las familias, Jane y su marido decidieron centrarse en las relaciones con las familias, y procuraron que fueran *pocas, de calidad* y *duraderas*: tres expresiones que describen muy bien el proceso del discipulado. Jane y su marido eligieron invertir en unos pocos, en vez de dispersarse.

Soy fruto de tu fruto. He leído esta carta tanto en público como en privado unas cincuenta veces en los últimos diecisiete años, y no consigo hacerlo sin que se me haga un nudo en la garganta y se me humedezcan los ojos. Aquí tenemos a una mujer con la que apenas tuve contacto. Aun así, me escribe para decirme que la cadena de discipulado que iniciamos se transmitió a través de varias generaciones y que, en cierto sentido, ella era mi nieta espiritual. ¡Qué gozo produce saber que aquellos a los que una vez discipulé captaron la visión y la pasaron a los que ellos discipularon!

Jane también menciona la principal causa del fracaso, la principal causa de que haya muchos creyentes que no han tenido a nadie que les discipule. Lo expresa con las siguientes palabras: muchas veces uno se entrega, quiere abarcar más de lo que es posible abarcar, y no consigue muchos resultados. Este es el epitafio que podría aparecer en las tumbas de muchos pastores y líderes cristianos. Aunque intentamos estar a disposición de todos, y evitar que nos acusen de tener "discípulos favoritos", ¿estamos procurando trabajar con unos pocos, desarrollando con ellos una relación de calidad y duradera, para que capten la esencia del discipulado, para que tengan un modelo de cómo hacer discípulos?

La clave está en tener suficiente visión y empezar por lo pequeño. Para ello hemos de cambiar de mentalidad y trabajar para producir frutos duraderos en unos pocos, que a su vez enseñarán a otros. Tenemos que deshacernos de la mentalidad de lo instantáneo. Tenemos que aprender que uno de los papeles clave de los líderes es tener siempre unas pocas personas en las que estamos invirtiendo, a poder ser semanalmente, a las que estamos ayudando a madurar en Cristo dentro de un contexto relacional. Los resultados de esta estrategia a largo plazo serán un extenso liderazgo de discípulos con iniciativa de hacer más discípulos, cuyo fruto llegará mucho más allá de nuestros esfuerzos y ministerio, y que continuará una vez ya no estemos. "Básicamente, la primera prioridad de un pastor es invertir en unas pocas personas para que éstas también lleguen a convertir en sus discípulos a otras personas. Al darnos así a los demás y a la tarea del discipulado, logramos que la enseñanza del Nuevo Testamento sobre el liderazgo plural se haga realidad en nuestra congregación local. Dicho de otro modo, logramos que todos los hijos de Dios lleven a la práctica de forma eficaz el ministerio que Dios les ha dado".[13]

Ha quedado claro que el ingrediente principal para hacer discípulos son las relaciones. En el capítulo siete veremos de qué forma estas relaciones llevan a la multiplicación, y en el capítulo ocho analizaremos los tres ingredientes principales de la relación que crean un ambiente adecuado para que se dé la transformación.

7. Multiplicación

A través de las generaciones

La pregunta que nos hacíamos al principio de este libro era: ¿Cómo lograr seguidores de Jesucristo plenamente comprometidos y que tengan la iniciativa de hacer nuevos discípulos? El desafío que más nos confunde de esta cuestión y el enigma que muy pocos han resuelto tiene que ver con la multiplicación. Quizá un desafío aún mayor que el de producir seguidores de Cristo plenamente entregados es el de producir seguidores plenamente entregados que además tengan la visión de producir más seguidores. La multiplicación es la clave para cumplir la Gran Comisión: "Por tanto, id y haced discípulos a todas las naciones" (Mateo 28:19).

Cualquier definición del discipulado que se precie debe contener el concepto de la multiplicación. Gary Kunhe escribe: "Hacer discípulos es trabajar en la vida de un cristiano para que madure espiritualmente y también para que se *reproduzca*, espiritualmente hablando".[1] Y este autor dice exactamente lo mismo cuando habla desde la perspectiva del que hace discípulos: "Alguien que hace discípulos es un discípulo que está enseñando a sus hijos espirituales a *reproducirse*".[2] Debemos tener en cuenta esta norma, y tenemos que hacer que se convierta en la expectativa de todo discípulo. Hacer discípulos es asegurar la multiplicación.

---

[13] Howard Snyder, *Liberating the Church* (Downers Grove, Ill.: InterVarsity Press, 1983), p. 248.

[1] Gary W. Kuhne, "Follow-up – An Overview", en *Discipleship: The Best Writing from the Most Experienced Disciple Makers* (Grand Rapids, Mich.: Zondervan, 1981), p. 117.

[2] Ibíd.

Hablando de este tema de la multiplicación, es probable que hayáis visto tablas que comparan la evangelización por *adición* con la evangelización por *multiplicación* (ver la Imagen 7.1.).

AÑO	EVANGELISTA	PERSONA QUE HACE DISCÍPULOS
1	365	2
2	730	4
3	1.095	8
4	1.460	16
5	1.825	32
6	2.190	64
7	2.555	128
8	2.920	256
9	3.285	512
10	3.650	1.024
11	4.015	2.048
12	4.380	4.096
13	4.745	8.192
14	5.110	16.384
15	5.475	32.768
16	5.840	65.536

Tabla 7.1. Evangelización por adición *versus* multiplicación de los discípulos

Para interpretar esta tabla, supongamos que un evangelista tiene como estrategia la adición, ir logrando conversiones y añadiendo a esas personas al pueblo de Dios. Si lograra una conversión al día durante los próximos dieciséis años (365 al año) tendríamos un resultado de 5.840 conversiones. Si ese mismo evangelista optara por la estrategia de la multiplicación o multiplicación, la táctica sería bastante diferente. En lugar de trabajar para lograr una conversión cada día, el evangelista dedicaría tiempo a hacer discípulos. Quizá solo lograría una conversión al año, pero dedicaría todo un año a ese nuevo creyente para ayudarle a madurar en Cristo y para que entienda que su misión es hacer nuevos discípulos. Después de ese primer año, el evangelista lograría otra conversión y seguiría exactamente el mismo proceso. La multiplicación tiene lugar cuando la persona que ha discipulado durante un año consigue llevar a alguien a los pies de Cristo y luego camina con esa persona durante un año para ayudarle a crecer y para que ella también logre llevar a alguien a los pies de Cristo.

Después de dos años de multiplicación, los números no son demasiado impresionantes. Solo tendríamos cuatro discípulos plenamente comprometidos. Si los comparamos con los números que ha logrado el evangelista, hay una gran diferencia pues, si en dos años ha ido añadiendo a la familia de Dios una persona cada día, el resultado es de 730 conversiones. Pero si la aproximación de la multiplicación (la del discipulado) continúa durante dieciséis años, se llegaría a los 65.536 discípulos totalmente preparados para hacer más discípulos. En dieciséis años la aproximación del evangelista solo habría logrado llegar a 5.840. Además, con este modelo, toda la responsabilidad recae en una persona, con lo cual al final es imposible hacer un seguimiento.

Estas estadísticas sobre papel resultan increíbles. Pon en práctica el modelo de la multiplicación durante treinta años, y verás qué fácilmente puedes alcanzar a toda la población de este planeta. Pero por extraordinarias que nos parezcan, lo cierto es que en la realidad las cosas no funcionan así. Durante veinte años viví con la frustración de ver que aquellos en lo que yo invertía tiempo y esfuerzo, luego no discipulaban a otros. Para enseñarles, lo que yo solía hacer era quedar con cada persona una vez a la semana. En el rato que pasábamos juntos, mi intención era animarles a ser fieles a Cristo y ayudarles a ver de qué formas podían hacer discípulos, para que el proceso de la multiplicación tuviera lugar. Solíamos compartir sobre los límites de nuestra fe, y cómo ésta iba creciendo; también aprendíamos y poníamos en práctica las disciplinas espirituales básicas, como la oración, el estudio de la Biblia y la memorización de partes de la Escritura; analizábamos las implicaciones de la obediencia a Cristo en áreas como la familia, el trabajo, la iglesia y nuestras luchas personales; estudiábamos algún libro sobre doctrina elemental como *Cristianismo básico* de John Stott; y animaba y guiaba a la persona en concreto a involucrarse en algún ministerio de la iglesia. Pero aun así, no había multiplicación.

No había forma de avanzar. Durante veinte años había trabajado con un modelo de discipulado que rayaba en la insensatez. ¿O no es insensato repetir una y otra vez un modelo concreto, y esperar que los resultados vayan a ser diferentes? Creía que lo único que tenía que hacer era mejorar lo que ya estaba haciendo. Si ponía más empeño, si oraba más, los resultados mejorarían. Las estadísticas de la multiplicación actuaban sobre mí como la ley, condenándome por mi incapacidad de lograr lo que otros (los que publicaron las estadísticas) estaban logrando. Después de todos estos años he llegado a la conclusión de que quizá el modelo que estaba siguiendo tenía algunos errores. Parafraseando a

Dallas Willard, el fracaso no se debía a que no estaba aplicando bien el modelo, sino al modelo en sí.

Me vi obligado a hacerme algunas preguntas, las mismas que quizá tú te estás haciendo. ¿Por qué no hay fruto? ¿Cuáles son los obstáculos? ¿Será que hay poco compromiso? ¿Será culpa de los líderes, que tienen miedo de exigir más? ¿Habremos sucumbido a la comodidad del consumismo occidental y lo único que vemos del cristianismo son las bendiciones que Dios nos da? Puede que estos factores hayan influido. En el capítulo dos analizamos algunas de las causas del deficiente estado del discipulado. Pero la pregunta que quiero hacer aquí es más concreta: ¿Cuáles son los obstáculos que impiden la multiplicación? ¿Por qué los modelos de discipulado que estamos usando no dan resultado?

Hace unos quince años realicé un cambio en la aproximación que estaba usando, un cambio que supuso una mejora espectacular. Mi problema, en mi opinión, era que me había estancado en un icono bíblico, y había convertido el discipulado en un modelo difícil de reproducir.

El modelo bíblico más común (Pablo y Timoteo)

Cuando pensamos en algún ejemplo bíblico de relaciones de discipulado, ¿cuál es el primero que nos viene a la mente? El de Pablo y Timoteo. Los predicadores siempre animan a los "Pablo" a tener a un "Timoteo", o a los "Timoteo" a que busquen a un "Pablo" que les pueda hacer de guía. Las definiciones que conocemos de las relaciones de discipulado normalmente están influenciadas por la idea de que el modelo de Pablo y Timoteo es el paradigma universal. Paul Stanley y Robert Clinton defienden este modelo en el que un creyente más maduro hace discípulo a otro menos maduro: "hacer discípulos es un proceso en el que un seguidor de Cristo más experimentado comparte con un creyente más nuevo el compromiso, la comprensión y las habilidades básicas necesarias para conocer y obedecer a Jesucristo como Señor".[3] También podemos ver este modelo en la definición que Keith Phillips hace: "El discipulado cristiano es una relación entre maestro y alumno... en la que el maestro transmite de tal forma lo que significa la plenitud en Cristo, que el alumno llega a ser capaz de enseñar a otros para que éstos, a su vez, enseñen a otros".[4]

Cuando pensamos en la relación entre Pablo y Timoteo como el modelo bíblico por excelencia, estamos imponiéndoles a nuestras relaciones de discipulado unas características concretas:

- Que sean entre una persona mayor y otra más joven (como una relación entre un padre y un hijo)
- Que sean entre una persona espiritualmente más madura y otra menos madura

---

[3] Paul D. Stanley y Robert Clinton, *Connecting: The Mentoring Relationships You Need to Succeed in Life* (Colorado Springs, Colo.: NavPress, 1992), p. 48.

[4] Keith Phillips, *The Making of a Disciple* (Old Tappan, N.J.: Revell, 1981), p. 15.

- Que sean como una relación entre maestro y alumno
- Que sean entre una persona con mucha experiencia y otra con poca experiencia
- Que sea una relación en la que una persona tiene autoridad sobre la otra

El modelo de discipulado más común

Debido a la huella que ha dejado el modelo de Pablo y Timoteo, asumimos ese tipo de relación (dos personas que están en diferentes niveles) como la referencia a seguir a la hora de hacer discípulos. Pero después de diecisiete años de experiencia discipulando a otros en *grupos de tres*, he llegado a la conclusión de que el modelo de discipulado entre dos personas tiene algunas limitaciones.

En la relación de discipulado entre dos personas, la más madura tiene la responsabilidad del estado espiritual de la otra. Vendría a ser como la mamá pájaro que va a buscar gusanos para dar de comer a sus retoños. Con el pico abierto de par en par, los recién nacidos esperan en el nido a que la madre vuelva. Así, el papel del que hace discípulos es transmitir su vasto conocimiento al otro, cuyo conocimiento es limitado. Eso convierte al que enseña en el centro de atención y también ejerce sobre él mucha presión. En ese modelo, para poder hacer discípulos a otros, parece que uno tiene que llegar a cierto estado de perfección espiritual. Sin quererlo, hemos creado un rol para el cual pocos se sentirán preparados. El que enseña no va a disfrutar, ni se verá con la libertad de ser uno mismo, sino que estará condicionado por una exigencia perfeccionista innecesaria.

En la relación de discipulado entre dos personas se establece una jerarquía que muchas veces acaba convirtiéndose en una dependencia insana. Es difícil que el que está siendo discipulado llegue a verse como alguien capaz de dar. Después de todo, la dinámica que se ha creado es la de que es joven, inmaduro, y necesita que alguien le enseñe. Está ahí para recibir de la fuente de sabiduría que mana de esa persona que tiene mucha más experiencia que él o ella. Y ese abismo entre "Pablo" y "Timoteo" aún es más profundo cuando se trata de un pastor y de un miembro de la congregación. La sabiduría tradicional dice que la razón por la que los pastores pueden enseñar a otros es porque además de tener vocación, tienen años de formación bíblica y teológica.

La relación de discipulado entre dos personas limita el intercambio o diálogo. Yo comparo el diálogo entre dos personas con una partida de ping-pong. La pelota va de una punta de la mesa a la otra, y el que enseña tiene la obligación de mantener la pelota sobre la mesa. La conversación y el diálogo tienen que ir progresando a un plano cada vez más elevado. En ese sentido, yo me daba cuenta de que no escuchaba a la otra persona con la atención que debería, porque siempre estaba pensando en qué sabio consejo podría darle cuando me tocara hablar. Dicho de otro modo, el diálogo en muchas ocasiones no es un intercambio dinámico, sino que queda limitado por el número de participantes.

La relación de discipulado entre dos personas también hace que el que está siendo discipulado solo tenga un modelo. La mayor influencia que recibe es de una sola persona, limitando así al nuevo discípulo y frenando su desarrollo. Además, los parámetros de esa relación de discipulado estarán marcados por las fortalezas y las debilidades del que enseña.

Por último, y lo más importante, es que este modelo normalmente no suele llevar a la multiplicación. Es extraño si llega a darse. Solo la gente muy segura de sí misma y con mucha motivación puede romper esa dependencia y convertirse en personas con iniciativa de hacer discípulos.

Sin querer hemos creado un modelo de discipulado jerárquico que no da el fruto que nuestro Maestro nos pidió (Mateo 28:19). Mientras siga habiendo esa idea de que una persona está por encima de la otra por su autoridad espiritual, muy poca gente se verá capacitada para hacer discípulos a otros. Podemos ofrecer el discipulado a través de la relación entre dos personas como un método para lograr la multiplicación, pero mi experiencia me demuestra que no va a dar ningún resultado espectacular. Yo propongo un modelo no jerárquico que ve el proceso del discipulado como un acompañamiento mutuo entre colegas, entre amigos. Para evitar caer en la dependencia, la relación debe verse como una relación entre iguales.

El modelo bíblico alternativo

Para elaborar un proceso de discipulado más equitativo nos basaremos en una alternativa bíblica al modelo de Pablo y Timoteo. Aunque la relación entre Bernabé y Pablo acabó cuando se separaron porque no estaban de acuerdo en cuanto a la idoneidad del primo[*] de Bernabé, Juan Marcos (Hechos 15:39), nos servirá como modelo de una relación de discipulado entre iguales que, a su vez, es coherente con la compresión que Pablo tenía de la colaboración en el trabajo misionero. Lo que veremos en el libro de Hechos es que ambos ejercen el liderazgo según el momento, los dones y las circunstancias ministeriales.

Bernabé aparece por primera vez al final de Hechos 4. Descubrimos que Bernabé es un apodo que los apóstoles le han dado, que significa "hijo de consolación" (Hechos 4:36). Se llamaba José, y era un levita de Chipre. Bernabé había vendido una heredad y había dado las ganancias a los apóstoles para que ayudaran a los necesitados de la iglesia. La siguiente mención a Bernabé la encontramos en Hechos 9, cuando aparece junto al controvertido Saulo, que ha pasado a ser el apóstol Pablo. Los discípulos de Jerusalén estaban en su derecho de mostrarse escépticos ante la conversión de Pablo. Tenían miedo de que fuera una trampa para infiltrarse entre los apóstoles. Bernabé fue el que defendió la autenticidad de la transformación de Pablo, pues había visto cómo había hablado valerosamente en el nombre de Jesús en Damasco (Hechos 9:27).

Bernabé y Pablo se separaron y estuvieron así durante un periodo de tiempo considerable hasta que se reunieron en Antioquía (Hechos 11:19-30). Bernabé había sido enviado desde Jerusalén para investigar los rumores de que los gentiles de Antioquía también habían recibido la Gracia de Dios. Bernabé se quedó maravillado de que los gentiles recibieran las mismas manifestaciones de la Gracia que las que recibían los del pueblo escogido. Después de analizar la situación, y de ver cuántos nuevos conversos

---

[*] **N. del T.** Aunque la Reina Valera y otros comentaristas traducen *anepsiós* como "sobrino", el autor, la Biblia de las Américas y otros críticos lo traducen como "primo".

había, decidió que hacía falta enseñarles y que él solo no iba a llegar a todos. Aunque habían pasado varios años, se acordó del llamamiento del apóstol Pablo. Así que fue a buscarle a Tarso. Pablo se había deshecho de su legalismo fariseo y lo había sustituido por la libertad que deriva de la teología de la Gracia. Bernabé fue la herramienta que el Señor usó para que Pablo entrara en acción.

Bernabé y Pablo trabajaron codo a codo en Antioquía hasta que el Espíritu Santo habló a los líderes de la iglesia para confirmar que Pablo y Bernabé tenían que salir en lo que ahora conocemos como el primer viaje misionero de Pablo (Hechos 13:1-2). Es interesante observar cómo cambia el orden en el que aparecen los nombres – Pablo y Bernabé, Bernabé y Pablo – según las circunstancias y el trabajo que van a realizar. Aunque Pablo aparece como el personaje principal, queda claro que no eclipsa a su compañero. En algunas ocasiones tenemos "Bernabé y Pablo" (Hechos 13:2, 7; 14:12, 14; 15:12, 25) y en otras, "Pablo y Bernabé" (Hechos 13:42, 36, 50; 14:1; 15:2, 22, 35).

Si propongo dejar el modelo de Pablo y Timoteo y optar por el de Pablo y Bernabé a la hora de pensar en cómo vamos a hacer discípulos en nuestros contextos, lo hago por la siguiente razón: necesitamos abandonar la aproximación jerárquica que produce dependencia y optar por el modelo más igualitario, un modelo que *sí anima* a la gente a tomar la iniciativa de hacer discípulos a otros y, por tanto, *sí logra* la multiplicación. Dicho esto, es posible que os pregunté, y con razón, *"¿dónde queda el modelo que todos necesitamos? ¿No es importante que alguien que lleva más años en la fe sea un ejemplo y un maestro para los que acaban de empezar? ¿No has dedicado una sección entera de este libro para decirnos que Jesús invirtió en unos pocos y que su vida fue la principal herramienta que usó para formar a los doce? Nos has recordado en más de una ocasión que Pablo dijo: "Sed imitadores de mí, como yo de Cristo". Ahora parece que te estás contradiciendo, que abandonas la idea del modelo como fundamento para la formación de nuevos discípulos"*.

Lo que estoy diciendo es que no es necesario colocar al que enseña en una posición de autoridad para que éste sea un modelo para el discípulo. Volvamos a los ejemplos de Jesús y Pablo. ¿En qué se basaba la autoridad de Jesús? Ciertamente no estaba basada en ninguna posición humana. Jesús hablaba como alguien que tiene autoridad, no como los escribas y los fariseos. La autoridad de Jesús emanaba de la verdad de sus palabras, quedaba respaldada por su vida coherente y por sus demostraciones de poder. El único título humano que Jesús aceptó fue el de rabí. Jesús no tenía autoridad porque perteneciera a una escuela rabínica reconocida o porque hubiera aprendido con un gran rabino. La autoridad de Pablo no se debía tanto a su posición de apóstol, como a su deseo de morir a sí mismo para que Cristo viviera en él. Merecía la pena imitarle no por sus credenciales, sino por su estilo de vida.

La persona que dirige un grupo de discipulado de tres personas no tiene por qué tener una posición de autoridad, sino que será el que se vaya asegurando de que los miembros del grupo cumplen con los objetivos que se han propuesto. La autoridad o la influencia es más una cuestión de funciones que de posición. Dicho de otro modo, en un contexto de relaciones la influencia se dará de forma natural. La profundidad de la vida espiritual, la pasión por servir a Cristo, la aplicación de las Escrituras a la vida diaria, se transmitirá de forma natural en la dinámica de intercambio que se crea en una relación entre tres personas. La autoridad recae sobre el pacto que los tres participantes establecen. Si el objetivo de las tres personas es llegar a ser lo que Cristo quiere, no importa dónde empiecen (si son recién convertidos o si llevan muchos años en la fe): esa actitud es el contexto idóneo para que se dé la transformación.

El modelo de discipulado alternativo

Como alternativa al modelo de discipulado tradicional (una relación entre dos personas) propongo que el ideal es formar un grupo de tres personas. Aunque algunas veces he convocado grupos de cuatro y creo que son adecuados, parece ser que el grupo de tres es el que mejor potencia la transformación (ver el capítulo 8).

No realicé este cambio porque tuviera una iluminación. Como ya dije en la introducción, el cambio fue el resultado de un experimento que formaba parte de mi programa académico. Había escrito una versión anterior de la guía que ahora se llama *Manual del discipulado* y quería probar su eficacia. Como ese experimento se convirtió en la base de mi tesina, mi director me sugirió que probara esa guía en diferentes contextos para observar las diversas dinámicas a las que podía dar pie. Así, decidí usar aquel material con dos personas (alguien más y yo), con un grupo de diez personas, y con un grupo de tres personas (dos más y yo). Para mí fue increíble ver la diferencia que supone añadir una persona más a lo que conocemos como el grupo tradicional de discipulado. El objetivo era el mismo. El objetivo seguía siendo ver cómo el Señor convertía a aquellas personas en seguidores entregados y con iniciativa de hacer más discípulos. La única diferencia era que estábamos siguiendo un material concreto y que habíamos añadido una persona. Como resultado, ¡se había creado un intercambio mucho más dinámico!

A continuación, recojo las razones por las que los grupos de tres son más dinámicos, alegres y fructíferos.

El que enseña pasa de una presión poco natural a una participación más natural. Al añadir a una tercera persona, el que enseña ya no es el centro de atención. Se convierte en un participante más. Obviamente, él es el que convoca a las otras dos personas, pero enseguida se convierte en una más, en un compañero de viaje hacia la madurez en Cristo. La responsabilidad del que enseña queda reducida, porque el énfasis está más en la participación, en la aportación mutua. El que enseña prepara el contenido pero interactúa con él como uno más del grupo, en lugar de hacerlo con autoridad, como si su opinión tuviera más peso por la posición de liderazgo que ocupa.

El contexto pasa de ser jerárquico a ser relacional. La atención ya no recae tanto en el que enseña, sino que está plenamente dirigida a Cristo. Todas nuestras vidas, la del que enseña también, necesitan avanzar hacia la semejanza de Cristo. Yo ya era pastor cuando empecé a dirigir grupos de tres, y aunque al principio tenía la sensación de que los demás iban a esperar que yo respondiera a todas las preguntas sobre la Biblia, ya en las primeras semanas la dinámica que se creó me permitió ser un discípulo más que también estaba intentando seguir a Cristo. Una parte importante de las relaciones de discipulado es compartir los desafíos que nos encontramos en nuestro llamamiento a ser fieles. Cuando los otros dos participantes vieron que yo también tenía que enfrentarme a los mismos retos, la imagen de "hombre espiritual" desapareció de sus mentes y pudieron verme tal como soy.

Se pasa del diálogo al intercambio dinámico. La primera vez que dirigí un grupo de tres personas, después de nuestras reuniones siempre me preguntaba: *¿Qué hace que la conversación sea tan dinámica, tan viva?* La presencia del Espíritu Santo parecía palpable. La conversación estaba llena de energía. Después de estudiar las dinámicas de grupo, he llegado a entender que dos personas no hacen un grupo. Es necesario que haya tres.

Si solo hay dos personas, solo hay cuatro combinaciones posibles de comunicación. Cada uno de los dos participantes tiene una perspectiva y una opinión única sobre la perspectiva del otro. Si añades a una tercera persona, el número de posibles combinaciones comunicativas aumenta a diez. Cada uno de los tres participantes tiene dos relaciones (seis); y además, cada uno tiene una relación con los otros dos como pareja (tres), y así tenemos nueve combinaciones posibles. Pero también se crea una personalidad de grupo, que es el décimo aspecto y a la vez el aspecto más dinámico. Al añadir una tercera personalidad, se multiplican las configuraciones posibles de comunicación y se crea una personalidad corporativa.

Se pasa de una sabiduría más limitada a una sabiduría más amplia. El libro de Proverbios habla de la sabiduría que viene de escuchar a muchos consejeros (Proverbios 15:22). Por eso, es muy enriquecedor tener un grupo en el que hay personas con diferentes niveles de madurez. A veces, los más jóvenes o menos maduros en la fe son los que aportan más sabiduría o le dan a la relación la frescura necesaria. Ken era, quizá, la persona de todas mis relaciones de discipulado de la que menos esperaba, espiritualmente hablando. Sus compañeros éramos un pastor, Glen, (pastor jubilado cuyo conocimiento bíblico estaba muy por encima del mío) y yo. Ken, un dentista jubilado, había conocido a Cristo después de cumplir los sesenta, por lo que no tenía mucha confianza en sí mismo como creyente, especialmente en el conocimiento de las Escrituras. En las primeras semanas de nuestros encuentros, Ken se sentaba callado en la silla, la mayoría del tiempo con la cabeza gacha. Colocaba el cuaderno que usábamos para escribir nuestras conclusiones como si no quisiera que los demás lo viéramos. Me recordaba a un niño que evita la mirada del profesor para que no le pregunte. Pocas semanas después de que empezáramos a quedar, a Ken le diagnosticaron un cáncer, y empezó a recibir sesiones de quimioterapia cada tres semanas, para las que ingresaba en el hospital durante una semana. Así que cada tres semanas nuestras reuniones las celebrábamos en la capilla del hospital. Yo pensaba que aquéllas serían unas sesiones más duras y tensas, pero Ken se había convertido en un canal de la Gracia de Dios. Aquel neófito inseguro ahora nos enseñaba con pasión sobre la forma en que la presencia de Dios le estaba acompañando en ese tiempo de prueba. En poco tiempo, Ken se había convertido de forma no oficial en el que ofrecía asistencia espiritual en toda la planta. Iba de habitación en habitación, acompañado de su gotero. Su porte reflejaba el calor del Amor de Cristo. Los maestros (Glen y yo) estábamos recibiendo una enseñanza extraordinaria, estábamos recibiendo sabiduría de un hombre que llevaba muchos menos años que nosotros en la fe.

Se pasa de la adición a la multiplicación. Llevo casi dos décadas haciendo discípulos a personas en grupos de tres y he observado que la tasa de multiplicación está en torno al 75 por ciento. Uno de mis recuerdos más preciados es el del último domingo que estuve como pastor asociado en la primera iglesia en la que puse en práctica una red de grupos de tres (en 1988). Justo al salir de la iglesia me crucé con Kathy, que llevaba en sus manos el cuaderno que yo había titulado "Una guía para el discípulo de hoy" (la versión anterior del *Manual del discipulado*). Muy contenta me dijo que Kay la había invitado a formar parte de un grupo de discipulado que iba a empezar la semana siguiente. Lo primero que pensé fue: ¡Que alegría! El ministerio de discipulado y multiplicación continúa aunque yo me vaya. Pero esa alegría aumentó cuando además caí en la cuenta de que yo no había tenido nada que ver con la formación de aquella tal Kay, la chica que había tenido la iniciativa de invitar a Kathy a una relación de discipulado. En la última iglesia en la que serví de pastor vi la misma multiplicación intergeneracional. En uno de los números del boletín sobre los grupos de discipulado aparecían los nombres de todos los que estaban participando o habían participado en una de estas relaciones de discipulado. Para aquel entonces, más de cien personas habían completado el curso inicial de discipulado y se habían multiplicado, es decir, habían empezado a hacer discípulos a otros. Mi corazón se conmovió cuando vi en aquella lista a nietos y biznietos espirituales que no habían tenido nada que ver con el inicio del proceso.

Resumiendo, un grupo de tres propicia la multiplicación porque reduce la dimensión jerárquica y potencia el modelo del compañerismo o acompañamiento. Al poder seguir un programa de discipulado concretamente creado para este tipo de relaciones más íntimas, se crea una estructura sencilla y familiar que cualquier creyente con ganas de parecerse a Cristo puede dirigir. El liderazgo de estos grupos de tres puede ir rotando, dado que el tamaño del grupo le da un carácter informal y el programa va acompañado de una guía fácil de seguir.

El mentor: figura adecuada según el contexto

En mis seminarios sobre el discipulado, cuando llego a este punto los asistentes suelen quejarse de que yo rechace o quite valor al modelo tradicional de discipulado en el que la persona madura enseña a la neófita. Y para respaldar su queja normalmente me cuentan que ellos han vivido ese tipo de relación y que fue muy beneficiosa. La pregunta implícita que hay detrás de todas esas quejas siempre es: *¿Cómo puede ser un método deficiente si para mí supuso una buena experiencia?* No es mi intención calificar de deficientes las experiencias de discipulado que hayan resultado positivas, ni decir que ese tipo de modelo no es válido en ningún contexto. Paul Stanley y J. Robert Clinton han realizado una gran labor recopilando diferentes tipos de "relaciones de discipulado".[5]

Recoger aquí una breve descripción de este tipo de relaciones nos ayudará a entender el concepto de discipulado en que se basa este libro, a la vez que servirá para saber cuál es el contexto adecuado para las relaciones de discipulado entre dos personas. Destacamos las figuras del consejero espiritual, el formador y el promotor.

---

[5] Stanley y Clinton, *Connecting*, p. 65.

Consejero espiritual

Stanley y Clinton define el consejero espiritual como "un seguidor de Cristo maduro y piadoso que comparte su conocimiento, sus habilidades y su comprensión de lo que significa crecer para parecerse a Cristo en todas las áreas de la vida".[6] Aunque la relación de discipulado tiene el objetivo de poner las bases y tratar los temas más elementales del discipulado, un consejero espiritual provee las herramientas para introducirse de forma más profunda en el corazón y la voluntad de Dios, y provee también un contexto en el que poner en práctica y desarrollar las disciplinas espirituales. En una relación de discipulado el que enseña invita al que va a ser discipulado. Pero en este modelo, es el discípulo quien intenta buscar a un consejero espiritual adecuado.

Yo tuve la bendición de poder contar con un consejero espiritual. Acababa de dejar la pastoría para servir en el mundo académico, y como resultado de ese cambio, tuve una pequeña crisis de identidad. Durante veinticuatro años había tenido muy claro mi papel como pastor de una iglesia. Pero ahora me encontraba fuera de mi entorno, en el papel de profesor y, además, director del programa académico. Necesitaba a alguien con sabiduría que estuviera dispuesto a escuchar mis confusos pensamientos y me aconsejara. Así que busqué a alguien que se hubiera formado en asesoramiento espiritual para que me ayudara a discernir lo que Dios quería de mí en ese momento. Mientras que el discipulado que yo propongo se desarrolla en el ámbito de una relación mutua y sincera, la relación con un consejero espiritual es unidireccional. El consejero normalmente no abre su corazón sino que escucha, ora y sugiere cómo avanzar para discernir la voz de Dios.

Formador

El siguiente tipo de mentor que Stanley y Clinton recogen es el formador. Según ellos, su papel es "motivar y enseñar habilidades y cómo usarlas para realizar una tarea o desafío concreto".[7] La formación es más específica que el discipulado, porque tiene que ver con unas habilidades concretas necesarias para realizar una tarea, y con las fuerzas para ir desarrollando esas habilidades. Aunque el discipulado también tiene que ver con enseñar unas habilidades concretas, como las disciplinas espirituales, cuando alguien busca a un formador ya busca a alguien con una experiencia concreta. Como ocurre con el consejero, en este caso, es también el que necesita ayuda el que va a buscar a un formador, mientras que una relación de discipulado se inicia por invitación del que enseña.

En la última iglesia en la que serví como pastor, después de una evaluación realizada por el Consejo, se me dijo que yo debía mejorar en mi papel de supervisor. Busqué a alguien que pudiera ayudarme es esa área tan concreta, y encontré a un hombre de negocios de una iglesia vecina, cuya especialidad era la formación continua del personal de su empresa. Decidimos quedar cada quince días para desayunar, y mientras, él me iba

---

[6] Ibíd.

[7] Ibíd., p. 73.

enseñando cómo crear un plan para cada miembro que estaba ejerciendo un ministerio y a realizar una evaluación que yo entregaría al Consejo una vez al año. El resultado fue que yo mejoré en mi tarea como supervisor, pero también me beneficié de la sabiduría de aquel hermano, y me animó mucho ver que yo podía mejorar en un área concreta.

Promotor

El último modelo de mentor que quiero mencionar es el del promotor. Stanley y Clinton definen al promotor como "un mentor que es alguien reconocido, con credibilidad y autoridad espiritual dentro de una organización o red, que decide patrocinar a alguien que aún no tiene esa posición para ir dándole los recursos necesarios y ayudarle a aumentar su influencia en la organización".[8] Por ejemplo, yo fui el promotor de Karl en un programa académico que dirigía. Karl empezó a trabajar para nosotros después de pasar años gestionando una importante empresa de Ingeniería. El papel que se le dio al principio no le daba la oportunidad de poner en práctica todas sus capacidades. Pero parecía que el resto del personal no se percataba de la competencia de Karl. Así que decidí hacer algo para que aprovecháramos sus habilidades administrativas y su experiencia en el liderazgo. Le recomendé para que se convirtiera en el director administrativo del programa, y yo pasé a ser únicamente el director académico. Actué como el promotor de Karl dentro de la organización para maximizar las contribuciones que él podía hacer.

La naturaleza de los grupos de tres queda aún más clara si la diferenciamos de las relaciones con un consejero espiritual, un formador o un promotor. El discipulado tiene que ver con los fundamentos, mientras que estas tres relaciones que acabamos de ver son más especializadas, opcionales y menos frecuentes. Una de las razones por las que no hemos estado haciendo discípulos plenamente entregados a Cristo es que no les hemos discipulado adecuadamente ni les hemos transmitido la necesidad de que ellos, a su vez, tienen que hacer discípulos. ¿Puedes imaginar el impacto que tendríamos si todos los creyentes tuvieran la oportunidad de hacer un discipulado serio y sincero durante un año con, al menos dos personas, cuyo propósito fuera crecer espiritualmente y formarse para poder hacer discípulos a otros? La vida de la Iglesia daría un giro: se pasaría del ministerio exclusivo de los obreros a un cuerpo de discípulos dispuestos a tomar la iniciativa de hacer otros discípulos.

El ambiente que se crea entre un grupo reducido de personas cuya intención es la de crecer juntos contiene todos los elementos para que se dé la transformación. Si el objetivo es que los creyentes se conviertan en seguidores de Cristo plenamente entregados y con la iniciativa de cumplir el mandato de Jesús (Mateo 28:19), entonces tenemos que crear contextos en los que esta metamorfosis, esas ganas de ser como Cristo, pueda llegar a ser su máximo deseo durante el resto de sus vidas. Así, nos surge la pregunta siguiente: ¿Qué ingredientes o elementos se combinan en un grupo de tres para crear un ambiente

---

[8] Ibíd., p. 124.

propicio para la transformación? Ésta es la pregunta que intentaremos contestar en el capítulo siguiente.

8. Transformación

Los tres ingredientes necesarios

No tengo ninguna duda. El entorno en el que he podido ver una mayor trasformación de los creyentes ha sido en los grupos de discipulado de tres personas, o en cualquier grupo pequeño que sea fácil de reproducir. A estos grupos les llamo los "invernaderos" del crecimiento cristiano. Los invernaderos maximizan las condiciones ambientales para que haya un crecimiento mayor que el que habría en condiciones normales. En un viaje que hice hace poco a Alaska, vi narcisos del tamaño de un plato y oí historias de calabazas de 225 kilos y calabacines que medían lo mismo que un bate de béisbol. Durante los meses de verano en Alaska, hace sol casi todos los días. Aunque la temporada de crecimiento es bastante corta (de mayo a agosto), las condiciones son óptimas para que se dé un crecimiento acelerado. Eso es exactamente lo mismo que ocurre en los grupos de tres. En la vida de un creyente el crecimiento puede ser lento algunas temporadas, más rápido en otras; pero cuando uno entra a formar parte de un grupo como el que propongo en este libro, el crecimiento se acelera de forma increíble.

¿Por qué ocurre así? ¿Qué "condiciones climáticas" ofrece un grupo de discipulado de tres o cuatro personas para que se dé un crecimiento acelerado? Son unos ingredientes que convergen para dejar que el Espíritu Santo actúe llevando a las personas hacia la madurez en Cristo. Y estos ingredientes responden al siguiente principio bíblico: cuando (1) abrimos nuestros corazones y somos transparentes con los demás (2) en torno a la verdad de la Palabra de Dios (3) en un espíritu de responsabilidad y confesión mutuas, entramos en el "invernadero" del Espíritu Santo, un invernadero hecho para producir transformación.

Veamos lo que contienen cada uno de estos ingredientes:

Ingrediente núm. 1: confianza y transparencia

Volvemos a la verdad fundamental que hemos repetido una y otra vez en este libro: las relaciones sinceras con otros creyentes, donde hay confianza para pedirse cuentas, son el fundamento del crecimiento en el discipulado. Pero, ¿qué tipo de relación es ésta? Lo que se tiene que lograr en un grupo de discipulado es que haya un ambiente de sinceridad y transparencia. ¿Por qué son necesarias estas condiciones para que se dé un cambio? La medida en la que estemos dispuestos a revelar a los demás las áreas de nuestra vida que aún necesitan el toque transformador de Dios, será la medida con la que invitamos al Espíritu Santo a transformarnos. Nuestra disposición a desarrollar nuestras relaciones horizontales es una declaración de nuestro deseo de invitar al Señor a trabajar en nuestras vidas.

Podrías rebatir mi tesis argumentando que ya tienes una relación sincera y transparente con Dios. Tu vida es un libro abierto para el Señor. Quizá piensas: "¡Si no tengo nada que esconder!". En tu relación con el Señor regularmente le invitas a que te muestre los secretos de tu corazón, y no escondes nada de su penetrante mirada. Por tanto, a nadie más le interesa cuáles son tus luchas y debilidades mientras no estés engañando a Dios.

Ése es el problema: engaño. Los seres humanos tenemos una capacidad increíble para auto engañarnos y auto justificarnos. El profeta Jeremías recogió muy bien el misterio del corazón del hombre cuando escribió: "Engañoso es el corazón más que todas las cosas, y perverso: ¿quién lo conocerá?" (Jeremías 17:9). Por ejemplo, cuando se trata de "pecadillos", somos muy duros con los demás, y blandos con nosotros mismos. Cuando cambiamos de carril en la autopista sin fijarnos demasiado y hacemos frenar al coche que viene por detrás, no le damos demasiada importancia. Si vemos que el otro conductor nos hace un gesto de enfado, enseguida pensamos: "¡Si no es para tanto!". Pero si alguien nos hace lo mismo, casi causando un accidente, no estamos dispuestos a tener la misma misericordia que hemos tenido con nosotros mismos. Lo más probable es que nos salga alguna expresión como: "¿Tú eres idiota o qué?".

En las oficinas de Hacienda recibieron una carta que decía: "Estimados señores: Dentro de este sobre encontrarán un cheque de 150 dólares. El año pasado en la declaración de la renta les estafé algo de dinero, y desde entonces no he podido dormir. Si aún tengo problemas para dormir, les enviaré el resto".[1] Este hombre estaba dispuesto a ser honesto hasta cierto punto... solo lo suficiente para poder volver a conciliar el sueño. Quitamos importancia a las áreas de nuestra vida que continuamente nos frustran engañándonos a nosotros mismos y diciéndonos que con un poco de esfuerzo, la próxima vez lo haremos mejor. Mientras nuestras luchas en nuestro crecimiento cristiano queden entre nosotros y Dios, el pecado siempre nos acabará venciendo.

El tamaño de los grupos que estamos proponiendo propicia que la gente se abra. Obviamente, la gente se abrirá en función de la confianza que vean en los otros participantes. Nuestras experiencias harán que algunos de nosotros nos mostremos reticentes, mientras que otros se abrirán con más naturalidad. Hace unos años John Powell escribió un libro titulado *Why Am I Afraid to Tell You Who I Am?* [¿Por qué tengo miedo de decirte quién soy?]. Y él mismo responde: "Porque si te lo digo, quizá deje de gustarte, y es lo único que tengo".[2] A todos nos preocupa que nos rechacen o nos condenen. En la medida en que podamos encontrar un lugar en el que poder ser nosotros mismos, podremos dejar libre nuestra verdadera forma de ser, esa creación única de Dios.

¿Cuáles son los elementos de la transparencia y la confianza que nos permitirán avanzar hacia la transformación?

- Reafirmarnos y animarnos los unos a los otros
- Acompañarnos los unos a los otros en los momentos difíciles

---

[1] Charles Swindoll, *Come Before Winter* (Portland, Ore.: Multnomah, 1985), p. 91.

[2] John Powell, *Why Am I Afraid to Tell You Who I Am?* (Allen, Tex.: Thomas More, 1995).

- Escuchar de forma reflexiva y ayudarnos a escuchar la guía de Dios en medio de las complejidades de la vida
- Confesarnos nuestros pecados los unos a los otros para poder ser sanados

Reafirmarnos y animarnos los unos a los otros

El apóstol Pablo en su carta a los Colosenses capta muy bien lo que implican las relaciones de discipulado, aquello que éstas buscan potenciar: "Vestíos, pues, como escogidos de Dios, santos y amados, de entrañable misericordia, de benignidad, de humildad, de mansedumbre, de paciencia; soportándoos unos a otros, y perdonándoos unos a otros si alguno tuviera queja contra otro. De la manera que Cristo os perdonó, así también hacedlo vosotros. Y sobre todas estas cosas vestíos de amor, que es el vínculo perfecto" (Colosenses 3:12-14). Las personas que están en nuestro grupo de discipulado tienen que desear que nosotros podamos ser la persona que Dios quiere que seamos, y obrar para ayudarnos, y lo tienen que hacer primeramente afirmando que para el Señor valemos y somos únicos. Jesús empezó su ministerio público con unas palabras de reafirmación: "Tú eres mi hijo amado, a quien he elegido" (Marcos 1:1, DHH). Éste es el mismo mensaje que tenemos que darnos los unos a los otros.

Gordon McDonald en *Restoring Your Spiritual Passion* [Restaurando tu pasión espiritual] habla del poder purificador que tiene la amonestación: "Una amonestación dura, pero hecha con amor, vale más que cien palabras de reafirmación".[3] A veces, yo le he dado la vuelta a la frase para hablar de la importancia de la reafirmación, y he dicho: "Por cada amonestación, hemos de pronunciar cien palabras de reafirmación". El problema es que la mayoría de nosotros no recibimos cien palabras de ánimo por cada palabra de corrección o de riña. Un domingo, antes de entrar en el culto fui al baño. Allí me encontré al líder del grupo de alabanza, así que aproveché la oportunidad para decirle: "Chris, quería darte las gracias por la manera en la que nos bendices con la alabanza. Cuando cantas, es evidente que lo haces para el Señor, y nos inspiras a hacer lo mismo. Que Dios te bendiga por lo que haces por nosotros como comunidad de adoración que somos." Cualquiera diría que le había dicho que le había tocado la lotería. Emocionado, me dijo: "¡Gracias, muchas gracias! ¡Me has animado muchísimo!".

En este mundo en el que lo normal es pisotear a los demás, todos deseamos que nos reafirmen. En la intimidad de un grupo pequeño de discipulado tenemos la oportunidad de observar la formación de esa creación única que Dios ha hecho al crear a mi hermano o hermana, y reafirmar lo que Dios está haciendo en ellos.

Acompañarnos los unos a los otros en momentos difíciles

Cuando entras en una relación de discipulado, y os habéis comprometido a avanzar juntos hacia la madurez durante un año o algo más, tendréis la oportunidad de enfrentar juntos los altibajos de la vida. Veamos cómo Pablo define el ritmo de las relaciones dentro

---

[3] Gordon McDonald, *Restoring Your Spiritual Passion* (Nashville: Thomas Nelson, 1985), p. 191.

del Cuerpo: "Si un miembro padece, todos los miembros se duelen con él, y si un miembro recibe honra, todos los miembros con él se gozan" (1ª Corintios 12:26). Esto es lo que ocurre en los grupos de tres. En la vida, habrá situaciones que no podremos controlar, y esas situaciones pueden tener sobre nosotros un impacto devastador. Uno de los privilegios de esta relación íntima es poder caminar juntos en esos momentos difíciles. Pablo anima a los tesalonicenses con estas palabras: "Noche y día oramos por vosotros con gran insistencia, para que veamos vuestro rostro y completemos lo que falte a vuestra fe" (1ª Tesalonicenses 3:10). Ganamos confianza gracias a la fidelidad de nuestros amigos (miembros del grupo de discipulado) que nos sostienen cuando todo parece ir mal.

Anteriormente mencioné a Mike, que tenía bastantes problemas económicos a causa de un mal negocio. Una mala gestión le dejó con una cantidad de facturas por pagar que ascendían a más de un cuarto de millón de dólares. Tuvo que vender su casa y mudarse a un área más humilde. En nuestros encuentros semanales de discipulado podíamos ver cómo iba la situación de Mike y, al ver lo desesperada que era, nos pusimos a pensar de qué forma podíamos ayudar. Esa relación estrecha nos dio la confianza de hablar con otros miembros de la iglesia y darle un préstamo a Mike para que pudiera enfrentar la situación en la que estaba. Una gran lección del discipulado que solo se puede aprender dentro de la comunidad cristiana es la creencia de que Dios es bueno, aun cuando las circunstancias de la vida nos lleven a creer lo contrario.

Cuando miro atrás pensando en los grupos de discipulado en los que he estado en los últimos quince años, veo que en cada uno de ellos nos enfrentamos a situaciones complejas, a veces, hasta de vida o muerte. Ya mencioné el caso de Ken, que murió de cáncer. Estoy convencido de que nuestras oraciones y nuestro apoyo durante los fuertes ciclos de quimioterapia no solo alargaron la vida de Ken más allá de los pronósticos de los médicos, sino que levantaron a Ken como un testimonio del amor de Cristo. Siempre estaré agradecido por el apoyo que recibí cuando mis padres fallecieron. Los mensajes que los miembros de mi grupo de discipulado dejaron en el contestador, ofreciéndome su amor y su apoyo aún producen en mí, mientras escribo estas palabras, un sentimiento especial y me hacen sonreír. También me acuerdo de Frank, que se dirigió al trabajo como cualquier otro día sin saber que ese mismo día le iban a pedir que sacara todo lo que tenía en el despacho, pues habían decidido despedirle. ¿Cómo se enfrenta un hombre de Silicon Valley a ese golpe? Además de perder el trabajo, un golpe así es tremendo para la autoestima. Pudimos estar al lado de Frank y ofrecerle el amor de Dios. Hoy Frank dirige su propio negocio de asesoría de sistemas informáticos como un servicio no solo para sus clientes, sino para la gloria de Dios.

Muchas veces aprendemos a confiar en Dios animados por la fe de los demás. Es legítimo decirle a alguien que lo está pasando mal: "Deja que mi fe sea la que te ayude a avanzar. Algún día podrás devolverme el favor". Éste es uno de los resultados de un grupo de discipulado, a los que solo se llega a través de la transparencia y la confianza.

Escuchar de forma reflexiva

Scott es profesor de Arte en un instituto de Secundaria, y además le gusta ser entrenador de fútbol. Lo sé, es una extraña combinación. Cuando invité a Scott a formar parte de un grupo de discipulado, aún estaba afectado porque el director de la escuela, que al parecer tenía envidia de Scott, le había dicho que a partir de entonces él sería quien entrenaría al equipo de fútbol. El equipo que Scott entrenaba no perdía nunca, mientras que otro equipo que el director había estado entrenando no había tenido tan buenos resultados. Escuchando el enfado y la rabia que Scott sentía, estaba claro que le había quedado un vacío en el corazón. Le encantaba invertir en aquellos chavales a los que entrenaba. Sentía que Dios le había llamado a hacer eso. No obstante, como toda la gente ocupada, Scott tenía que buscar el equilibro, pues estaba casado y tenía tres hijos. También era un buen profesor, que quería hacer su trabajo bien y por eso siempre tenía muchas ocupaciones. Además, la iglesia le había propuesto servir como anciano. Scott tenía los dones necesarios para servir en esa posición, y a mí me encantaba la idea de tenerlo en mi equipo.

No obstante, había algo en la vida de Scott que no encajaba; le faltaba algo. Siempre estaba dividido entre las responsabilidades que tenía y su sueño o llamamiento a ser entrenador. Echaba de menos la oportunidad de influir y hacer discípulos a su equipo, animándoles a ser como Jesús, y de trabajar para lograr objetivos que solo podrían conseguir juntos, como equipo. El director, ahora un poco más maduro, dándose cuenta de su error, le preguntó a Scott si quería volver a ser el entrenador del equipo. Pero Scott no sabía qué decir. No quería que le volvieran a hacer daño. Además, no tenía tiempo para hacer las dos cosas, ser anciano de la iglesia y entrenar al equipo de fútbol. La responsabilidad de la iglesia chocaba con el llamamiento que Scott tenía. ¡Qué alegría fue ayudar a Scott a ver qué debía responder a Dios! En ese momento Dios le había llamado a invertir en las vidas de aquellos adolescentes y en sus familias. Así que el llamamiento a ser anciano podía esperar. Éste fue un consejo un tanto extraño, viniendo de mí, el pastor de la iglesia. A mí me interesaba más tenerle en mi equipo como anciano. Pero mi responsabilidad como miembro del mismo grupo de discipulado era ayudarle a ver la dirección de Dios. Y Dios quiso que fuera entrenador.

En la vida, hay miles de decisiones que hemos de discernir para poder escuchar la voz de Dios. La voz de Dios se puede ver ahogada por el ruido de este mundo o la confusión que proviene de una multitud de elecciones. Los temas en los que necesitamos la guía del Señor son ilimitados: guía en cuanto al trabajo, en los dilemas éticos laborales, en los problemas de las relaciones matrimoniales, en la educación de un adolescente rebelde, en las relaciones con nuestros familiares o vecinos no creyentes, para discernir el llamamiento de Dios para cada uno de nosotros y las pasiones del corazón, etc. ¡Necesitamos espacios donde poder resolver estas cuestiones y personas que estén a nuestro lado y se preocupen por nosotros y nos ayuden a enfrentarnos a ellas! Eso nos lleva de las relaciones superficiales a las profundas aguas de la transparencia y la confianza.

Confesando el pecado y tratando las adicciones del corazón

En las aguas profundas de la confianza y la transparencia están las aguas de la confesión mutua de los pecados y las adicciones. Para llegar a lo profundo hay que pasar por las aguas menos profundas del ánimo y el apoyo en los momentos difíciles, orando los unos por los otros y escuchándonos los unos a los otros.

Mi experiencia me dice que hay pocos creyentes que tengan el privilegio de contar con el espacio en el que poder expresar a otra persona lo que hay en el fondo de su corazón. Hasta que no tengamos la oportunidad de articular y contarle a otra persona las cosas que nos inquietan y hasta nos controlan, viviremos bajo la tiranía de nuestra oscuridad. Santiago exhortó a sus lectores diciendo: "Confesaos vuestras ofensas unos a otros, para que seáis sanados" (Santiago 5:16). Santiago establece una relación directa entre la confesión y la sanidad. En este contexto, parece que se refiere a la sanidad física. No obstante, Santiago creía que la salud del espíritu afectaba directamente a la salud del cuerpo. Gran parte de la aflicción del cuerpo es el resultado de la enfermedad espiritual o emocional. Si madurar en Cristo (parecernos cada vez más a Cristo) tiene que ver con ser libre de las tinieblas que pueden hacernos naufragar, entonces la confesión es un medio necesario para liberarnos de la esclavitud del pecado y la adicción.

¿Qué relación hay entre confesión y libertad? Hablar de nuestra culpa con miembros del Cuerpo de Cristo con los que tenemos confianza puede tener un efecto muy liberador. Una vez que admitimos algo delante de los demás, ese algo empieza a perder el control que tiene sobre nosotros. El pecado aumenta en la oscuridad, pero en la luz, su poder se disipa. En uno de mis grupos de discipulado, Sam comentó que tenía algo que debía confiarnos. Su voz entrecortada y la mirada gacha, unidas a su nerviosismo, nos advertían de que Sam iba a hacer una confesión. Nos contó que se había obsesionado con la pornografía, tanto, que estaba controlando su vida y afectando a su matrimonio. Como compañeros de viaje hacia la madurez en Cristo, le ofrecimos todo nuestro apoyo y le reafirmamos, por su valentía al confesarlo y al querer solucionarlo. Nos explicó que tenía intención de asistir a un grupo de gente con adicciones sexuales y que quería contarle el problema a su mujer. Después de hablar, era evidente que Sam se sentía muy aliviado. Confesar algo así y seguir sintiendo que se es amado es muy liberador. Es curioso, pero cuando uno admite sus debilidades ejerce una fuerza devastadora en contra del poder de las tinieblas. En las semanas siguientes nos contó el compromiso que había adquirido con el grupo de personas adictas al sexo y la respuesta alentadora de su mujer. La valentía de Sam se convirtió para nosotros en una invitación a ser más transparentes, a no esconder nada que pudiera entorpecer nuestro camino hacia la obediencia a Cristo.

Martín Lutero dijo que la confesión "es útil, incluso necesaria, así que mi deseo no es abolirla. De hecho, me alegro de que exista en la Iglesia de Cristo, dado que es una cura sin igual para las conciencias afligidas. Porque cuando abrimos nuestra conciencia a un hermano y, en privado, le contamos el mal que hay dentro de ella, recibimos de labios de nuestro hermano la palabra de consuelo que viene de los mismos labios de Dios. Y si aceptamos esto por fe, encontramos paz en la misericordia de Dios que nos habla a través de nuestro hermano".[4]

---

[4] Martín Lutero, citado en Keith Miller, *Sin: Overcoming the Ultimate Deadly Addiction* (San Francisco: Harper&Row, 1987), p. 29.

La confesión mutua es uno de los ingredientes que más se echa en falta hoy en día en el proceso de la transformación hacia la madurez en Cristo. Mientras vivamos entre nuestros hermanos con la consciencia de que estamos viviendo una doble vida, no tendremos comunión los unos con los otros ni con Dios. Eso es lo que el apóstol Juan dice en su primera carta: "Si decimos que tenemos comunión con Él, y andamos en tinieblas, mentimos, y no practicamos la verdad; pero si andamos en luz, como Él está en luz, tenemos comunión los unos con los otros, y la sangre de Jesucristo su Hijo nos limpia de todo pecado" (1ª Juan 1:6-7). Mientras intentemos esconder nuestro pecado ante Dios, nos estaremos negando nosotros mismos la comunión con los demás miembros del Cuerpo de Cristo. Y a la inversa, mientras estemos dispuestos a reconocer nuestros hábitos pecaminosos delante de gente de confianza, con la que tenemos un pacto de ayudarnos a crecer, entonces tendremos comunión con Dios.

Aprender a nadar en las aguas profundas de la confianza y la transparencia es un elemento necesario para acelerar el crecimiento de la vida cristiana. Aprender a nadar puede dar miedo. Pero una vez aprendes a confiar en que el agua te sustenta, ya puedes relajarte y disfrutar de ella. La transparencia en las relaciones es la primera condición necesaria para que haya transformación.

Ingrediente núm. 2: la verdad de la Palabra de Dios

El segundo de los tres elementos que aportan las condiciones necesarias para que haya un rápido crecimiento es la verdad de la Palabra de Dios. ¿Por qué? No hay un mejor resumen del valor de la naturaleza de la Palabra de Dios que el que Pablo hace escribiendo a su hijo en la fe: "Toda la Escritura es inspirada por Dios, y útil para redargüir, para corregir, para instruir en justicia, a fin de que el hombre de Dios sea perfecto, enteramente preparado para toda buena obra" (2ª Timoteo 3:16-17).

Las Escrituras del Antiguo y del Nuevo Testamento son únicas; no tienen igual entre todos los documentos escritos de la Historia. En ellas podemos escuchar la voz de Dios que nos habla. En ningún otro lugar podemos encontrar la historia completa de la revelación de Dios. Literalmente hablando, este documento inspirado por Dios es la medida de verdad sobre Dios, sobre el ser humano y sobre todas las cuestiones de fe y práctica. Pablo nos dice que es útil para cuatro cosas: para enseñar, para reprender, para corregir y para enseñar a vivir en justicia.

Enseñar

La palabra que aquí traducimos por "enseñar" puede significar extender una mano animando o casi obligando a alguien a aceptar algo (y hacerlo de forma persuasiva), o transmitir algo. Lo más probable es que Pablo tuviera en mente este segundo significado. Pablo quiere que Timoteo disfrute de un conocimiento, o una tradición, a la que generalmente llamamos "doctrina". Pero Pablo tiene en mente algo más que conocimiento intelectual. Se refiere a una nueva realidad que lo reinterpreta todo de nuevo. Larry Richards ofrece la mejor explicación que he oído jamás sobre el propósito de las Escrituras: "En la Palabra de Dios, el Espíritu de Dios ha revelado la verdadera naturaleza del mundo en que vivimos, la verdadera naturaleza del ser humano y de Dios, la consumación última de la Historia, el patrón de las relaciones y de las reacciones ante Dios y ante la vida que se corresponden con *la realidad, con la forma en la que las cosas realmente son*".

Es especialmente importante en nuestros días que un discípulo tenga la oportunidad de cubrir la enseñanza básica de la vida cristiana de una forma sistemática y secuencial como una forma de captar y cultivar esta nueva realidad. Vivimos en una época en la que la gente en general tiene poca memoria retrospectiva de la fe cristiana. Hace poco en un programa de televisión un reportero se lanzó a la calle para ver el conocimiento bíblico que tenía la gente. Se acercó a dos chicas de unos veintiocho años y les preguntó: "¿Podéis enumerar uno de los Diez Mandamientos?". Las chicas, atónicas y un poco confusas respondieron: "¿La libertad de expresión?". A otro chico le preguntó: "Según la Biblia, ¿quién fue tragado por un enorme pez?". Seguro de sí mismo, el chico contestó: "Esa es fácil. ¡Fue Pinocho!".

Para los líderes cristianos eso significa que no podemos asumir que las personas tienen un trasfondo de conocimiento bíblico. De hecho, la mayoría de los futuros discípulos tienen retazos de conocimiento de la fe cristiana mezclados con cosmovisiones de la cultura contemporánea. Eso supone que tienen muchas piezas sueltas, como si fueran piezas de un rompecabezas, pero nunca las han unido y por eso no acaban de entender lo que la vida cristiana significa. Uno de los participantes de un grupo de discipulado que dirigí era una mujer diez años mayor que yo que había crecido en una familia de pastores. Después de acabar aquel tiempo de discipulado, me dijo: "Greg, tengo que confesarte algo. Cuando me dijiste si quería formar parte de este grupo, pensé que yo no tenía mucho que aprender, pues me crié en un hogar donde se le daba mucha importancia a la Biblia. Pero mientras estudiábamos la fe de una forma sistemática he descubierto que mi comprensión era más bien un mosaico, formado por muchas piedrecitas inconexas. Este acercamiento me ha permitido conectar, relacionar el conocimiento que tenía. Ahora puedo ver de una forma más completa que la fe cristiana tiene sentido". Las Escrituras sirven para enseñar.

Reprender

En primer lugar, las Escrituras y sus enseñanzas son las lentes a través de las cuales podemos ver la verdadera realidad. Y así, podemos ver los cambios que tenemos que hacer en nuestras vidas. Literalmente la palabra "reprender" significa mostrar a alguien su pecado o llamar a alguien al arrepentimiento. Las Escrituras actúan como el espejo que nos muestra cómo somos realmente y cómo deberíamos ser. Es como si nos miráramos al espejo y viéramos dos imágenes, una al lado de la otra. Una corresponde con lo que somos en el presente, y la otra es la imagen de lo que Dios quiere que seamos en Cristo. Las Escrituras proyectan estas dos imágenes en la pantalla de nuestra mente. En esos momentos en los que vemos claramente el contraste entre lo que somos y lo que deberíamos ser, la Palabra actúa con una convicción incisiva, penetrante, como una espada que penetra en nuestra alma. La convicción nos lleva al arrepentimiento y al deseo de cambiar.

Un matrimonio cristiano decidió que en la época de Adviento llevarían a sus hijos a diferentes iglesias para mostrarles las diferentes formas de alabanza y tradiciones navideñas. Un domingo la familia se sentó en la última fila de una hermosa iglesia de piedra, bañada por la luz de colores que producía el sol al entrar por las vidrieras. Ya se había realizado toda la liturgia y así, llegó el momento del sermón. El predicador explicó que probablemente Dios habría preguntado a muchas mujeres si querían ser la madre de Cristo, pero la mayoría debía de haberle dicho que no. Así, cuando Gabriel encontró a María, y ésta respondió afirmativamente, se alegró muchísimo. El más pequeño de los cuatro hermanos, que no tenía pelos en la lengua, preguntó en voz chillona y audible: "¿Dónde pone eso en la Biblia?". Este niño había aprendido que el detector de verdad en el que nos tenemos que basar es la Biblia misma, y así pudo alzar una voz de reprensión.

Corregir

Siempre debemos tener en cuenta que la reprensión no es para dejar a las personas con sentimiento de culpa, ni para condenarles. De hecho, la verdadera convicción del Espíritu Santo lleva inmediatamente a la misericordia y al perdón de Dios. A la mujer que fue sorprendida cometiendo adulterio, Jesús le dijo: "Ni yo te condeno; vete, y no peques más" (Juan 8:11). Jesús no le quitó importancia a su pecado haciendo ver que no era nada. Sin embargo, al hablar de aquel pecado no habló de condenación, sino de misericordia. "Ni yo te condeno". El verdadero arrepentimiento lleva a la dulce y purificadora misericordia de Dios. Y a eso le sigue la corrección. La corrección sirve para restaurar a las personas. Si la reprensión es la amonestación del Espíritu que expone el pecado, la corrección significa ayudar al pecador a volver al camino correcto.

Enseñar a vivir en justicia

Una vez que hemos vuelto al camino correcto, queremos seguir caminando por él. Literalmente, la expresión "instruir en justicia" significa "educar en una vida de rectitud". El objetivo final de las Escrituras es ser una guía para que podamos vivir una vida santa y piadosa. La palabra "instruir" viene de la raíz "instruir a un niño". Quizá se hace eco del proverbio que dice "Instruye al niño en el camino recto[*], y aun cuando fuere viejo no se apartará de él" (Proverbios 22:6). Las Escrituras son el manual de formación para vivir una vida de rectitud.

John Ortberg nos recuerda que hay una enorme diferencia entre intentar vivir la vida cristiana e instruir para la vida cristiana. "Intentar" es pretender hacer algo sin preparación. Demasiados supuestos seguidores de Jesús se mueven en este paradigma, en lugar de moverse en el paradigma de la formación. Si uno decide correr una maratón, no

---

[*] **N. del T.** El autor del libro cita este versículo mencionando "camino recto" ("the right way"). Literalmente, el hebreo dice "*derejó*", "su camino". La Reina Valera así lo traduce y la Biblia de las Américas dice: "el camino en que debe andar". Respetamos, no obstante, la traducción-interpretación del autor.

solo lo intenta, sino que se entrena para ello. Si no, nunca logrará llegar al final. Con los entrenamientos, se va ganando resistencia y además aprende a controlar la dieta y a guardar unos patrones de descanso y de vida saludable. Ortberg observa: "La preparación, o la formación, también son necesarias cuando se trata de aprender el arte de perdonar, de tener gozo o valentía. Dicho de otra forma, la preparación es aplicable a la vida espiritual tanto como a la actividad física o intelectual. Aprender a pensar, a sentir y a actuar como Jesús requiere tanto o más esfuerzo que aprender a correr una maratón o a tocar el piano".[5]

La formación requiere disciplina. Cualquier proceso de discipulado requiere una práctica disciplinada del estudio, la meditación y la memorización de la Escritura. Neil Cole propone un grupo de discipulado similar al que propongo en este libro y, de forma muy apropiada, lo llama "Grupos de Transformación".[6] Una de las tres disciplinas que los participantes del grupo tienen que poner en práctica es la lectura de entre veinticinco y treinta capítulos de la Biblia a la semana. De hecho, los miembros de los grupos de tres que yo propongo también tienen que informar cada semana de si han logrado completar la lectura asignada. Si ninguno de los participantes lo ha logrado, entonces todos tienen que leer el mismo texto para la semana siguiente. Volviendo a Cole, él comenta que su objetivo es que los participantes desarrollen un creciente deseo de leer y conocer la Palabra. Al leer entre veinticinco y treinta capítulos a la semana, se crea un apetito por la Palabra. La Palabra es la semilla de nueva vida y ésta debe estar bien plantada si queremos que dé fruto. En el *Manual del discipulado*, el estudio de las Escrituras se hace de forma temática con la memorización y lectura de textos bíblicos que siguen una línea lógica y ascendente para que el creyente cada vez tenga una visión más amplia de lo que la vida cristina significa.[7]

Con el estudio de la Palabra viene la práctica de la meditación y de la memorización. Meditar en las Escrituras es permitir que la verdad de la Palabra de Dios pase de nuestra mente a nuestro corazón. Es detenerse sobre una verdad que se convierte en una parte de nuestro ser. Algunos comparan la meditación con la digestión de los rumiantes. Debemos rumiar la Palabra de Dios una y otra vez hasta que la hayamos digerido bien. Una de las

---

[5] John Ortberg, *The Life You've Always Wanted* (Grand Rapids, Mich.: Zondervan, 1997), p. 48.

[6] Neil Cole, *Cultivating a Life for God* (Carol Stream, Ill.: Church Smart Resources, 1999). En los grupos de transformación se ponen en práctica tres disciplinas: leer entre veinticinco y treinta capítulos de la Biblia a la semana; responder a una serie de preguntas sobre el carácter, y estar dispuesto a confesar las actitudes o conductas contrarias al carácter cristiano; y la oración estratégica, que consiste en orar por los amigos no cristianos para que lleguen a conocer a Cristo.

[7] Ogden, *Manual del discipulado*, p. 1. Las veinticuatro lecciones están divididas en cuatro categorías: Creciendo en Cristo (poner en práctica las disciplinas espirituales básicas); Comprendiendo el Mensaje de Cristo (entender la enseñanza bíblica sobre la naturaleza de Dios y la persona y obra de Cristo); Siendo como Cristo (el proceso y las cualidades de la transformación del Espíritu Santo); Sirviendo a Cristo (involucrarse en el ministerio de Cristo).

formas más prácticas de hacer esto es la memorización de las Escrituras, que nos aporta un sinfín de beneficios. Llegamos a ser aquello en lo que meditamos. La Biblia dice que la forma de pensar de una persona determina el tipo de persona que es. Pablo rogó a los cristianos de Roma que "se transformaran por medio de la renovación de su entendimiento" (Romanos 12:2).

¿Por qué decimos que la mente es el elemento clave para que se dé la transformación? En la mente es donde guardamos nuestras creencias, valores, actitudes y percepciones. El proceso de crecimiento en la vida cristiana consiste en desechar o deshacerse de las creencias y las prácticas que no honran a Dios y sustituirlas por creencias y prácticas que sí le honran. En Efesios 4:25-32 Pablo habla de la sustitución de una forma de vivir por otra, usando el símil de despojarse de algo para revestirse con algo nuevo. Por ejemplo, Efesios 4:25 nos llama a despojarnos de la falsedad y ponernos o revestirnos con la verdad; en Efesios 4:28 se les dice a los ladrones que abandonen la práctica de robar y que la sustituyan por un trabajo honrado. Es muy difícil avanzar en el proceso de la transformación de nuestro entendimiento y de cumplir el principio de la sustitución si no memorizamos las Escrituras. Además, saber fragmentos de la Biblia de memoria nos puede ayudar en el servicio a otros creyentes y en el testimonio a los que aún no creen.

En 2ª Timoteo 3:17 Pablo concluye su pensamiento hablando de la fuente y del valor de las Escrituras, diciendo que su función es "que todos los que pertenecen a Dios tengan las herramientas necesarias para realizar toda buena obra". El objetivo general del discipulado es alcanzar la madurez, que aquí se define como "llegar a ser completo". Una forma de lograr ese objetivo es sumergirnos en las Escrituras en el contexto de una relación transparente. Y este contexto nos da el empujón necesario para hacer "toda buena obra". Como dice un amigo mío: "La Palabra de Dios no solo es información, sino un empujón para la acción". La Palabra es la *dinamis* de Dios; por tanto, lleva consigo el poder de cumplir su propósito. Por eso, Jesús iguala la Palabra a la semilla de vida nueva. Es nuestra responsabilidad plantar esa semilla en nuestras vidas para que la vida de la Palabra crezca en nuestro interior y produzca fruto.

Ingrediente núm. 3: supervisión mutua

El tercer elemento que contribuirá para crear las condiciones climáticas adecuadas que acelerarán el proceso de crecimiento es la supervisión mutua. Dicho de otra forma, cuando los miembros del grupo de discipulado deciden caminar juntos hacia la madurez establecen un pacto. ¿Qué tipo de pacto? Un pacto escrito y firmado por todos que establece de forma clara las expectativas y los compromisos de formar parte de una relación de discipulado. En esta definición queda implícito que todos los miembros del grupo tienen autoridad para recordar a los otros miembros el pacto con el que se han comprometido. La supervisión mutua ha sido definida de la forma siguiente: "la decisión de asumir ciertos principios y la sumisión voluntaria a que los demás miembros evalúen la conducta y actitudes en función de esos principios".

Pero hay un problema. Permitir que los demás nos pidan cuentas es dejarles violar nuestra intimidad, para los occidentales un valor incalculable. Anteriormente he hecho referencia al libro de Robert Bellah, *Habits of the Heart* [Hábitos del corazón]. Él recoge que el americano medio busca ser libre de sus obligaciones. Tal como somos, y dada la tendencia de nuestro espíritu a querer ser independiente, todo nos lleva a rebelarnos contra este tipo de sumisión. Queremos ser dueños de nosotros mismos. Queremos tener el control de todas nuestras decisiones, de la dirección que toma nuestra vida, de la formación de nuestro carácter, de nuestros horarios, etc.

En un sentido, la supervisión mutua nos acerca a lo que realmente significa ser discípulo de Jesús. Un discípulo está bajo la autoridad de su maestro. Un discípulo de Jesús es alguien que no deja lugar a dudas de que Jesús es el que ejerce toda la influencia formativa en su vida. Jesús dijo: "Quien quiera seguirme, tendrá que negarse a sí mismo, tomar su cruz cada día, y seguirme" (Lucas 9:23). Para llegar a cumplir eso, una buena práctica es colocarse bajo la autoridad de aquellas personas con las que hemos pactado tener una relación transparente, en la que unos y otros podremos pedirnos cuentas y así, ayudarnos a ser más como Cristo.

¿Por qué hacer un pacto? En primer lugar, un pacto, junto con unos principios claros y una sumisión recíproca, permite al líder del grupo llevar a cabo su papel principal: ser el guardián del pacto. Si no hay unos compromisos explícitos, entonces el líder no tiene unas pautas con las que evaluar a los participantes del grupo. Sin un pacto, lo único que le queda al líder es la perspectiva subjetiva que cada uno de los miembros tiene de la relación.

En segundo lugar, los principios que se establecen al acordar el pacto le dan al discipulado un carácter más intenso, poniendo un listón elevado. Uno de los errores de la Iglesia es que no exigimos a las personas que vivan de acuerdo con los principios establecidos por Cristo. Las relaciones de discipulado por las que establecemos un pacto con las otras personas nos pueden ayudar a tomarnos en serio esos principios.

En tercer lugar, con ese pacto o acuerdo, invitamos a los demás miembros del grupo a que nos pidan responsabilidades. Un seguimiento así, cuando hemos dado nuestro consentimiento, nos ayuda a avanzar. Si tenemos que memorizar fragmentos de las Escrituras que hemos de recitar delante de los demás el próximo día, o si nos hemos comprometido a poner en práctica un mandamiento de las Escrituras, tendremos más probabilidades de lograrlo si sabemos que vamos a tener que rendir cuentas ante nuestros compañeros.

En cuarto lugar, si sabemos desde el principio lo que va a suponer formar parte de un grupo de discipulado, eso nos ayuda a decidir si vamos a estar dispuestos o no a cumplir con los requisitos de un discipulado así. Cuando se invita a alguien a este tipo de discipulado hay que explicarle claramente en qué va a consistir, es decir, hay que ser claro sobre el pacto o acuerdo que se establece. El inicio es el momento adecuado para valorar si se tiene el tiempo, la energía y el compromiso para establecer una relación de discipulado.

Como ilustración de un pacto de supervisión mutua, a continuación incluyo el pacto que sugiero en mi libro *Manual del discipulado*. Cuando invito a alguien a formar parte de un grupo de discipulado, le explico todos estos puntos, pues es necesario que entienda que en caso de aceptar, eso es a lo que se compromete. Lo que aparece en cursiva son comentarios que añado ahora.

El pacto del discípulo

Para que haya crecimiento y para poder completar el *Manual del discipulado*, los requisitos necesarios son, en mi opinión, los siguientes:

1. Completar todas las tareas antes del encuentro semanal para poder participar de forma activa en el encuentro. [*Normalmente explico que eso supondrá unas dos horas a la semana, o algo más de tiempo cuando haya que memorizar versículos de las Escrituras*].
2. Quedar de forma semanal con el grupo durante una hora y media para hablar del contenido de las tareas. [*Hasta ahora, el tiempo requerido es de unas tres horas y media a la semana, sin incluir el tiempo que uno tarde en ir al lugar donde el grupo se reúne*].
3. Ofrecerme al Señor por entero, sabiendo que voy a iniciar un proceso de transformación acelerada. [*Quiero que las personas tengan la expectativa de que este tiempo de discipulado va a resultar en un crecimiento acelerado*].
4. Contribuir a un ambiente de sinceridad, confianza y vulnerabilidad en un espíritu de edificación mutua. [*Normalmente les digo que va a ser la relación cristiana más honesta y restante que jamás han experimentado, y que por eso la confesión también va a formar parte de la relación. Después de explicar eso, suelo preguntarles cómo lo ven, cómo se sienten al respecto. Los sentimientos conflictivos más comunes son el miedo y la atracción*].
5. Considerar seriamente la posibilidad de continuar esta cadena de discipulado, comprometiéndome a invertir tiempo y esfuerzo en, al menos, otras dos personas cuando ya hayamos completado el *Manual del Discipulado*. [*El objetivo de esta relación de discipulado no es solo madurar espiritualmente, sino formarse para hacer discípulos a otros. Como digo arriba, mis palabras son "Considerar seriamente la posibilidad de continuar esta cadena de discipulado" y no "comprometerme a continuar esta cadena de discipulado" porque aún no ha experimentado lo que significa una relación de discipulado. No te puedes comprometer a hacer algo que aún no has vivido, pero sí puedes comprometerte a considerarlo*].

La eficacia del discipulado

¿En qué se diferencia el discipulado a tres que propongo de otras relaciones de discipulado que también producen crecimiento? ¿Por qué el contexto que presento sirve más que otros para producir un crecimiento acelerado? La Imagen 8.1 lo ilustra muy bien.

	INTIMIDAD	VERDAD	SUPERVISIÓN MUTUA
Grupos pequeños		x	

Enseñanza		x	
Predicación		x	
Discipulado	x	x	x

Imagen 8.1. Poder del discipulado

Me acuerdo muy bien del momento en que entendí la verdad que esta tabla recoge. Uno de los requisitos que me pedían para completar mi doctorado era que la supervisora del departamento, la Dra. Roberta Hestenes,[8] conociera a las personas a las que yo estaba discipulando (con las que estaba probando el programa de discipulado que formaba parte de mi tesina). Como ya dije al principio del libro, el objetivo de mi proyecto era usar el programa de discipulado que yo había elaborado en tres contextos diferentes: con dos personas (alguien más y yo), con un grupo de diez personas, y con un grupo de tres personas (dos más y yo). La función de mi supervisora era informar a los que me habían ayudado a elaborar aquel proyecto y deducir conclusiones sobre los descubrimientos hechos en cada uno de los diferentes contextos. El día de la defensa del proyecto nos reunimos unas diez personas. Yo estaba un poco nervioso ya que no sabía cómo iban a reaccionar, pero me quedé encantado al escuchar a cada uno de ellos sobre el impacto que el discipulado había tenido en sus vidas, especialmente aquellos que habían participado en los grupos más pequeños. La Dra. Hestenes también disfrutó escuchándoles, pues pudo ver el poder que tenían aquellas relaciones de discipulado. Muy emocionada, al final se levantó y dibujó en la pizarra la tabla que aparece en la Imagen 8.1.

Dijo que un grupo pequeño de seis a diez personas tiende a enfatizar la comunión o la intimidad, mientras que la verdad y la supervisión son secundarias. En un aula o en un culto donde hay enseñanza o predicación, el elemento principal es la verdad, quedando la intimidad y la supervisión como elementos secundarios (a veces, hasta inexistentes). Pero la conclusión clara es que, cuando creamos un contexto de discipulado cuyo objetivo es la transformación, estos elementos se combinan de una forma adecuadamente equilibrada.

Todo creyente o persona interesada en el Evangelio debe tener la oportunidad de formar parte de una relación de confianza que le motive a investigar la Palabra de Dios y ponerla en práctica, y a comprometerse con las personas que forman parte de su grupo, compartiendo sus progresos y sus luchas, y rindiendo cuentas cuando hay fracasos.

---

[8] En aquel entonces la Dra. Hestenes era profesora asociada de formación cristiana y discipulado en *Fuller Theological Seminary*.

¿Qué le ocurriría a la salud de tu ministerio de aquí a cinco o siete años si en tu iglesia o comunidad hubiera este tipo de grupos de discipulado? El grupo *Celebration Life Ministries* de Elk Grove, California, se fundó en 1997 "potenciando la Iglesia por medio de estos grupos de discipulado", dice el pastor Mike DeRuyter. Pero dejaré que él mismo cuente su historia:

A finales del año 1997 comenzamos el ministerio de Celebrarion Life Ministries como una "obra pionera" y con un grupo de personas muy pequeño. El número de personas involucradas y con ganas de servir fue creciendo de forma progresiva. En esa primera etapa, sabíamos que tendríamos ciertas limitaciones: 1. Un liderazgo sin formación, sin madurez. 2. Poca experiencia en la fe, o experiencias que tenían poco en común. La mayoría de las personas no tenían trasfondo eclesial o provenían de varios trasfondos denominacionales. 3. Un porcentaje muy alto de personas necesitadas.

En esta primera etapa, mi mujer y yo pasamos la mayor parte del tiempo haciendo discipulados. Usamos el Manual del discipulado *en grupos de tres, haciendo énfasis en la multiplicación, en que aquello era una formación para que luego ellos pudieran hacer discípulos a otros. Yo me reunía con los hombres, y ella, con las mujeres. Así pudimos construir relaciones y realizar el cuidado pastoral que cada persona necesitaba. Empezamos a construir como Iglesia un lenguaje común. La armonía creció, y teníamos una herramienta que permitía que cristianos jóvenes en la fe se convirtieran en líderes en un periodo de tiempo relativamente corto (en unos seis meses). Hoy, todos los ancianos y diáconos de nuestra iglesia son personas que crecieron espiritualmente (y lo siguen haciendo) en los grupos de discipulado. Además, la mayoría de los líderes de nuestro ministerio son miembros o líderes de estos grupos de discipulado. De hecho, lo que suele ocurrir es que de los grupos de discipulado siempre surgen nuevos ministerios.*

¿Te das cuenta de lo que supondría para tu iglesia o ministerio adoptar este tipo de discipulado? ¿Puedes imaginar el impacto (en términos de multiplicación) que llegaría a tener en los próximos tres, cinco o siete años la implantación de un sistema así? Yo he podido ver el efecto multiplicador que tiene en una iglesia que se lo toma en serio. Con el paso del tiempo, la mentalidad de la iglesia se transforma, y todos los miembros tienen el mismo objetivo: hacer discípulos.

La bisagra

Empecé el capítulo seis con la imagen del eje o la bisagra. Decía que la Iglesia, en cuanto al tema del discipulado, es como una puerta que no está desempeñando su función porque solo está apoyada contra el marco bíblico, y no unida a él. La bisagra que une la puerta con el marco es la *estrategia*. Si una iglesia quiere tener miembros que sean fieles seguidores de Cristo y tienen la iniciativa de hacer discípulos, debe desarrollar una estrategia. Y esa estrategia debe recoger un discipulado basado en las relaciones, que ofrezca el ambiente necesario para que se dé una transformación de por vida.

En el capítulo nueve hablaremos de la última bisagra necesaria para unir la puerta (la Iglesia) al marco (la perspectiva bíblica): los pasos prácticos para crear una red creciente de grupos de discipulado.

9. Cuestiones prácticas del discipulado

¿Alguna vez te ha ocurrido que has querido hacer algo que creías que debías hacer, y no has podido porque no sabías cómo, y tampoco tenías un modelo o guía que te mostrara cómo hacerlo? Sabemos que nuestra misión es trabajar para ver vidas cambiadas, y transmitir esta misión a las siguientes generaciones. Sin embargo, muchas veces sigue siendo un ideal porque no tenemos una estrategia para llevarlo a la práctica. Queremos decir lo mismo que Pablo dijo sobre los que vendrían después de él: "Nuestras cartas sois vosotros, escritas en nuestros corazones, conocidas y leídas por todos los hombres; siendo manifiesto que sois carta de Cristo expedida por nosotros, escrita no con tinta, sino con el Espíritu del Dios vivo; no en tablas de piedra, sino en tablas de carne del corazón" (2ª Corintios 3:2-3). Sigo emocionándome con las palabras de Jane (p. 132), que escribió: "Me doy cuenta de que soy fruto de tu fruto. ¡Y gracias a Dios aún está habiendo más fruto!". Sé que, a fin de cuestas, eso es lo único que vale. Entonces, ¿cómo llegar a producir "cartas vivientes" como Pablo dice, o seguidores de Jesús cuyo anhelo es ir y hacer discípulos?

Mi deseo es que con este libro recibáis las herramientas para poder dejar un legado a los que os siguen, un legado de cómo llegar a ver más vidas cambiadas. Sé que para muchos no es una cuestión de motivación, sino de no saber cómo hacerlo. Muchas veces no sabemos cómo coger el modelo de Jesús y de Pablo y llevarlo a la práctica en la vida de la iglesia o de nuestro ministerio. En este capítulo final voy a intentar ser lo más práctico y, a la vez, lo más explícito y esclarecedor posible.

Nuestro objetivo en este capítulo es tratar las siguientes cuestiones prácticas:

- ¿Qué modelo de discipulado funciona?
- ¿A quién debemos convertir en discípulo?
- ¿Cómo empezar?
- ¿Cómo podemos crear una red de discípulos que continúe por generaciones?
- ¿Cómo mantener la motivación de multiplicarse a través de las generaciones?

Un modelo de discipulado que funciona

Dejadme que diga de forma explícita lo que ya he apuntado de forma implícita. El modelo de discipulado que propongo es aquel en el que una persona invita a otra dos a tomar un compromiso y una relación abierta en torno a un programa de crecimiento centrado en la Biblia. Durante aproximadamente un año se reúnen semanalmente durante una hora y media, y cuando acaban, ya son tres las personas que pueden invitar a otras dos (o sea, seis) a hacer lo mismo, y así, etc., etc.

Cuando estaba en la Universidad, invitamos a Corrie ten Boom, superviviente de los campos nazis, para que viniera a hablar en una de nuestras reuniones. No recuerdo exactamente qué pregunta le hice, pero recuerdo exactamente cuál fue su respuesta. Supongo que yo estaba intentado impresionar a los otros estudiantes con una pregunta muy profunda, pero ella me detuvo y me dijo: "¡No te compliques! Es mucho más sencillo que todo eso". Lo que yo voy a proponer es muy sencillo, muy simple; tan simple, que casi parece insultante. No obstante, mi experiencia me dice que si la estructura o el plan de nuestro ministerio es extremadamente complejo, nuestros colaboradores nunca lograrán llevarlo a cabo, o lo harán, pero en poco tiempo el ministerio se vendrá abajo debido al peso del papeleo y la burocracia.

Así es como yo creo que deberían funcionar las cosas: invierte tiempo en desarrollar una relación con otras dos personas durante un año o año y medio (el tiempo de duración variará en función de la dinámica de la relación y el proceso de crecimiento de cada una de las personas). Una vez acabado ese período, hay que multiplicarse. Cada una de esas personas invita a dos más y vuelven a hacer el mismo programa de discipulado. El mismo contenido, pero con diferentes personas y relaciones. A veces me han preguntado: "¿No se hace aburrido para las personas que ya lo han hecho?". Mi experiencia me dice que no. ¿Por qué? La dinámica de la relación siempre es diferente, y eso hace que el programa siga siendo interesante. Cada persona es única. Cada grupo tendrá su propia vida y personalidad porque las personas que la componen tienen vida y personalidad propias. Si tú eres el que inicia el grupo, el que invita a las otras dos personas, también estarás en otra etapa del desarrollo, diferente a la etapa en la que estabas la otra u otras veces que seguiste el programa. Deja que la red crezca de forma orgánica. La multiplicación engendra multiplicación. Y en tres, cinco o siete años podrás mirar atrás y ver un árbol genealógico en el que las ramas se han extendido a cinco o seis generaciones. La alegría será grande cuando veas que en el árbol aparecen nombres de personas de tres o cuatro generaciones después de ti que han recibido la influencia de las personas del grupo inicial (ver, como ejemplo, la Imagen 9.1.).

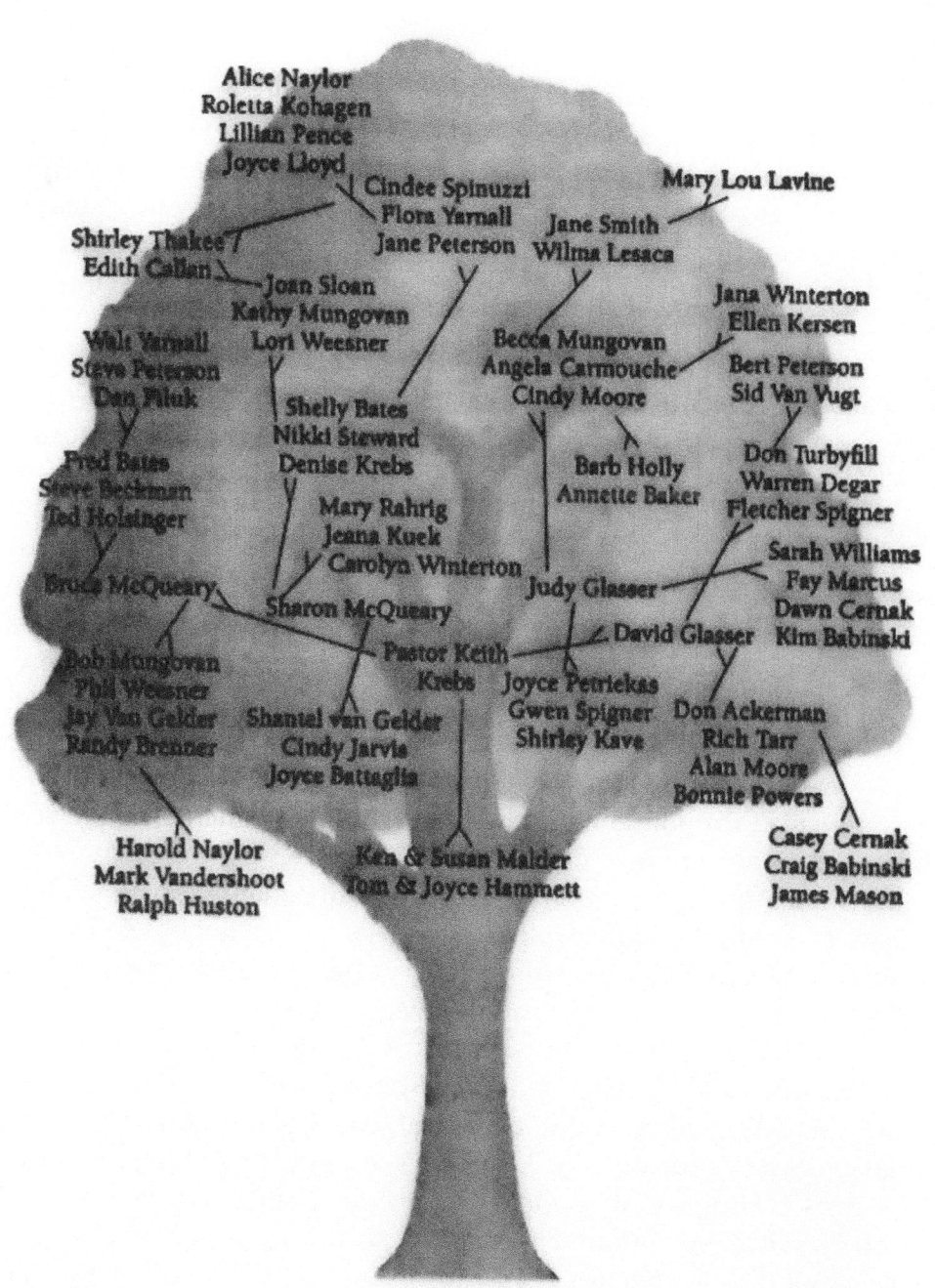

Imagen 9.1. El "árbol genealógico" de alguien que tuvo la iniciativa de llevar a la práctica una relación de discipulado con el objetivo de que aquel inicio tuviera una continuidad.

¿A quién invitamos?

Ya estás convencido y dispuesto a iniciar un grupo de discipulado. Pero, ¿cómo discernir a quién invitar? Recuerda que una característica distintiva de la dinámica de las relaciones de discipulado, a diferencia de las relaciones con un mentor,[1] es que la iniciativa de invitar la toma el que enseña. Siguiendo el ejemplo de Jesús, invitar a las personas, hacer un llamamiento, es primordial. Y, como él hacía, este llamamiento tiene que ir precedido de un tiempo de oración. Es vital tener una clara convicción de que el Señor nos ha dirigido a la gente a la que vamos a invitar a seguir un discipulado.

¿Qué criterios deberíamos usar para orar por aquellos que se unirán a nosotros en ese proceso de discipulado? Deberíamos buscar las mismas cualidades que Jesús vio en los doce o que Pablo le comentó a Timoteo cuando le animó a confiar la enseñanza del Evangelio a otros: que sean fieles, de confianza, y que no se crean autosuficientes (2ª Timoteo 2:2).

Jesús no parecía tener prisa para elegir a los doce. Como ya vimos, debieron de pasar unos seis meses desde que comenzó su ministerio público hasta que nombró de forma pública los nombres de aquellos que serían sus apóstoles. Y cuando llegó el momento de elegirlos, pasó la noche entera orando. Su ministerio descansaba en las cualidades de las personas que escogió. Si vas a invertir tu tiempo durante un año entero o vas a hacer discípulos a dos personas y quieres que luego ellas hagan lo mismo, es de vital importancia tomar una buena decisión sobre las personas que eliges. ¿Cuáles eran las cualidades que Jesús buscó en aquellos a los que llamó, y de qué forma estas cualidades nos sirven como guía? Propongo que hay dos cualidades principales que son decisivas: que sean leales y que tengan deseo de aprender.

Leales. Jesús tenía un gran sentido del humor. El día que Jesús ayudó a Pedro a hacer la mejor pesca de toda su vida, le pidió que dejara el negocio. Pedro había estado faenando toda la noche, no había pescado nada, y ya había regresado a la orilla y limpiado las redes. Pero Jesús le dice que salga otra vez a la mar. Lleno de incredulidad, y probablemente diciendo entre dientes algo como "¿Y qué sabrá de pesca el Maestro?", Pedro salió y echó de nuevo las redes, e hizo la mayor pesca de toda su vida. Pedro nunca había visto ni oído nada igual. ¡Qué emocionante! ¡Todos iban a hablar de aquella hazaña! ¡Le iban a hacer "el pescador del año"! Y es en ese momento en el que Jesús les dice a Pedro y a los otros: "Desde ahora, seréis pescadores de hombres" (Lucas 5:10). Pedro y los demás dejaron su oficio, sus familias y su lugar para ir de aldea en aldea, siguiendo a aquel rebelde carpintero. Lo que Jesús buscaba es que aquellos hombres le fueran leales por encima de cualquier otra cosa.

Aunque ahora muchos de nosotros no vamos a recibir el llamamiento de abandonar nuestros puestos de trabajo y nuestras familias para seguir a Jesús y tener un ministerio itinerante, Jesús hoy en día aún busca seguidores que le pongan a Él en primer lugar, que le sean fieles independientemente de las circunstancias. Eso se materializa en una disposición a tener una conducta y un estilo de vida de acuerdo con las enseñanzas de

---

[1] Ver el capítulo 7, donde se incluyen las definiciones del consejero espiritual, el formador y el promotor.

Jesús, una disposición a autoevaluarse, y un deseo de poner nuestras vidas a su servicio. Nuestra oración podría ser: "Señor, dame ojos para ver, y pon en mi corazón a aquellos que tienen un deseo profundo de llegar a ser lo que tú quieres que sean. Y que eso sea una realidad para mí también".

Con deseo de aprender. Jesús escogió a sus discípulos por lo que podían llegar a ser, no por lo que eran en el momento en el que les llamó. En el capítulo cuatro vimos que los discípulos no tenían ninguna característica que les hiciera diferentes, según las pautas de este mundo. Ninguno ocupaba una posición importante. No pertenecían a la clase religiosa de los levitas, la tribu de sacerdotes, o al Sanedrín, tribunal supremo del pueblo judío. Tampoco tenían ningún tipo de estudios superiores o credibilidad académica. De hecho, encajaban muy bien con la definición que Pablo hace en 1ª Corintios 1:26: "Miraos; muchos de vosotros no sois sabios según el mundo, ni poderosos, ni nobles".

Así que deberíamos ser cautos. Podemos caer en la tentación de escoger a personas según las normas culturales o sociales. A veces, a los líderes de la iglesia se les elige por su capacidad natural de liderazgo, por su personalidad extrovertida, por su trayectoria profesional, reputación, influencia o posición económica. La filosofía de Jesús era la siguiente: "Dadme una persona leal y con deseo de aprender, y mirad cómo la uso para cambiar el mundo". Casi podríamos decir que cuanto menos haya invertido una persona en el mundo, más dispuesto o disponible estará para Él. A veces no vemos el potencial que tiene un discípulo porque éste o ésta no encajan en el sistema de valores de este mundo.

Cuando empecé a trabajar en el ministerio, con estudiantes universitarios, me di cuenta de que normalmente, eran los callados y tímidos los que en los últimos años de carrera se convertían en siervos fieles e influyentes. En la carta que recibí de Jane Smith ocho años después de que ella se graduara de la Universidad de Pittsburgh, hacía referencia a tres estudiantes cuyas vidas y servicio le habían impactado. Yo conocí a esos tres estudiantes; de hecho, tuve el privilegio de trabajar con ellos. Cuando llegaron a la Universidad eran bastante escépticos por naturaleza, y no tenían una personalidad llamativa. No obstante, tenían el deseo de vivir la vida a la que Jesús les había llamado. En poco tiempo interiorizaron la misión que Jesús les había dado, y creció en ellos la iniciativa de hacer discípulos. En cambio, los estudiantes más seguros de sí mismos, de personalidad abierta y atractiva, en muchas ocasiones no estaban dispuestos a pagar el precio del discipulado. De forma natural acababan ejerciendo un liderazgo visible y de masas, pero entre bastidores no estaban dispuestos a dedicar tiempo y esfuerzo a la disciplina que el liderazgo exige.

¡Qué increíble es recordar que Jesús cambió el mundo usando a pescadores, recaudadores de impuestos e, incluso, con un terrorista (un zelote religioso)! Nunca subestimes lo que se puede lograr con gente leal y con deseo de aprender. Y ese deseo se materializa en una sed por aprender, y en una humildad para aprender venga de quien venga la enseñanza, si ésta es buena.

Mientras escribo este libro formo parte de un grupo de tres en el que hay un hombre de 32 años. Enseguida vi claro que debía invitarle a él por su deseo de saber el plan que Dios tenía para su vida. Estaba devorando libros sobre la voluntad de Dios, sobre la forma en la que Dios usa los gustos y pasiones que nos da. Había preguntado a varias personas que él creía que le podían ayudar sobre sus dones espirituales y sobre cómo discernir a qué le estaba llamando Dios. Ahora trabaja como ingeniero diseñando sistemas de aire acondicionado. Pero le encantan los niños y no cesa de preguntarse si debería ser maestro. Una vez a la semana colabora como voluntario con un programa de consejo infantil llamado *Confident Kids*. Y ahora se toma una mañana libre a la semana y ayuda en una guardería para ver si Dios le ha dado esa vocación. Es todo un ejemplo en cuanto al deseo de aprender y de dejarse guiar.

El primer paso a la hora de crear un grupo de discipulado que más adelante se reproducirá es encontrar a las personas adecuadas. Y las personas adecuadas son aquellas que están dispuestas a ser leales a Jesús y a dejarse enseñar. Simplemente, pídele al Señor que ponga en tu corazón a aquellos en los que Él ya está obrando. Escribe un diario. Anota los nombres de las personas que el Señor te pone en la mente. Continúa orando por ellos y sobre si son las personas adecuadas hasta que tengas la convicción de que el Espíritu Santo está uniendo vuestras vidas.

Cómo empezar

Los pasos siguientes pueden servir como guía cuando vayas a acercarte a alguien para invitarle a una relación de discipulado.

Invitación. Comenta que como resultado de la oración te sientes llamado a invitarle a caminar contigo por el camino del discipulado hacia la madurez en Cristo. Enfatiza que no se trata de una invitación aleatoria, sino que es fruto de la oración. Quizá sería bueno que compartieras que el modelo de Jesús de hacer discípulos era rodearse de unos pocos para que "estuvieran con él" y que la forma en la que el Señor continúa haciendo discípulos hoy es a través de las relaciones intencionales (relaciones cuya intención es la búsqueda de la madurez en Cristo). Si vas a usar el curso del *Manual del discipulado* podrías mirar la descripción de discipulado que aparece al principio del primer capítulo, para que la persona a la que estás invitando tenga una idea del tipo de relación del que le estás hablando.

Hojea el curso de discipulado. Hojea el índice del curso con la persona a la que invitas, para que vea el contenido de las lecciones. Yo también comentaría que el discipulado no es simplemente completar esas lecciones, pues el curso solo es una herramienta que ofrece cierta estructura al discipulado. Pero las herramientas no son las que hacen discípulos. Para hacer discípulos, el Señor usa a personas. Las herramientas sirven para tratar los temas que se tratarán durante el discipulado, pero el que enseña tiene que encarnar esos principios y convicciones.

Leer juntos el pacto que vais a establecer. Leer "El pacto del discípulo" que aparece al principio del *Manual del discipulado* (o cualquier pacto que tú quieras establecer). Es esencial que toda persona que va a ser discipulada entienda el compromiso que eso va a implicar. Estamos hablando de un compromiso de tiempo (unas cinco horas a la semana de preparación y de encuentros, más el tiempo necesario para llegar al lugar del encuentro), un compromiso de relación (ser sincero y abierto, lo cual implica riesgos) y un compromiso al cambio (estar dispuesto a dejar que Cristo transforme su vida). Aunque sea de forma implícita tenemos que preguntar si la persona está dispuesta a dejar que

Jesús transforme, si es necesario, cada área de su vida. Desde el principio estamos marcando unos objetivos, y dejamos claro que queremos alcanzarlos.

Pídele que ore durante una semana sobre este tema. No le pidas que te conteste en ese mismo instante. Lo mejor es que considere lo que esa relación va a suponer, que piense en todas las responsabilidades que ya tiene y que vea cómo va a encajar el discipulado en su horario y haga, si es necesario, los ajustes necesarios para que la relación de discipulado funcione. Además, la persona debería reflexionar sobre su disposición, que normalmente hace surgir el temor por lo que puede llegar a ocurrir. Yo estaría muy preocupado si una persona a la que invito no tuviera ningún tipo de temor sobre el compromiso que va a adquirir. Queremos que entienda a qué se va a comprometer.

Infórmale de que una tercera persona también formará parte del grupo. Si aún no has decidido quién será esa tercera persona, anímale a ayudarte a discernir quién podría ser la tercera persona.

Pon una fecha para el primer encuentro. En el primer encuentro con el nuevo grupo de discipulado pide a cada una de las personas, incluyéndote a ti, que expliquen el proceso por el que pasaron para decidir formar parte del grupo. ¿Habéis tenido que hacer algún tipo de reajuste en vuestro horario? ¿Habéis tenido que enfrentaros a algún obstáculo personal? A mí me gusta que en ese primer encuentro nos comprometamos con el discipulado de manera formal, dejando un tiempo para firmar el pacto delante de los demás. Ésa es una demostración abierta de que nos comprometemos a cumplir el pacto y que estamos dispuestos a que las otras dos personas nos pidan cuentas para ver si lo estamos cumpliendo o no. Véase que en el *Manual del discipulado* habrá dos oportunidades explícitas para revisar y renovar ese pacto (al final del capítulo 8, y al final del capítulo 16). Éstas son oportunidades para autoevaluarse a la luz del pacto que un día firmamos, como para reflexionar si estamos satisfechos o no con la marcha del grupo de discipulado. Cada persona comienza una relación así con unas expectativas concretas. Es importante que encontremos espacios para compartir si estamos decepcionados, y de algún modo ponerle remedio, si es que es necesario. Estos tiempos de evaluación también sirven para recordar y celebrar los beneficios que ya se han obtenido. Es importante que las dos personas a las que invitas vean que tu rol principal es que el pacto se cumpla. Estás para ayudarles a cumplir el compromiso que han adquirido.

Guía a los participantes durante el curso. Si hacemos una sesión de una hora y media, yo dejaría unos treinta minutos para compartir asuntos personales, para hacer un seguimiento de las sesiones anteriores, para compartir lo que está ocurriendo en nuestras vidas y para orar. La hora restante la pasaría compartiendo las respuestas a las preguntas que aparecen en el material, que cada uno de nosotros ya habría respondido de antemano. Debemos seguir un ritmo que sea adecuado para el grupo, aunque eso suponga que irá algo más lento de lo que tú habías planificado. Queremos animar a los participantes a que hagan todas las preguntas que les hayan surgido a raíz del estudio. Es importante también no apresurarse a extraer una aplicación personal e imponerla a todas las dimensiones de la vida. En el *Manual del discipulado* las preguntas han sido elaboradas de forma cuidadosa para que las vidas de los participantes se vayan adecuando a la verdad.

El líder tiene que hacer las tareas como un participante más. El líder también participa igual que el resto de los miembros, y tiene que hacer las tareas para así poder compartir sus respuestas y reflexiones. El formato es tan sencillo que el liderazgo se puede compartir. Después de unas cuantas sesiones en las que el líder ya ha podido dejar un modelo de cómo distribuir el tiempo y de cómo hacer que haya una interacción, podemos animar a que los demás asuman el liderazgo y que éste vaya rotando. El rol principal del líder es animar a que los demás compartan de forma abierta y guiar al grupo a través del material que se está usando. La rotación del liderazgo sirve para que cada persona pueda desarrollar experiencia y confianza en sí mismo para que en el futuro se sienta capaz de iniciar un grupo de discipulado.

El que invita tiene que ser ejemplo de transparencia. Por tanto, tiene que compartir sobre sus luchas personales, motivos de oración e, incluso, confesar su pecado. Lo más probable es que los participantes se involucren y abran en la medida en que su líder así lo haga. Una vez el líder esté dispuesto a abrirse, la confianza entre los participantes irá creciendo. Entonces también irá aumentando la cantidad de cosas que se van compartiendo. Además, los líderes no deben sentirse en la obligación de tener todas las respuestas a las preguntas teológicas que surjan. Deben tener la libertad de decir: "Pues no lo sé, pero lo investigaré", o "¿Por qué no investigamos esta cuestión durante esta semana y el próximo día todos compartimos lo que hemos descubierto?". El discipulado es, en parte, responsabilizarse o tener la iniciativa de descubrir la verdad.

Creando una red de discípulos que continúe por generaciones

Ahora dejamos ya los grupos de discipulado y pasamos a centrarnos en la multiplicación, en la visión de que de esos grupos surgirán seguidores de Jesús con la iniciativa de ir y hacer discípulos. Queremos ver una multiplicación de células, donde el ADN de la célula inicial se repita en las demás células (ver la Imagen 9.2.). ¿Cómo poner el fundamento para que se dé este tipo de multiplicación?

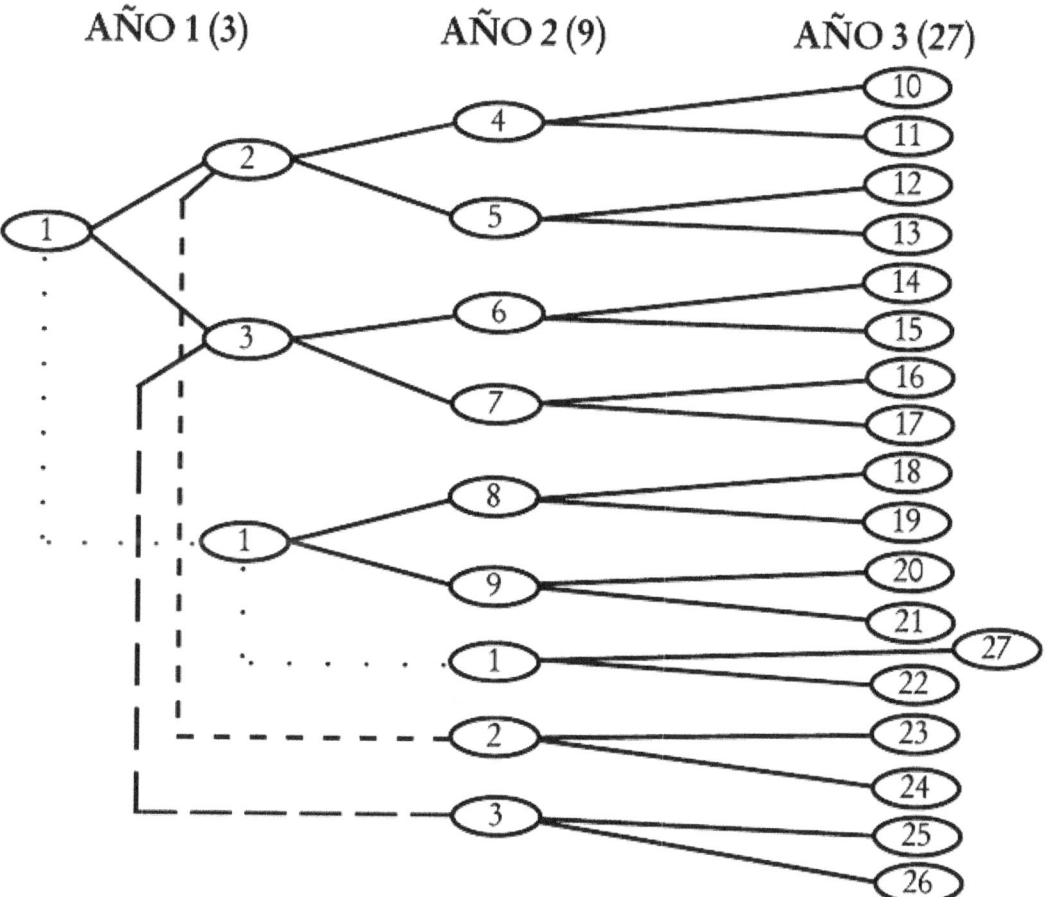

Imagen 9.2. Multiplicación

Casi todo lo que digo en esta sección servirá para frenar nuestros intentos humanos de acelerar el proceso de multiplicación.

Empieza con un grupo de tres. Mi consejo para aquellos que van a usar por primera vez esta dinámica y este tipo de relación de discipulado es que se comprometan a dedicarle un año y que se pongan manos a la obra. Prueba lo que ocurre en un grupo pequeño de discipulado. Haz que el discipulado sea una de las prioridades de tu lista de oración. Intercede de forma regular por los miembros de tu grupo en las áreas en las que tenéis que crecer. Además, pídele al Señor que te muestre lo que los miembros del grupo pueden llegar a ser bajo su poder transformador. Del mismo modo en que Jesús vio que Pedro, aunque no era nadie importante, podía llegar a ser "la roca", pide al Señor que te dé imaginación para ver el potencial de los miembros de tu grupo, y el llamamiento que Él tiene para cada uno de ellos.

Si estás usando un material como el *Manual del discipulado*, es útil conocer bien su contenido porque ya puedes tener una herramienta para el discipulado de por vida. Después de haber usado varias versiones del *Manual del discipulado* en los últimos diecisiete años, te puedo decir lo que aparece en cada una de las hojas de ese material. Si me dices el número de una página, es probable que te pueda recitar lo que aparece en ella casi de memoria. Y creo que es menormente valioso haberlo interiorizado en mi mente y corazón, porque me sirve de fuente para darle forma a mi enseñanza, tener una base para cualquier consejo que doy, y es para mí como un filtro a través del cual veo los mensajes de este mundo.

Ahora me gustaría dirigirme un momento a los pastores y líderes de iglesia cuyo papel o profesión consiste en transmitir "el buen depósito del Evangelio". Durante mucho tiempo he pensado que hemos sido un recurso desaprovechado porque generalmente no hemos tenido los medios para transmitir el contenido de nuestra formación teológica a través del filtro de nuestra experiencia. Si llegamos a dominar una herramienta de discipulado, ya tenemos el marco teológico para transmitir nuestro conocimiento. Un grupo de discipulado nos ofrece el incentivo y el contexto para almacenar en nuestros propios corazones "el buen depósito que mora en nosotros" (2ª Timoteo 1:14).

Un simple grupo de tres personas puede parecer algo demasiado pequeño si pensamos en la creación de una red de discípulos que continúe por generaciones. Pero por algún lado tendrás que empezar, y no es sabio poner el énfasis en los cambios instantáneos. Esos "arreglos" rápidos son la causa del estado precario en el que se encuentra hoy día la cuestión del discipulado en nuestras iglesias. Aunque la necesidad de hacer discípulos es enorme, mucho más que nuestra capacidad para cubrirla a corto plazo, recuerda que los programas no han sido suficientes para traer el cambio necesario. Hace unos años Leroy Eims se preguntaba: "¿Cuál es el problema en la actualidad? ¿Por qué no vemos a más seguidores de Jesús obedeciendo su mandato de hacer discípulos? ¿Por qué es tan poco común encontrar discípulos maduros, entregados y fructíferos? La razón más clara es que, muy a menudo, hemos confiado simplemente en los programas o materiales, pensando que éstos ya eran suficientes. Pero Dios le ha dado el encargo a las personas, no a los programas".[2]

Desarrolla una visión a largo plazo. Jesús llevó a cabo su ministerio con una urgencia relajada. No vivía con prisa, pero siempre mantuvo su mirada puesta en su destino. Jesús en todo momento fue consciente de que su destino era la muerte. Él siempre tuvo presente que al final del camino le esperaba el sacrificio. Precisamente era para "esa hora" para la que había venido. Y aun así, mientras avanzaba hacia aquel final estuvo formando a sus discípulos para que continuaran su tarea cuando él ya no estuviese. Jesús sabía que el programa de formación de los discípulos terminaría una vez él cumpliera su misión muriendo en la cruz. Llegado ese momento, el papel de sus discípulos sería continuar la misión que él había comenzado. Les tenía que pasar el testigo. Y Jesús nunca perdió de vista esa visión.

¿Cuánto tiempo te queda en el ministerio en el que estás? ¿Seguirás ahí tres... cinco... siete años más? ¿Qué quieres dejar una vez te marches? Me gusta mucho cierto dicho sobre los cambios. Dice así: Parece ser que a corto plazo uno nunca consigue alcanzar todo lo que tenía en mente, pero lo cierto es que, a largo plazo, uno puede conseguir mucho más de lo que puede imaginar. Empieza a construir una red de discipulado. Lucha contra cualquier impulso interior que te esté diciendo: "Tenemos que ver algún resultado el mes que viene, o si no, en los próximos seis meses". Lograr que las personas maduren

---

[2] Leroy Eims, *The Lost Art of Discipleship Making* (Colorado Springs, Colo.: NavPress, 1978), p. 45.

lleva su tiempo. A corto plazo no podrás lograr todo lo que te propones, pero si trabajas a largo plazo podrás ver mucho más de lo que imaginas.

Uno de los errores que yo también cometí al principio fue esperar que la multiplicación ocurriera de forma rápida. (Cuando oigáis a alguien que habla de algún programa o método para lograr que las personas maduren de forma rápida, tratadle como a un vendedor de coches: si cuenta cosas que parecen demasiado buenas para ser verdad, es probable que sean demasiado buenas para ser verdad). Cuando empecé a probar este sistema de discipulado a tres, la red la empecé solo entre hombres, simplemente porque yo (el que había iniciado el proyecto) era hombre (no por ninguna otra razón). Cuando después de un tiempo se había dado la multiplicación y ya había unos cuantos grupos de tres funcionando, varias mujeres de la congregación me hicieron saber que ellas también querían tener algo similar. Un día decidí invitar a unas quince mujeres maduras en la fe y explicarles la visión que yo tenía del discipulado. El día de la reunión llegó. Me alegré mucho de ver que todas venían a escuchar el desafío que quería proponerles. En mi opinión, fue uno de mis discursos más convincentes. Para que fuera la Biblia la que convenciera, y no yo, expliqué cómo Jesús invirtió tiempo y esfuerzo en unos pocos. Les aseguré que había gente en la congregación que las veía como seguidoras de Jesús ejemplares. Así que el momento de lanzarles la petición había llegado. "Os reto a encontrar a otras dos mujeres que se unan a vosotras en el camino del discipulado. Vosotras seréis sus guías hacia la madurez en Cristo para que podamos desarrollar esta red de discípulos también entre las mujeres de la congregación".

Pensando que estas mujeres iban a responder encantadas, me quedé bastante aturdido cuando me dijeron: "Greg, lo sentimos, pero antes de poder llevar a cabo algo así, tenemos que conocer las reglas. Nunca hemos tenido una relación como la que estás describiendo. ¿Cómo esperas que ofrezcamos una relación que nosotras mismas no hemos tenido? ¿Por qué no frenas un poco? Lo mejor sería que tú mismo dirigieras uno de esos grupos con dos de nosotras. Que ellas lo vivan, lo aprendan y lo interioricen, y luego podrán transmitírnoslo a las demás". Yo había intentado ir demasiado rápido. ¡Había pretendido poner en funcionamiento quince grupos a la vez! Un plan perfecto para lograr, en un breve período de tiempo, un grupo numeroso de discípulas entregadas y maduras. Ese día me había convertido en el típico vendedor de coches. Pensaba que iba a transformar a la congregación entera en cuestión de dos años. Y las mujeres me hicieron poner los pies en el suelo: "No te emociones y te lances. Haz un plan a largo plazo, y el resultado será más firme y duradero". Y tenían razón.

Una red de discipulado que crece es como la levadura que lentamente va penetrando en la masa, haciendo que ésta vaya aumentando de tamaño casi de forma imperceptible. Con el primer grupo tienes la satisfacción de ver cómo se desarrolla la confianza y cómo tiene lugar la transformación. Al final del tiempo con esas personas, las animas a que ellas mismas empiecen dos nuevos grupos, y tú mismo empiezas un tercero. El tercer año esos tres grupos se han convertido en nueve, y así, etcétera. Normalmente hace falta un período de cinco años antes de que se llegue a alcanzar una red con un número considerable de personas. Como dije anteriormente, solo hace falta el veinte por ciento de la congregación para marcar el ritmo al resto de los miembros. El valor de una iglesia o ministerio está determinado por un porcentaje muy pequeño de sus miembros. Después de cinco años habrá tantas vidas cambiadas y tantos comentarios sobre lo mucho que aportan estos grupos de discipulado que las personas suplicarán tener la oportunidad de formar parte de uno de esos grupos.

Ya estoy oyendo vuestras quejas: "¿Cinco años? ¡No tengo esos cinco años!". ¿Estarás en el mismo puesto de aquí a cinco años? Entonces, ¿qué quieres dejar cuando te vayas? Si eres pastor, ¿quieres medir tu ministerio por el número de sermones que has predicado, los cultos que has dirigido, los hogares que has visitado, las llamadas al hospital que has hecho, las sesiones de consejo que has ofrecido, o el número de seguidores de Jesús comprometidos y maduros que has dejado? Me repito: hoy la iglesia de Jesucristo ha llegado a la situación en la que se encuentra porque no tenemos suficientes líderes que tengan la suficiente visión como para empezar con poca gente.

Dejadme que os recuerde el reto que nos lanzaba Robert Coleman: "Tienes que decidir cuál quieres que sea el fruto de tu ministerio: el aplauso momentáneo y el reconocimiento popular, o transmitir tu visión a aquellos pocos que darán continuidad a la tarea una vez ya no estés. De hecho, hemos de preguntarnos para qué generación estamos viviendo".

Selecciona cuidadosa y sabiamente. El elemento clave para crear una red de discípulos que continúe por generaciones es empezar con las personas adecuadas. Del mismo modo en que un edificio solo es estable si sus cimientos lo son, tu elección en el inicio de la red determinará si la multiplicación tiene lugar o no.

Tu elección inicial variará dependiendo del modelo de discipulado que vayas a seguir y de tu ministerio y contexto. El contexto que yo he tenido en mente mientras escribía este libro es las miles de iglesias que no tienen un plan para hacer discípulos. Si esto describe tu situación, entonces yo empezaría con los seguidores de Jesús más respetados y con mayor base de tu comunidad. Una característica importante es, también, que sean miembros estables en la comunidad. Es decir, busca a personas que en principio se van a quedar en tu iglesia o ministerio durante algún tiempo.

¿Por qué deberías empezar por aquellos que para el resto de la comunidad ya parecen maduros en la fe? En primer lugar, es muy probable que ellos mismos no hayan sido discipulados o nadie les haya enseñado a hacer discípulos a otros. Las mujeres que mencioné anteriormente eran personas maduras espiritualmente hablando, pero nunca habían tenido a nadie que las discipulara. Así que tienes la oportunidad de acercarte a los que ya están comprometidos con Dios y animarles a que se unan a la estrategia de invertir tiempo y esfuerzo en personas y así crear una red de discípulos que continúe por generaciones. En segundo lugar, la reputación también es importante, porque si es buena, eso les dará credibilidad cuando inicien la aventura de hacer discípulos a otros. En tercer lugar, es normal que quieras asegurarte de que tu trabajo va a dar fruto. Cuando dedicas una cantidad considerable de tiempo a otras dos personas durante un año o más, quieres saber que ha valido la pena. Tu deseo es ver que de estas personas surja la iniciativa de hacer discípulos, que a su vez, también harán suya esa visión. Tu deseo es, por así decirlo, levantar un ejército de "discipuladores" (si nuestra lengua nos permite crear este sustantivo). Así que lo mejor es apostar por aquellos que son estables y maduros, que son fieles y de confianza.

El párrafo anterior está escrito pensando en aquellos que intentan que en sus iglesias haya algún tipo de avivamiento. Para los que tengáis la bendición de estar en un contexto en el que continuamente hay personas que deciden seguir a Jesús, y casi no tenéis tiempo ni recursos para hacer un buen seguimiento, vuestro reto es otro. No tenéis cinco años, porque si pensáis en una estrategia a largo plazo estaréis cometiendo un infanticidio espiritual. Lo que tenéis que hacer es trabajar a dos niveles diferentes. Es más rápido capacitar a personas que puedan dirigir células o grupos pequeños, y así poder llegar a más personas (no solo a las dos que hay en tu grupo de discipulado). Pero al mismo tiempo tienes que empezar a hacer todo lo dicho anteriormente sobre el discipulado e intentar que la red vaya creciendo. En unos cinco o siete años habrás capacitado a suficientes personas para que cuiden de todos los nuevos conversos; sin embargo, por el momento, tendrás que cuidar de las nuevas personas de otro modo, haciendo grupos de discipulado o células más grandes.

Y si estás empezando una iglesia, es un momento idóneo para lograr que el discipulado, el mandamiento de "id y haced discípulos", sea parte del estilo de vida de la congregación. Toda persona que se comprometiera a trabajar para la iglesia debería pensar en personas y discipularlas, invirtiendo en ellas tiempo y esfuerzo de una manera regular. Al final del capítulo ocho conté la historia de una iglesia que empezó y creció de esta forma, poniendo en práctica este tipo de discipulado.

Si estás pensando que te gustaría conocer algún otro modelo de discipulado del que yo propongo aquí, recomiendo la lectura del libro de Neil Cole que mencioné anteriormente. El objetivo de Cole es otro. Este autor usa lo que él llama "grupos de transformación" como herramienta evangelística, porque su deseo es llevar el Evangelio a los más escépticos. Así, esos grupos se reúnen en bares frecuentados por gente llena de tatuajes, de piercings, y que va con el pelo teñido de todos los colores. Los futuros líderes de su ministerio son aquellos que abandonan un estilo de vida de abierta rebeldía contra Dios para dejar que Jesús transforme sus vidas.

En esta cuestión de "seleccionar cuidadosa y sabiamente", debo reconocer que yo me he equivocado en más de una ocasión. Cuando miro atrás veo que los errores siempre se han dado cuando la iniciativa ha sido de la otra persona, es decir, cuando alguien se ha acercado a mí pidiéndome que le enseñe. ¿Por qué debemos tener cuidado con esto? En primer lugar, todos nos sentimos alagados cuando alguien quiere pasar tiempo con nosotros. En segundo lugar, es difícil decir que no. ¿Cómo negarnos a ayudar a alguien cuyo deseo es crecer en Cristo? Por estas dos razones es difícil orar con objetividad sobre si Dios nos está llamando a invertir en una persona o no. Dijimos que una de las características del discipulado es que el que hace discípulos es quien invita a la persona que va a ser instruida. Cuando ocurre al revés, mis reservas no solo tienen que ver con las motivaciones del que ha sido halagado, sino también con las motivaciones de la persona que ha pedido ser enseñada. ¿Por qué razón te ha pedido que le enseñes? ¿Por qué te lo ha pedido a ti?

Mis experiencias más desastrosas como parte de un grupo de discipulado se han dado cuando he accedido a convertir en mi discípulo a alguien sin antes examinar cuidadosamente las razones por las que quería estar conmigo en un grupo de discipulado. Aquí está el *quid* de la cuestión. ¿Qué busca una persona cuando quiere entrar en una relación de discipulado? ¿Parecerse más a Cristo? ¿O es que busca también otras cosas?

La primera vez que me ocurrió algo así fue cuando empecé como pastor de una iglesia. Dos hombres se acercaron a mí y me dijeron que me ofrecían su ayuda mientras yo me adaptaba a mi nuevo trabajo y al nuevo lugar. Me sentí halagado por un lado, y, por otro, realmente necesitaba algo de ayuda. No obstante, lo que se suponía que iba a ser un grupo de apoyo para mí y un discipulado para los tres se quedó en un intento. Yo sabía que aquellos dos hombres eran unos discípulos de Jesús muy activos. Uno había pasado varios años con un ministerio de obra pionera en Europa, y el otro había puesto su experiencia como hombre de negocios al servicio de varios ministerios. Pero no me di cuenta de que eran dos diáconos rebotados que se habían quedado al margen de la iglesia. Semana tras semana me bombardeaban con una retahíla de quejas sobre el nuevo grupo de diáconos y ancianos, sobre la complacencia que había en la iglesia, sobre la alabanza y sobre la falta de evangelización. Después de algunos meses les dije que su actitud negativa estaba afectando a mi capacidad de liderar aquella iglesia a la que estaba aprendiendo a amar.

El segundo grupo de discipulado que no funcionó también incluye a una persona que se acercó a mí diciéndome que quería que le enseñara. Sam era una persona abierta e impetuosa, y tenía su propio negocio. Tanto él como su familia estaban dedicados en cuerpo y alma al ministerio de la iglesia. Sus hijos siempre participaban de una forma u otra en el juego y su mujer era la "madre" (o al menos eso parecía) de la mitad de los adolescentes de la congregación. Sam era un vendedor nato, y me vendió la idea de que tenía muchas ganas de empezar una relación de discipulado conmigo. Pero los problemas empezaron a surgir pronto. Sam venía a nuestros encuentros sin haber acabado las tareas que se suponía que debíamos hacer. También llegaba tarde, y otras veces tenía excusas para marcharse antes de tiempo. Estaba claro que no estaba preparado para la disciplina requerida y que, en última instancia, no se tomaba en serio la cuestión de poner cada área de su vida bajo el señorío de Cristo.

Tuve que confrontar a Sam con su actitud y, además, de forma precipitada, pues varias personas de la congregación me comentaron que se habían sorprendido al enterarse de que Sam formaba parte de un grupo de discipulado. Estas personas trabajaban en la pequeña empresa de Sam, y le conocían como un jefe muy diferente a la persona amable que conocíamos en la iglesia. Según ellos, era un jefe tirano. Todos conocían sus prontos agresivos, así que se tenían que andar con pies de plomo. Un día le pregunté a Sam que dijera si eran ciertas las noticias que me habían llegado sobre su comportamiento tan incoherente. Cualquier persona con un verdadero deseo de seguir a Jesús hubiera respondido con un espíritu de arrepentimiento (aunque no fuera al principio, en algún momento hubiera llegado a ese punto). Hubiera reconocido su doble vida, que su estilo de vida era contrario al deseo de Cristo. Hubiera pedido al grupo que le ayudara a vivir una vida coherente por amor a Cristo. En cambio, cortó de raíz la relación porque mis palabras le habían ofendido.

¿Hay alguna forma de saber exactamente lo que hay en el corazón de la persona a la que propones hacer un discipulado? No, que yo sepa. Pero sé cauto con los que vienen a pedirte que quieran que les enseñes. Si eres pastor o una figura importante en la comunidad cristiana, ya sabrás que mucha gente cree que pueden convertirse en alguien importante simplemente por el hecho de tener algún tipo de asociación contigo. En ese contexto no haremos verdaderos discípulos de Cristo.

Si quieres crear una red de discípulos que continúe a través de las generaciones, empieza con un discipulado a tres, elabora una visión a largo plazo, y selecciona de forma sabia y cuidadosa, especialmente en la etapa inicial.

MANTENIENDO LA MOTIVACIÓN DE MULTIPLICARSE A TRAVES DE LAS GENERACIONES

Una vez que la red de discípulos empieza multiplicarse, surgirá la siguiente preocupación. Cuando la red crezca, ¿no se perderá la visión? Para empezar cualquier proyecto importante hace falta un visionario con la energía suficiente para ver que lo que aún no es, puede llegar a ser realidad. Este principio también se aplica al discipulado. El visionario o visionaria ve lo lejos que puede llegar una red de discípulos si la transmisión se mantiene. Entonces se dedica en cuerpo y alma a hacer discípulos maduros que entiendan la misión que Jesús les dio (Mateo 28:19-20). Pero una vez los grupos iniciales se reproducen, ¿cómo puede mantenerse la visión de que deben seguir multiplicándose? Dicho de otro modo, ¿cómo pastorear un ministerio descentralizado?

Una de las tentaciones que debemos evitar es creer que podemos solucionar esta cuestión convirtiendo el discipulado en un programa. Los programas o cursos no transmiten visión. En la última iglesia en la que estuve de pastor nunca anunciamos de forma pública el ministerio del discipulado. Es decir, cuando llegó el mes de septiembre, mes en el que las iglesias suelen presentar la agenda del año, no anunciamos en el boletín junto con las demás actividades que las personas podían apuntarse a un grupo de discipulado. También evitamos que los grupos siguieran el ritmo del curso escolar (de septiembre a junio), pues eso parece darle un aire más formal. A veces invitamos a los miembros de un grupo a compartir con la congregación la transformación que estaban experimentando. Pero incluso después de estos testimonios públicos tampoco dábamos un anuncio formal sobre los grupos de discipulado. Yo quería que en las personas creciera la intriga, y las ganas de querer formar parte de algo así. Quería evitar que ese ministerio se convirtiera en un programa, en un programa que necesitara de una superestructura administrativa. Lo mejor de los grupos de discipulado es que puedes empezarlas sin tener que hacer decenas de reuniones de comité, sin tener que darle vueltas durante horas y horas escuchando las opiniones de personas que no acaban de entender lo que quieres lograr. Para mantener una red de grupos de discipulado solo necesitas a un puñado de personas que tengan el deseo de trabajar para ver que esa red de relaciones continúa multiplicándose. La vez que más personas he tenido dedicadas a esta tarea, tan solo eran tres. Tres personas para mantener el seguimiento de las más de 150 personas que entonces estaban participando en el proceso de discipulado.

¿Qué hacen estos grupos de supervisión para mantener la energía y la visión de llegar a la multiplicación? Éstas son algunas de las cosas que hemos hecho y que han servido a nuestro propósito.

Periódicamente reúne a toda la red de discípulos para tener un tiempo para compartir, motivar e instruir. De vez en cuando invitamos a un encuentro a todos los que en ese momento forman parte de un grupo de discipulado para que se contagien los unos a los otros. Como un grupo de tres puede verse como algo aislado y desconectado, buscamos formas de ayudar a las personas a verse como parte de un movimiento mayor. En estos encuentros, en el tiempo de compartir nos dividimos en diferentes grupos con personas de otros grupos de discipulado. Las personas explican por qué ha venido al encuentro, por qué creen que es importante, y qué encuentran de especial en su grupo de discipulado. Normalmente también escogemos a dos o tres personas para que comenten cuál es la influencia que esta experiencia está ejerciendo en sus vidas. Y acabamos con una exhortación de las Escrituras a continuar con esta cadena de discípulos.

Invita a un predicador. Otra opción para este encuentro es invitar a un predicador que esté comprometido con el ministerio del discipulado y vaya a hablar del tema con verdadera pasión. Una vez tuvimos el privilegio de invitar al Dr. Keith Phillips de World Impact, Inc. Acababa de publicar *The Making of a Disciple* y la estrategia de discipulado que había desarrollado para los grandes centros urbanos de los EE.UU. estaba funcionando muy bien. Tener a un orador de fuera, que además es conocido, y que dice lo mismo que tú, el líder de esa iglesia, aumenta tu credibilidad. Además, a veces un invitado puede decir lo mismo que tú, pero de una forma más fresca, usando historias de personas de otros contextos y reafirmando así la importancia de la multiplicación.

Reúnete con los líderes en grupos de tres o cuatro. Aparte del encuentro unido, es muy positivo reunir a los líderes para que se ayuden mutuamente a procesar su experiencia. Uno de los roles de los supervisores de los grupos de discipulado podría ser convocar estas sesiones. Creemos que tiene mucho valor para los líderes de los grupos compartir sus experiencias, encontrar soluciones a sus problemas y coger ideas los unos de los otros sobre cómo aprovechar el tiempo en los encuentros con su grupo de discipulado. Esta reunión, a su vez, se convierte en una nueva oportunidad de recordarles que deben retar a los miembros de los grupos a que tengan la iniciativa de hacer discípulos.

Reúnete con aquellos que están finalizando su tiempo de discipulado. Dependiendo de la supervisión que estés ejerciendo, y de si sabes o no en qué etapa está cada uno de los grupos de discipulado, quizá quieras quedar con los que ya han completado las dos primeras partes del curso que estén siguiendo. En el *Manual del discipulado* ya incluimos un momento en el que los participantes empiezan a orar por personas a las que podrían invitar a formar un nuevo grupo, y así seguir avanzando juntos en el camino hacia la madurez en Cristo. Si sabes que hay grupos que están llegando a ese momento, puedes quedar para animarles en ese proceso de oración y selección de nuevas personas. Cuando hay gente que no quiere iniciar un nuevo grupo, también es bueno saber el porqué de esa reticencia.

Publica un boletín de noticias sobre el ministerio del discipulado. En las dos últimas iglesias que he pastoreado hicimos un boletín informativo que enviábamos a todos los participantes de los grupos de discipulado (*Discipling Network News* en el sur de California, y *Discipleship Bytes* en Silicon Valley). El propósito del boletín era básicamente que las personas de los grupos fueran conscientes de que formaban parte de un organismo que crecía. Los testimonios de algunos de ellos servían para animar a los otros. Incluíamos también artículos que hablaban de la visión bíblica del discipulado para que las personas recordaran en todo momento cuál había sido nuestra motivación inicial. Y aparecía una lista con los nombres de todos los participantes para que fuera evidente que Dios estaba haciendo algo grande.

Desde mi experiencia, una generación después de que el grupo inicial acabara, el resultado de este planteamiento del discipulado ha sido, aproximadamente, de un 75 de crecimiento. Las responsabilidades que un pastor tiene durante la semana le pueden alejar de la tarea de ayudar a las personas a crecer. Pero aunque muchas veces tenía semanas estresantes, llenas de reuniones y compromisos, me comprometí a guardar un momento en mi agenda para un grupo de discipulado y así seguir cumpliendo con mi llamamiento pastoral a hacer discípulos de todas las naciones.

Dejando un legado

Uno de los momentos más desalentadores de la historia olímpica de los EE.UU. fue en 1988, cuando los juegos se celebraron en Seúl, Corea del Sur. El equipo estadounidense de relevos 4x100 metros lisos estaba seguro de que iba a conseguir un nuevo récord mundial. Estaban seguros de que eran los mejores. Todos daban por sentado que iban a ganar. El único aliciente que quedaba era ver si batirían el récord o no. Sin embargo, cuando se estaba acercando el final de la carrera, ocurrió algo inesperado. A los americanos se les cayó el testigo. En un instante habían perdido la carrera. El público, que hasta ese momento había estado en pie, vitoreando, quedó congelado, en silencio. El equipo estadounidense había confiado de forma arrogante en su velocidad, y no había practicado lo suficiente la entrega del testigo que, por otro lado, era una habilidad indispensable para acabar la carrera.

William Barclay escribe que "todos los cristianos debemos vernos como un eslabón que está unido a la siguiente generación". Tenemos que practicar la entrega, la transmisión. Cuando todo lo demás falla, sigue las instrucciones. No es que hayamos puesto en práctica el método de Jesús, y hallamos descubierto que tiene lagunas; el problema es que se ha hablado mucho del método de Jesús, pero no se ha puesto en práctica. Volvamos a las relaciones sinceras y duraderas y, a través de ellas, transmitamos el Evangelio de generación en generación.

De nada sirve dejar a nuestros hijos grandes sumas de dinero, ni lograr que se nos inmortalice grabando nuestro nombre en un monumento. Cuando lleguemos al momento de la muerte, lo único que va a contar son los nombres de nuestros familiares, amigos y otros tantos que entendieron que tenían que ir y hacer discípulos, y lo entendieron porque caminar a su lado hacia la madurez en Cristo fue, para nosotros, una prioridad. Éste es el mejor legado que podemos dejar

Apéndice I

LAS PREGUNTAS MÁS FRECUENTES

¿Los grupos de discipulado deben estar formados por personas de un mismo sexo, o pueden ser mixtos?

Algunas personas dirán que la verdadera madurez en las relaciones se logra cuando uno adquiere la habilidad para entenderse con personas del otro sexo, pero yo creo que dado el grado de intimidad que se espera de un grupo de discipulado, lo mejor es que los grupos sean de personas de un mismo sexo. Yo he dirigido grupos con mujeres, y también con matrimonios, y yo mismo he tenido dificultades para sincero sobre algunos temas porque había mujeres presentes. Y creo que a aquellas mujeres en más de una ocasión les ocurrió lo mismo. La otra cuestión preocupante es el inapropiado vínculo que se puede establecer entre dos personas de diferente sexo dentro de un contexto de transparencia e intimidad. Está más que comprobado que un ambiente espiritual intenso puede dar pie a confusión y a sentimientos que se deben más a la intensidad que a la reflexión. Es muy fácil confundir la pasión espiritual con la pasión sexual.

¿Por qué los grupos de discipulado deben ser de tres o cuatro personas como máximo? ¿Por qué no es igual de eficaz un grupo de diez?

En el libro he hablado de tres ingredientes que, juntos, proporcionan un contexto ideal para la transformación: las relaciones transparentes, la verdad de la Palabra de Dios, y la supervisión mutua. Un número reducido de personas maximiza la naturaleza interactiva de estos ingredientes. Si hay mucha gente se reduce el efecto de esos tres elementos. Cuantas más personas, más difícil es construir relaciones transparentes basadas en la confianza, y más tiempo se tarda. Las oportunidades de participar y de compartir lo que uno ha descubierto en las Escrituras también se reducen. Y cuantas más personas hay, más tendencia hay a rendir cuentas en cuanto a los compromisos externos y no tanto en cuanto a los cambios internos.

¿Qué debe hacer un líder si alguno de los participantes no es fiel al pacto que se estableció antes de empezar el discipulado?

Una de las razones por las que es necesario establecer un pacto o unas pautas es dar al líder el derecho de recordar a los participantes a qué se comprometieron cuando decidieron iniciar el discipulado. Si los participantes han firmado un pacto o se han comprometido con unas pautas u objetivos, será más difícil que haya este tipo de problemas. En el *Manual del Discipulado* hay dos momentos a lo largo del curso en los que repasar los compromisos que se tomaron. La idea es que el participante pueda evaluar su compromiso. La gente suele ser más dura consigo misma de lo que lo serían los demás participantes. Si falta poco para llegar al momento en el que va a tocar la autoevaluación, quizá el líder quiera esperar, y llegado ese momento, ayudar a la persona en cuestión a ver que tiene que renovar el compromiso. Pero si el problema es más urgente, quizá el líder deba reunirse con esa persona a solas. Normalmente yo hago una pregunta parecida a la siguiente: "Parece que estás teniendo dificultades con [mencionar el problema en cuestión]. ¿Estoy en lo cierto? ¿Hay alguna forma en la que te podría ayudar?". Si el problema continúa después de haber ofrecido ayuda, el líder tendrá que tomar una situación y, por difícil que sea, decirle algo como "Parece que éste no es el momento adecuado para que estés en este tipo de grupo de discipulado".

¿Cómo podemos animar a aquellos que están descuidando algunas de las tareas?

Aquí el líder tendrá que servir de modelo y de guía. Por ejemplo, muchas veces oigo quejas de lo mucho que cuesta aprender textos de memoria. Algunas personas se respaldan en la edad, diciendo algo como: "Ya no retengo las cosas como cuando era joven". Puedes sugerirles técnicas tan sencillas como escribir los versículos en tarjetitas y llevarlas en la cartera o en el bolso para poder repasarlos en cualquier momento y lugar. Explica diferentes formas de preparar el material de la lección. A veces es mejor dedicar veinte o treinta minutos al día a ir haciendo la tarea poco a poco, que pegarse un atracón la noche antes del encuentro del grupo. Cuando estéis reunidos, que cada uno explique qué método sigue para preparar las tareas. Tener un diario sobre los cambios que uno va experimentando en su vida es muy útil. Escribid cambios en los hábitos, en la forma de pensar, en la dirección hacia la que va vuestra vida, en la comprensión que tenéis de Dios, en las relaciones que tenéis, etc. Un diario así será un precioso informe de la forma en la que el Señor está haciendo "nuevas todas las cosas".

¿Es necesario que los líderes de las iglesias tengan un plan de discipulado como el que se propone en este libro para tener un ministerio eficaz?

Si el deseo a largo plazo es dirigir o cambiar la mentalidad de la iglesia o el ministerio, los líderes tienen que transmitir la filosofía del discipulado. El objetivo último sería que los que trabajan en el ministerio y los líderes que toman las decisiones no solo adopten la filosofía del discipulado sino que pongan en práctica un estilo de vida que les permita invertir en personas concretas. Dicho esto, si tú tienes la visión de la importancia del discipulado pero los líderes de tu iglesia aún no la tienen, eso no debe impedir que hagas discípulos. El discipulado puede ser un ministerio silencioso, que va apareciendo poco a poco. No obstante, para no sembrar disensión, yo te animaría a pedir el permiso del pastor o pastores, o del consejo de la iglesia, o a que al menos les informaras de tus planes. Este paso podría sentar la base para el futuro, y también te sirve para que sepan que tienes el deseo de trabajar de acuerdo común con los líderes de la iglesia.

¿Qué hago si los líderes de la iglesia tienen en mente un acercamiento o estructura diferente?

El acercamiento de algunos ministerios es antitético al de otros ministerios y por tanto no pueden coexistir. Esto nos lleva a los valores subyacentes y la filosofía del ministerio. Fundamentalmente, el discipulado a tres se basa en la creencia de que para que haya una transformación profunda son necesarios tres elementos. Estos grupos de discipulado solo son el medio para llegar a esa transformación. Hacer discípulos o ver vidas transformadas no tiene por qué ser la práctica ni el objetivo principal de todos los ministerios. Si un ministerio concreto no comparte los valores fundamentales, entonces la tarea de crear el ambiente necesario para la transformación será misión imposible.

Apéndice II

EL DISCIPULADO BIBLICO

La Disciplina de la Oración
- desarrollando una relación íntima con Jesús

Para que el discípulo del Señor Jesucristo crezca, es indispensable que desarrolle una vida de relación cercana, profunda y emocionante con su Dios. Un cristiano tiene una vida pública y una vida privada. ¡Lo que pasa en lo secreto es determinante sobre su vida publica! El discípulo del Señor Jesucristo es exactamente eso - uno quien está siendo discipulado; es decir uno quien está siendo enseñado, entrenado y capacitado para ejercitar una vida exitosa y fructífera sobre la tierra. Si vamos a reflejar la gloria de Dios en nuestra vida, tenemos que aprender del Maestro, y el aprendizaje comienza por el estar con El; en Su presencia, a Sus pies, a solas con El, cada día.

La Biblia dice,
"El que habita al abrigo del Altísimo, morará bajo la sombra del omnipotente." (Salmo 91:1)

Tambien dice,
*"Mas tú, cuando ores, entra en tu aposento, y cerrando la puerta, ora a tu Padre que está en **secreto**; y tu Padre que vé en lo secreto te recompensará en **público**." (Mateo 6:6)*

La relación con Dios que busca el discípulo cristiano no es una relación formal, fría, o distante; sino de cercanía, de amistad e **intimidad.**

Salmo 25:14 dice, *"La comunión **íntima** de Jehová es con los que le temen."*

¿No te parece interesantísimo al ver la fotografía de una pareja celebrando su aniversario de bodas de oro la similitud física de las dos personas. ¡Parece que son hermanos! Es interesante notar que dos personas llegan a ser parecidos solamente por el vivir juntos muchos años. La realidad es que lo físico muchas veces conforme al estado espiritual y emocional de una persona. Si dos personas comparten experiencias espirituales y emocionales juntos, obviamente los dos van a tomar una apariencia física común. Así es para el discípulo; si él quiere experimentar y mostrar las características de Dios, él necesita estar con Él, compartiendo su vida con El, llegando a tener "La mente de Cristo" (1Corintios.2:16)

J.C. Ryle, un Obispo Anglicano del Siglo XIX dijo, "He leído de las vidas de muchos cristianos eminentes quienes han estado en la tierra desde los días bíblicos. Algunos eran ricos, otros pobres. Algunos eran educados, otros sin letras. Algunos eran Anglicanos, algunos eran de otras denominaciones. Algunos utilizaban un estilo litúrgico, otros no. Pero una cosa veo, que tenían en común; todos eran hombres de oración."

E.M. Bounds lo expresó así: "Oración es el contacto de una alma viviente con Dios" [2]

Dick Eastman dijo, "Oración es la indicación máxima de la confianza de un hombre hacia su Dios" [3]

Dick Eastman es el autor del libro "La hora que cambia el mundo". El presenta en su libro un plan práctico de oración personal. Tomando como base los versículos 40 y 41 del capítulo 26 de Mateo, Eastman ha diseñado un plan de oración diario de una hora.

"¿Así que no habéis podido velar conmigo una hora? Velad y orad, para que no entréis en tentación."

La hora está dividida en doce segmentos de cinco minutos. Cada segmento de cinco minutos está dedicado a una de las disciplinas de oración. Personalmente, me ha ayudado mucho al ponerlo en práctica. Para algunas personas, es difícil mantener una vida devocional tan planificada y organizada como la Hora que Cambia el Mundo. Ellos prefieren algo mas espontáneo en cuanto a su tiempo quieto. ¡Está bien!

¡No hay ley sobre esto! Sin embargo, es importante entender que nuestro tiempo devocional debe tener equilibrio en cuanto a las varias disciplinas de oración y no volverse a ser simplemente un tiempo de pedir.

Para mejor entender la variedad y creatividad en nuestro tiempo con Dios, quiero presentar una pequeña definición de las disciplinas más importantes de oración.

Alabanza: Un tiempo de levantar el espíritu humano hacia a Dios, reconociendo Su carácter y Sus obras. Es una declaración a Dios, a Satanás y a uno mismo que Jesucristo es Señor, Soberano, Todopoderoso, Rey de Reyes, Consejero, Admirable, Majestuoso, Victorioso, Misericordioso, lleno de amor y paciencia, perdón y gracia. Y así, haciendo declaraciones, alabando el nombre de nuestro Dios, no solamente en la forma "El es..." sino tambien siendo muy personal expresándonos en... "Tú eres...". Si el nombre de Dios es "Yo soy", nuestra expresión de alabanza debe ser, "Tú eres".

Nuestras alabanzas pueden tomar la forma de declaraciones verbales, cantos, aclamaciones, susurros o simplemente pensamientos. Podemos estar de pie, de rodilla, caminando, danzando, brincando, aplaudiendo o acostados. Los Salmos nos muestran una variedad tremenda de palabras de alabanzas, de lugares donde podemos alabar, de actividades fisicas, y de estados emocionales. Dios nos ha dado un cuerpo, alma y espíritu para alabarle y glorificarle de todas formas en todo lugar, siendo siempre para Su gloria y honra.

"Entrad por sus atrios con alabanza; alabadle, bendecid su nombre. Porque Jehová es bueno; para siempre es su misericordia, y su verdad por todas las generaciones." (Salmo 100:4-5)

Espera en Dios: Un tiempo para tranquilizar nuestro espíritu delante del Señor. Es recibir, más que dar, es escuchar en vez de hablar, es acercarnos al trono, es comunicarse con el Padre, nuestro espíritu con el Espíritu Santo. Es sentir Su presencia, es saturarnos con el aceite de su unción, es experimentar su profunda paz y amor. Nuestras preocupaciones y cargas caen de nuestras mentes y almas y nos sentimos libres, amados, seguros al beber de Sus aguas y respirar de Su Espíritu. Nos refresca, nos alienta, nos anima, nos da nuevas fuerzas.

"Aguarda a Jehová; esfuérzate, y aliéntese tu corazón; íi espera a Jehová." (Salmo 27:14)

Confesión: Después de alabar a Dios en el Templo y verlo en Su esplendor, el profeta Isaías cayó de rodillas y clamó a Dios por misericordia diciendo,

"¡Ay de mi! que soy muerto; porque siendo hombre inmundo de labios, y habitando en medio de pueblo que tiene labios inmundos, han visto mis ojos al Rey, Jehová de los ejércitos."(Isaías 6:5)

La presencia del Creador del universo nos hace sentir chiquitos, insignificante s e inmundos. Estando tambien en la presencia de quien nos hace llamarlo "Abba Padre"; es decir "Papito", y nos da confianza para confesar con toda seguridad de ser perdonados de lo que nos ensucia, nos contamina y nos envanece.

*"Si confesamos nuestras pecados, el es **fiel y justo** para perdonar nuestros pecados, y limpiarnos de toda maldad...y él es la propiciación por nuestros pecados..."(1Juan 1:9 y 2:2)*

Velando: La Palabra nos exhorta, *"Velad y Orad"* (Mateo 26:41, Marcos 14:28), *"Perseverad en la oración, velando en ella con acción de gracias"* (Col. 4:2). Lo que significa "velar" en el contexto de oración, es mantener un despertar espiritual. Al observar situaciones que suceden a nuestro alrededor; en la familia, el trabajo, la iglesia, la comunidad y en el mundo, debemos tambien intentar discernir con los ojos espirituales las razones que las ocacionan. Por ejemplo, muchas veces oramos muy superficialmente por una persona, cuando lo que se necesita es un vistazo a la realidad espiritual en y alrededor de la persona para poder orar con autoridad y poder. El quebranto y desánimo en un hermano puede ser resultado de un ataque espiritual demoníaco. Si nosotros no tomamos el tiempo de velar; de abrir nuestros ojos espirituales, perderemos la guerra espiritual.

"Y ésta es la confianza que tenemos en él, que si pedimos alguna cosa conforme a su voluntad, él nos oye. Y si sabemos que él nos oye en cualquier cosa que pedimos, sabemos que tenemos las peticiones que le hayamos hecho." *(1Juan 5:14-15)*

El segmento siguiente en el plan devocional es "Intercesión". Qué importante es tomar cinco minutos antes de interceder para pedirle a Dios, "Señor, abre mis ojos espirituales ahora para poder ver como tu vés, sentir como tu sientes, y orar como tu quieres".

*"De los hijos de Isacar, doscientos principales, **entendidos en los tiempos**, y que **sabían lo que Israel debía hacer**"* *(1 Crónicas 12:32)*

El cristiano necesita un entendimiento de los tiempos, un discernimiento espiritual, para poder saber como orar según la voluntad de Dios.

Algunas autoridades Bíblicas nos dicen que "velar" significa orar en el Espíritu.

*"Y de igual manera el Espíritu nos ayuda en nuestra debilidad; pues qué hemos de pedir como conviene, no lo sabemos, pero el Espíritu mismo intercede por nosotros con gemidos indecibles. Mas el que escudriña los corazones sabe cual es la intención del Espíritu, porque **conforme a la voluntad de Dios** intercede por los santos"* *(Romanos 8:26-27)*

Pablo, hablando de su propia experiencia en la oración, dijo:

*"Por lo cual, el que habla en lengua extraña, pida en oración poder interpretarla. Porque si yo oro en lengua desconocida, **mi espíritu ora** pero mi entendimiento queda sin fruto. Qué pues? Oraré con el espíritu, pero oraré tambien con el intendimiento; cantaré con el espíritu, pero cantaré tambien con el entendimiento"* *(1Coríntios 14:14-15)*

Mi experiencia personal es que practico la oración en lenguas frecuentemente durante el día para adorar a Dios en forma de alabanza, pero tambien la utilizo cuando no sé cómo orar en ciertas situaciones. Este orar en el Espíritu muchas veces me despierta espiritualmente y me trae a la mente las palabras apropiadas en español para poder orar con autoridad y poder.

Intercesión: Dick Eastman escribió,

"Nuestro "propósito" supremo es glorificar a Dios. Nuestro "trabajo" supremo es evangelizar a los perdidos. Evangelizar a los perdidos es glorificar a Dios en el nivel más alto". [5]

Por esta razón la intercesión (oración por otros) es tan importante en la vida diaria de un discípulo de Jesucristo. Es involucrarse en la obra de Dios. Es pararse al lado de Dios y clamar por el alma de otra persona. Intercesión es la actividad primordial en la evangelización eficáz. Hay muchas personas con una visión misionera, pero por varias razones no pueden llegar al campo misionero físicamente, ¡Pero la intercesión lo lleva hasta lo último de la tierra sin salir de su cuarto! ¡No le cuesta ni boleto de avión ni visa de entrada! Pero, te cuesta mucho en cuanto compromiso, carga, entrega, disciplina y tiempo.

Norman Grubb en su Libro "Rees Howells Intercesor", dice, *"Los creyentes, en general, han entendido que la intercesión es simplemente una forma de oración intensificada. Es, si hay gran énfasis sobre la palabra "intensificada"; porque hay tres atributos que se notan en un intercesor, que no necesariamente se encuentra en oración regular: identificación, agonía y autoridad."* [5]

Jesús es el ejemplo perfecto de un intercesor. Dejó sus privilegios, poder y majestad en el cielo y tomó forma de siervo para poder vivir entre nosotros, experimentando nuestras tentaciones y luchas. Fué nombrado entre los transgresores, llevó nuestros pecados, sufrió el castigo de nuestra rebeldía, y murió colgado en una cruz de madera como un criminal común, cuando en realidad era el rey de gloria. Por su identificación con la raza humana y su agonía al morir por ella, ganó una posición de autoridad como Señor y Salvador. Ahora El vive para interceder por nosotros, sentado a la diestra de Dios Padre y así salva a los que vienen al Padre por él.

Si nosotros vamos a interceder con seriedad, es necesario identificarnos en el Espíritu con el objeto de nuestras oraciones, sentir como Dios siente y comenzar a entrar en la lucha espiritual como un verdadero participante y no como un observador. En algunos casos el proceso puede llevarnos más allá que "en el espíritu". Puede significar más que oración. Por ejemplo, nosotros como familia misionera, hemos tenido un equipo de "Escuderos" bien fieles durante doce años. Muchos de ellos comenzaron simplemente orando por nosotros, luego nos escribian, luego comenzaron a apoyarnos con finanzas, ¡y por fin algunos de ellos salieron de Nueva Zelandia como misioneros! ¡Cuidado! ¡Lo que comienza en oración puede resultar en un compromiso mucho más profundo! ¡A veces el Señor nos llama a nosotros mismos para ser la respuesta de nuestras oraciones! ¡Así es la intercesión!

Lo que más impide la intercesión somos nosotros mismos. El que realmente intercede en nosotros es el Espíritu Santo. Antes de llevarnos a una vida de intercesión, El tiene que tratar con el "hombre viejo"; su egoismo, orgullo y avaricia. El Espíritu Santo santifica su morada. En las palabras de Pablo,

"Con Cristo estoy juntamente crucificado, y ya no vivo yo, mas vive Cristo en mí" (Gálatas 2:20)

Así el Espíritu comienza a vivir su vida de amor por un mundo perdido a través de vidas consagradas, entregadas y santas.

Andrew Murray en The Ministry of Intercessory Prayer, escribió,

"La vida que puede orar eficázmente es la vida del ramo limpio - la vida que sabe liberación del poder del ego". 6.

Paul Y. Cho en Prayer, Key to Revival, p24 escribió,

"Durante los últimos 25 años he aprendido que Dios no puede usar una persona que no está quebrantada y completamente entregada a él (Cristo)" [7].

Jesús dijo,

"Velad y orad para que no entréis en tentación; el espíritu a la verdad está dispuesto, pero la carne es débil." (Mateo 26:41)

Yo veo algo bien profundo en la interacción entre nuestro espíritu humano, tan débil que es, y el Espiritu Santo morando allí. Obviamente la lucha para mantenernos "crucificados" es algo constante mientras vivimos en ésta tienda. Pero, Jesús está diciendo que por eso debemos estar orando y velando; ¡para no entrar en tentación! Así que en la medida que estemos orando y velando, estamos experimentando victoria y santidad en la vida diaria y tambien somos vehículos más adecuados para que el Espíritu Santo se manifieste en intercesión a través de nuestras vidas. ¡Es un ciclo de bendición creciente!

En la intercesión estamos orando por otros - amigos y familiares todavía no salvos, autoridades, instituciones, ciudades y naciones no alcanzadas. Nunca piense que sus oraciones son débiles; la intercesión es la actividad más poderosa, más radical, más eficáz que un ser humano puede hacer.

Petición: Es la oración por nuestras necesidades.

"Pedid, y se os dará; buscad, y hallaréis; llamad, y se os abrirá. Porque todo aquel que pide, recibe; y el que busca, halla; y al que llama, se le abrirá" (Mateo 7:7)

Viviendo ya doce años en el campo misionero por fé, he experimentado a primera mano la provisión de Dios para mi, y para mi familia. Siempre el Señor ha provisto lo necesario y justo a tiempo; sean finanzas, sanidad, protección o dirección en el ministerio.

La tendencia humana es tener todo para sentirse seguro; ingresos para cubrir gastos, toda la familia asegurada, tambien la casa, el carro, los muebles, las joyas....por si acaso. El hombre natural busca seguridad e independencia. No le gusta depender de otros, porque no hay garantía de la fidelidad de otros. La fidelidad pura es algo difícil de encontrar ¡y difícil de recibir! Por eso nos cuesta confiar 100% en Dios.. La Palabra nos dice que Dios es fiel pero es solamente al caminar paso a paso con Dios durante tiempos difíciles, dependiendo de El que comenzamos a creer en su fidelidad. El resultado es sentir de seguridad, confianza y paz. El problema no radica en la fidelidad de Dios.¡El es fiel! Sino en nuestra inhabilidad de creerle. Mi esposa es fiel, pero si yo no lo creo, me voy a llenar con inseguridad, sospechas, celos, ansiedad, etc. Dios es fiel. Nuestro problema es la incredulidad. La palabra dice:

*"Respondiendo Jesús, les dijo: Tened fé en Dios. Porque de cierto os digo que cualquiera que dijere a este monte: Quítate y échate en el mar, **y no dudare en su corazón, sino creyere que será hecho** lo que dice, lo que diga le será hecho."* *(Marcos 11:22-23)*

No es una cuestión de creer en nuestra fe, sino creer en nuestro Dios fiel; El es quien nos ama como el Padre que es. No temas la necesidad, la situación dificil, las crisis, es tu oportunidad de crecer en tu fé y probar las maravillosas promesas de Dios para tu vida a través de la petición.

Dios tiene dos razones principales para escuchar y contestar nuestras peticiones: 1. llenarnos con gozo, y 2. glorificar su propio nombre:

*"Hasta ahora nada habéis pedido en mi nombre; pedid y recibiréis, para que **vuestro gozo sea cumplido**"* *(Juan 16:24)*

La primera razón es que Dios nos quiere tanto, que le dá gran placer ver a sus hijos gozosos. Nosotros tambien, como padres terrenales, nos alegramos en ver a nuestros hijos gozosos. Pero, si un hijo pide algo que le va a quitar el gozo, aunque en el momento él no sabe las consecuencias, nosotros como padres no se lo daremos pues amamos tanto a nuestro hijo que no queremos verlo herido. Tambien es así con nuestras peticiones, pedimos en buena fé, pero muchas veces Papa Dios no la concede porque sabe que nos va a herir o dañar y nos va a quitar el gozo. A veces nos dice, "Espera". Es como el hijo de diez años que pide una moto. El papá le dice, "Espera unos años hijo, no quiero verte en el hospital porque no sabes manejar todavía".

La segunda razón por la cual Dios nos escucha y contesta nuestras oraciones es porque El siempre desea glorificar su nombre a través de su gente. Si nuestra petición es egoista, El no la va a contestar. Cada una de nuestras peticiones deben ser para la gloria de Dios. David, el salmista dice:

"¿Qué provecho hay en mi muerte cuando descienda a la sepultura? ¿Te alabará el polvo? ¿Anunciará tu verdad? Oye oh Jehová, y ten misericordia de mi; Jehová, sé tú mi ayudador" (Salmo 30:9-10)

Parece que David quizo recordarle a Dios que su petición para vida glorificaría a Dios, ¡pero que su muerte no!

Por último, es bien importante que estemos bien claros con Dios en cuanto a nuestra petición. No es suficiente orar: "Bendíceme oh Dios". ¡El está interesado en los detalles! Si es para un esposo, ¡debes incluir una lista de requisitos y gustos en el hombre! Si Dios quiere dar gozo a tu corazón, ¡no te va a dar cualquier feíto, sino el hombre de tus sueños!

Acción de gracias: La falta de agradecimiento en cualquier persona es una característica bien desagradable, sea en un niño, un conyuge, un amigo o un abuelo. La Palabra dice:

"La sanguijuela tiene dos hijas que dicen: ¡Dame! ¡Dame! Tres cosas hay que nunca se sacian; aun la cuarta nunca dice: ¡Basta! El Seol, la matriz estéril, la tierra que no se sacia de aguas, y el fuego que jamás dice: ¡Basta!" (Proverbios 30:15-16)

El teólogo Guillermo Barclay dijo una vez que hay solamente dos tipos de viejos en el mundo: los viejos dulces y agradecidos, y los quejadores que piensan que el mundo le debe algo y nunca tienen una palabra de agradecimiento para nadie. ¡Que cosa! ¿Como serás tú? Que desagradable vivir con una persona que siempre va hacía lo negativo, la queja. Que difícil es para Dios mantenerse en comunión íntima con personas ingratas. Querido lector, que importante es aprender la gratitud. Desde la cuna debemos enseñar a nuestros hijos a expresar la gratitud, si no, vamos a crear monstruos consentidos que serán el dolor de su madre, una vergüenza para su padre, y un rebelde egoista para la sociedad.

Así que la falta de agradecimiento en una persona no solamente afecta negativamente las personas a su alrededor, si no que va cambiando el carácter del individuo mismo de tal forma que se vuelve en una persona descontenta, insatisfecha, solitaria y triste.

¿Tu piensas que Dios necesita nuestro agradecimiento? ¡No! El es perfectamente seguro en si mismo. El no necesita nuestro ánimo o nuestra confirmación de su bondad. Lo que sí le hace sentir triste es ver a su creación perdiendo la bendición del gozo y contentamiento por falta de agradecimiento.

Las escrituras nos exhortan muchisimas veces a dar gracias a Dios por su amor, provisión, protección, salvación, sanidad, señorío misericordia, bondad, etc.

El salmista, David, tenía una perspectiva tan alta de acción de gracias que escribió,

"Entrad por sus puertas con acción de gracias, por sus atrios con alabanzas" (Salmo 100:4)

Al expresar nuestra gratitud a Dios, estamos reconociendo que toda buena cosa en nuestras vidas y en nuestros alrededores proceden de él. No ha sido por accidente ni por casualidad. Todo ha sucedido por Su mano amorosa.

En la práctica, ¿Cómo podemos agradacerle? La Biblia nos instruye que podemos dar gracias con nuestras palabras en oración, en cantos de agradecimiento. En nuestras acciones podemos *mostrar* nuestra gratitud tambien. En Lucas 17:14 - 17 leemos el ejemplo de los diez leprosos sanados por Jesús pero, solamente uno de ellos regresó para darle gracias. El hombre fué alabado por su acción, y recibió su salvación como consecuencia, "Levántate, vete; tu fé te ha salvado."

Como la sal sobre una buena comida para darle mejor sabor, así es el agradecimiento en la vida de un creyente.

El Canto: El canto es el vehículo del alma. Es la manera de expresar nuestros sentimientos más íntimos. Las palabras, la melodía, el ritmo, todo contribuye a una expresión que solamente las palabras no pueden lograr.

Un indígena de Brazil comentó una vez, "Los traductores de la Biblia nos han traído la Palabra para poder oír a Dios, y ahora los etnomusicólogos nos han enseñado como responder a Dios". El trabajo del etnomusicólogo es descubrir la música de la cultura con su ritmo, instrumentación, estilo de melodía y armonía; luego, introducir las palabras apropiadas para juntar la música para alabar a Dios. No es lo mismo para un indígena Yanomami de la selva de Venezuela cantar himnos ingleses traducidos a su idioma acompañado por un piano, que cantar a Dios un cántico del corazón; un cántico autóctono, propio, de su cultura.

"La palabra de Dios more en abundancia en vosotros, enseñandoos y exhortándoos unos a otros en toda sabiduria, cantando con gracia en vuestros corazones al Señor con salmos e himnos y cánticos espirituales." (Colosenses 3:16)

Pablo, en el contexto del uso de lenguas, enseñó,

"Oraré con el espíritu, pero oraré tambien con el entendimiento; cantaré con el espíritu, pero cantaré también con el entendimiento" (1 Corintios 14:15)

En nuestra hora quieta cada día, podemos cantar con el entendimiento utilizando palabras y melodías conocidas, pero tambien podemos cantar en el "espíritu" con palabras y melodías nuevas. El Salmista dijo,

"Puso luego en mi boca cántico nuevo, alabanzas a nuestro Dios"
(Salmo 40:3)

No menos de cuarenta y uno de los Salmos mencionan "cantar alabanzas" al Señor. Es bello cantar con la congregación, pero tambien levanta nuestro espíritu, cantando a solas con Dios. Pablo y Silas cantaron himnos a Dios en la carcel de Filipos. No solamente quedaron consolados y edificados en sus espíritus, sino atónitos de ver como se manifestó el poder de Dios para librarles de sus cadenas. ¡Hay poder en el canto cristiano! ¡Es un arma de guerra espiritual! Cuando leemos de la victoria de la pequeña Judá contra las multitudes de Amón, Moab y los del monte de Seir durante el reino de Josafat, leemos como pusieron cantantes delante del ejército para alabar a Dios, diciendo,

"Glorificad a Jehová, porque Su misericordia es para siempre. Y cuando comenzaron a entonar cantos de alabanza, Jehová puso contra los hijos de Amón, de Moab y del monte de Seir, las emboscadas de ellos mismos que venían contra Judá, y se mataron los unos a los otros."
(2 Crónicas 20:21-22)

OIR

"Oirá el sabio, y aumentará el saber" *(Proverbios 1:5)*

"Por esto, mis amados hermanos, todo hombre sea pronto para oir, tardo para hablar...."
(Santiago 1:19)

Si nos cuesta oir a nuestro prójimo, ¡tanto más oír la voz de Dios! El peligro de la hora quieta es que se transforme en un monólogo con el autor y sustentador del universo.

"Mas Jehová está en su santo templo; calle delante de él toda la tierra" (Habaccuc 2:20)

Durante la hora de oración se notan tres segmentos de silencio - "Velando", "Meditación" y "Oír". En cada caso el propósito es de escuchar de Dios. De recibir de El. El "oír" se refiere a escuchar instrucciones de Dios para nuestras vidas. Tampoco es fácil oir la voz de Dios, pero es indispensable que aprendamos a hacerlo, y la hora quieta de cada día es el lugar donde comenzamos a aprender esta disciplina.

Jesús era oyente. Oyó el clamor del ciego Bartimeo. Oyó la petición de los diez leprosos. Oyó la voz del ladrón en la cruz. Y, oyó la voz del Padre diciendole,

"Tú eres mi Hijo amado; en tí tengo complacencia"   (Marcos 1:11)

El Padre habló del cielo en otra ocasión y tambíen Pedro, Jacobo y Juan le oyeron,

"Este es mi hijo amado; en quien tengo complacencia; a él oíd." (Mateo 17:5)

Mira la importancia de la Palabra de Dios sobre el "oír". Enséñanos, oh Dios a oír tu voz.

Dios nos habla en distintas y variadas formas. Pedro, Jacobo y Juan oyeron una voz audible, ¡y casi se desmayaron por eso! El profeta tambien oyó una voz audible, pero fué, *"...un silbo apacible y delicado."* A veces no oímos con el oído, sino con el espíritu o con el corazón; mas bien una impresión, un simple *saber* lo que dijo. La Biblia por su puesto nos habla, y es el "Logos" de Dios; la palabra de Dios. Al leer el "Logos", casi siempre, si estamos dispuestos a escuchar a Dios, un versículo o una frase se resalta, ¡casi brinca de la página en una aplicación personal a mi vida! ¡Dios me está hablando! Se llama el "Rhema" de Dios - la palabra activa, aplicada, justa para una situación especifica.

El propósito de oír la voz de Dios es con el fin de obedecerle a él. Una vez oída, ¡tenemos que tomarla en cuenta! Dios tiene un plan para tu vida; hoy, esta semana, este año, los próximos diez años, para tu vida entera! El tiene la solución para cada problema, la respuesta para cada pregunta. El sabe toda la ciencia, toda la sabiduría, toda la inteligencia.

Dick Eatman dijo,
"Solamente al aprender a oir la voz del Padre, podemos aprender a dispersar las voces del mundo." [8]

Personalmente, tomo este tiempo para considerar las actividades y prioridades del día, muchas veces con la agenda abierta en mi escritorio. Tambien trato de disciplinarme para oir la voz de Dios durante el día; en el auto, en una reunión, durante una conversación, en medio de una sesión de consejería.

Si Jesucristo es nuestro Señor, y nosotros somos sus discípulos, sería imposible aprender de él sin escuchar su voz. Fué él quien dijo,

"Mis ovejas oyen mi voz, y yo las conozco, y me siguen" (Juan 10:27)

Finalmente, el "oír" a Dios, por consecuencia significa, cambios y ajustes en nuestras vidas. Si Dios me consuela; basta con la autocompasión. Si me convence de un pecado; me toca arrepentirme. Si me guía en una dirección nueva; giro el volante. Si no cambiamos, somos como el Oidor Olvidadizo de Santiago capítulo uno.

"Pero si alguno es oidor de la palabra pero no hacedor de ella, éste es semejante al hombre que considera en un espejo su rostro natural. Porque él se considera a sí mismo, y se va, y luego olvida cómo era. Mas el que mira atentamente en la perfecta ley, la de la libertad, y persevera en ella, no siendo oidor olvidadizo, sino hacedor de la obra, éste será bienaventurado en lo que hace." (Santiago 1:23-25)

<u>Referencias Bibliograficas</u>
1. Ryle, A Call to Prayer (Grand Rapids: Baker Book House) 1976, p14
2. E.M. Bounds, The Necesity of Prayer (Grand Rapids: Baker Book House) p184
3. Dick Eastman, The Hour That Changes The World (Grand Rapids: Baker Book House) 1978, p12
4. Dick Eastman, The Hour That Changes The World, p75
5. Norman Grubb, Rees Howells Intercessor (Surrey: Lutterworth Press) p86
6. Andrew Murray, The Ministry Of Intercessory Prayer (Minneapolis: Bethany House Publishers) 1981, p48
7. Paul Yongi Cho, Prayer Key To Revival (Word Publishing) 1984 p24
8. Dick Eastman, The Hour That Changes The World, p129

La Disciplina de la Lectura Bíblica y el Ayuno

Alimentándose de la Palabra de Dios

Tan importante como orar, es que el discípulo del Señor Jesucristo estudie con diligencia y diariamente, las sagradas escrituras. S. Juan 1 lleva la designación de Jesús como el "Logos" - la "Palabra" de Dios hecha carne. Jesús era el reflejo perfecto de Dios entre los hombres, aquí en la tierra. Otro testimonio o reflejo de Dios es otro "Logos"; la "Palabra" de Dios escrita; el antiguo y el nuevo testamento de la Santa Biblia.

Los misterios de Dios se encuentran en la Biblia. Son tesoros escondidos que esperan solamente que el hombre abra las páginas y comience a leer lo que está escrito allí. Es un libro santo. Es el libro de Dios. Pero sobre todo es el manual de instrucciones del Fabricante; Dios es nuestro fabricante y nos ha provisto de un libro donde se encuentran todas las respuestas a las preguntas de la vida - el propósito de ella, cómo vivirla, etc.

La Biblia no es difícil de entender, como algunos proclaman. Claro, no es una novela, ¡aunque hay partes que parece que lo fueran! Mas bien es un libro profundo pero escrito en una manera sencilla. Está diseñado para el hombre sencillo, enseñable, humilde, abierto a la guía del Espíritu de Dios, esperando escuchar de Dios y dispuesto a ser transformado por El.

Es la Palabra de Dios - no la palabra de hombre

Aunque la Biblia fue escrita por unos cuarenta autores los cuales escribieron sesenta y seis libros, encontramos el testimonio de un solo Dios y la historia de su pueblo sin contradicciónes. La razón es, porque toda la Biblia es inspirada por Dios. No "inspirada" simplemente en el sentido común, como Beethoven fué "inspirado" para componer música, sino que la palabra griega traducida "inspirada", en español, mas bien significa "respirada por Dios". ¡Es decir que la Biblia es "aliento" de Dios; es vida! ¿Recuerdas como durante la creación del hombre Dios, "Sopló en su naríz aliento de vida"?

La Biblia misma testifica,
"Toda la escritura es inspirada por Dios, y útil para enseñar, para redargüir, para corregir, para instruir en justicia, a fin de que el hombre de Dios sea perfecto enteramente preparado para toda buena obra."
(2 Timoteo 3:16-17)

Tambien,
"Ninguna profecía de las Escrituras es de interpretación privada, porque nunca la profecía fué traida por voluntad humana, sino que los santos hombres de Dios, hablaron siendo inspirados por el Espíritu Santo."
(2 Pedro 1:20-21)

Otras pruebas de la inspiración de la Biblia se encuentran en las formas de expresión. Por ejemplo, los profetas se expresaban así, "El Espíritu de Dios dice...". Tambien existen porciones donde los autores posteriores en vez de decir, "Las Escrituras dicen", o "Jeremías dijo"; ellos dijeron, "Dios dijo...". Se ve una harmonía entre "Las Escrituras" y "Dios". Obviamente en la mente de estos autores, la voz de las Escrituras y la voz de Dios era lo mismo. (Exodo 9:16 y Romanos 9:17).

Jesús testificaba acerca de la inspiración y la autoridad de la Escrituras cuando dijo,

"Porque de cierto os digo que hasta que pasen el cielo y la tierra, ni una jota ni una tílde pasará de la ley, hasta que todo se haya cumplido" (Mateo 5:18)

En su lucha contra las tentaciones de Satanás, siempre contestaba, Jesús, *"Escrito está...."* *(Mateo 4:4, 7, 10)*

El hablaba de sí mismo y los eventos en su vida como cumplimiento de la Escrituras (Mateo 26:54, 56). Tambien dijo,

"La Escritura no puede ser quebrantada" *(Juan 10:35)*

La disciplina de leer, estudiar, meditar y memorizar la Palabra debe ser el deber y placer de todo discípulo de Cristo. Es su alimento espiritual. Y como los Israelitas en el desierto tenían que aprovechar el maná diariamente, tambien el Cristiano se alimenta diariamente de la Palabra de Dios.

El estudio inductivo de la Biblia
El estudiante de la Biblia necesita saber cómo estudiarla. El método inductivo es excelente por que incluye la observación directa del texto junto con una interpretación y la aplicación personal.

El lector toma por ejemplo, un capítulo.

1. El primer paso es simplemente leer con cuidado y concentración lo que está escrito. Se llama la **observación.** Algunas preguntas analíticas nos ayudan en la observación:

1. ¿**Quién** está hablando? ¿Quiénes son los oyentes?
2. ¿**Qué** está sucediendo? ¿De qué se trata?
3. ¿**Dónde** está localizada la acción? ¿Dónde están, geográficamente, los participantes?
4. ¿**Cuándo** sucedieron los eventos escritos?

2. Ahora vamos al segundo paso, la interpretación.
El termino técnico se llama "hermenéutica" de la palabra griega *hermeneuo* que significa "interpretar o explicar". Por ejemplo,

"Y comenzando desde Moisés, y siguiendo por todos los profetas, les declaraba (explicaba) en todas las Escrituras lo que de él decían". (Lucas 24:27)

La pregunta analítica en éste paso es **¿Por qué?** ¿Por qué escribió el autor lo que escribió?
Para contestar ésta pregunta necesitamos tomar en cuenta todo lo que hemos descubierto en el paso "observación" para llegar a una conclusión sobre el propósito del autor. Muchas veces necesitamos tomar en cuenta el transfondo cultural e histórico.

Para llegar a una interpretación adecuada, debemos descubrir; a) las necesidades de los lectores y, b) el mensaje del escritor.

3. El tercer paso es la aplicación; poniendo por obra las verdades recibidas.
Para poder aplicar las verdades de Dios, necesito conocerme a mí mismo; mis fuerzas y mis debilidades, para poder ser sensible a las enseñanzas estudiadas. Debo tratar de aplicar los principios aprendidos a mi propia vida y hacer los cambios y ajustes necesarios para seguir creciendo en obediencia, madurez y sabiduría espiritual.

Una meta valiosa en cuanto a lectura bíblica es leer toda la Biblia en un año. Lo que requiere, cómo mínimo, es leer dos capítulos del Antiguo Testamento y uno del Nuevo, todos los días del año.

La Palabra de Dios es una arma espiritual. Jesús la usaba en su lucha contra Satanás durante los cuarenta días en el desierto. Pablo escribió que la Palabra de Dios es "La espada del Espíritu". El autor de la epístola a los Hebreos dijo,

"Porque la palabra de Dios es viva y eficáz, y más cortante que toda espada de dos filos; y penetra hasta partir el alma y el epíritu, las coyunturas y los tuétanos, y discierne los pensamientos y las intenciones del corazón" (Hebreos 4:12)

Orar la Palabra

Una aplicación muy personal y devocional de la Biblia es orar la Palabra. Es tomar lo que estamos leyendo de la Biblia, y expresando cada frase en forma de oración delante de Dios. Puede ser un versículo que estamos tomando como base para una oración amplia, o, podemos leer hasta un capítulo de la escritura interrumpiendo el fluir de la lectura con oraciones cortas y personales.

La Palabra de Dios está llena de promesas. Podemos leer con interés éstas promesas, ¿pero no sería mejor reclamarlas tambien? ¡Son preciosas! ¡Son poderosas! Orar la Palabra significa apropiarnos lo que Dios nos está diciendo, activando, utilizando el poder de la Palabra de Dios para la extensión del reino de Dios en nuestras vidas personales y aún más allá.

"Nunca jamás me olvidaré de tus mandamientos, porque con ellos me has vivificado"
(Salmo 119:93)

J. Oswald Sanders dijo, "Las escrituras son ricas en material para alimentar y estimular la adoración y la oración, especialmente los Salmos, los libros de oración inspirados por Dios. Al leerlos, transformelos en oración personal." [1]

Meditar la Palabra
Hoy en día la meditación es muy popular entre los de la Nueva Era y los seguidores de religiones orientales. Su meta en meditación es poner la mente en blanco y dejar la fuerza espiritual interior de la persona manifestarse. ¡La meditación cristiana *no es así*! Más bien la Palabra nos instruye de meditar sobre *algo*.

"Tu guardarás en completa paz a aquel cuyo pensamiento en tí persevera...." *(Isais 26:3)*

La meditación Bíblica mas bien es un ejercicio de concentración de la mente sobre un aspecto de Dios; su amor, misericordia, disciplina, fidelidad, etc. Y, también de su Palabra; un versículo o una frase. Tambien puede ser una meditación sobre sus obras; un aspecto de su creación que refleja el carácter del Creador La concentración enfocada trae más revelación; entendimiento y conocimiento del Señor.

"Alma mía, en Dios solamente reposa, porque de él es mi esperanza" (Salmo 62:5)

"Meditaré en todas tus obras, y hablaré de tus hechos." (Salmo 77:12)

El resultado de una disciplina de meditación en la vida del discípulo es, según las escrituras alegría, esperanza, prosperidad, éxito en la vida, y sobre todo, una relación más íntima con Jesús.

"Nunca se apartará de tu boca este libro de la ley, sino que de día y de noche meditarás en él, para que guardes y hagas conforme a todo lo que en él está escrito; porque entonces harás prosperar tu camino, y todo te saldrá bien" (Josué 1:8)

"En la multitud de mis pensamientos dentro de mí, tus consolaciones alegraban mi alma" (Salmo 94:19)

Finalmente, la Palabra nos exhorta a enfocar nuestros pensamientos no en lo malo, feo y egoísta, sino en lo bueno, lo bello, lo justo, lo que es de buen nombre.

"Por lo demás, hermanos, todo lo que es verdadero, todo lo honesto, todo lo justo, todo lo puro, todo lo amable, todo lo que es de buen nombre; si hay virtud alguna, si algo digno de alabanza, en esto pensad." (Filipenses 4:8)

Escuché una vez lo siguiente: Henry Ford, el fundador del Ford Motor Company, invitó a un experto en eficiencia industrial a su fábrica. Pidió al experto una evaluación del trabajo de su fábrica de automóviles. Al finalizar su estudio el experto dijo, "Todo está marchando muy bien, con la excepción del hombre en la oficina al lado de la suya. Cada vez que pasaba por su puerta, le veía inclinado en su asiento con los pies en el escritorio, manos detrás de la cabeza, mirando al espacio. Mi recomendación, Sr Ford, es, ¡despidelo!" Henry Ford se asustó y respondió al experto atónito, "Imposible, él es quien siempre viene con los diseños para los nuevos modelos".

Diariamente nosotros tambien debemos inclinar nuestros asientos, colocar los pies sobre el escritorio y meditar sobre Dios. ¡Nuestras vidas serán bendecidas por el tiempo invertido!

El Ayuno

El ayuno es importante para el creyente, y es parte de lo que he titulado La Vida Devocional. No es una prioridad fundamental como la de oración y lectura Bíblica. Sin embargo las escrituras testifican de la práctica del ayuno en la vida y enseñanzas de Jesús. Tambien ha sido una disciplina espiritual reconocida por la iglesia durante toda su historia.

Juan Wesley dijo,
"Algunos han exaltado el ayuno religioso más allá de la enseñanza bíblica y de la razón; y otros lo han descartado totalmente." [2]

Es cierto, en la Edad Media había un exceso de prácticas ascéticas. Con la declinación de la realidad interna de la fé cristiana, se desarrolló una creciente tendencia para hacer hincapié sólo en lo que quedaba: la forma externa. Y cada vez que hay una forma desprovista de poder espiritual, la religiosidad y el legalismo ocupan el puesto. El otro extremo es la tendencia moderna de satisfacer todo apetito humano. ¡Perder una sola comida nos parece una crisis enorme! La realidad es que físicamente, sin hablar todavía de la parte espiritual, el ayuno es beneficiosio para la salud.

Lo que dice la Biblia
El ayuno bíblico siempre tiene propósitos espirituales. Normalmente el ayuno consistía en abstenerse de toda clase de alimentación con la excepción de agua. En el ayuno de cuarenta días que Jesús hizo en el

desierto, "no comió nada". Algunas veces se describen ayunos parciales; la abstención de ciertos alimentos. Por ejemplo en el caso de Daniel, ayunó tres semanas y según él,

"No comí manjar delicado, ni entró en mi boca carne ni vino". (Daniel 10:3)

Parece que Daniel quedó tan afectado por las visiones de Dios en cuanto el futuro que tomó la decisión de "afligirse" durante tres semanas.

En el caso de Ester, encontramos una ocasión cuando ella pidió del pueblo Israelita un ayuno completo; abstención de toda clase de comida y líquido durante trés días.

"Vé y reúne todos los judíos...y ayunad por mi, y no comáis ni bebáis en tres días, noche y día; yo también con mis doncellas ayunaré igualmente...." (Ester 4:16)

Su propósito al ayunar fué para alcanzar la misericordia de Dios, antes de buscar la misericordia del Rey. Fué un gran éxito; Dios salvó al pueblo Israelita del plan diabólico de Amán.

Otros ayunos de la Biblia incluyen las instrucciones de Moisés para ayunar un día del año durante el día de Expiación de pecados (Levitico 23:27), Judá pidiendo socorro de Dios al venir en contra ellos los ejercitos de Moab y Amón (2 Cronicas 20:1-4), el arrepentimiento nacional en el caso de Nínive al escuchar la profecía de Jonas.

¿Cuál e el propósito de ayunar? responde a una pregunta común e importante, si no vamos a caer en legalismo. Primero, y sobre cualquier otro propósito, es estar enfocado en Dios - el ayuno es para Dios; es una ofrenda, es un ministerio y un servicio para él, y es en obediencia a El. Por ejemplo, la profetisa Ana, *"...no se apartaba del Templo , **sirviendo de noche y día con ayunos y oraciones**"* (Lucas 2:37). El llamado de Pablo a las misiones fué por una revelación recibida durante un tiempo en que ellos estuvieron, *"**Ministrand**o éstos al Señor, y ayunando...."* (Hechos 13:2).

Los propósitos secundarios incluyen, por lo que hemos ya estudiado en las citas mencionadas, - perdón de Dios (Moisés, Nínive), misericordia de Dios (Ester), socorro de Dios (Judá), "aflicción" del alma del indivíduo (Daniel). David tambien habló de aflicción de alma,

"Lloré afligiendo con ayuno mi alma". (Salmo 69:10).

La "aflicción del alma" en éste caso se encuentra en el contexto de una petición fuerte de liberación de enemigos. Es apropiado para nosotros tambien ayunar cuando sentimos un ataque fuerte del enemigo de nuestras almas; Satanás.

Si nuestro propósito es tratar de manipular a Dios, estamos equivocados. Si es para figurar como alguien espiritual, Jesús nos dice,

"Cuando ayunéis, no seáis austeros, como los hipócritas; porque ellos demudan sus rostros para mostrar a los hombres que ayunan; de cierto os digo que ya tienen su recompensa. Pero tú, cuando ayunes, unge tu cabeza y lava tu rostro, para no mostrar a los hombres que ayunas, sino a tu Padre que está en secreto; y tu Padre que ve en lo secreto te recompensará en público." (Mateo 6:16-18)

Ayuno y oración van de la mano, si ayunar es para ministrar al Señor, si es un servicio a Dios, y si es para adorarle a El y buscar su rostro, su misericordia, socorro y victoria. Es mejor ayunar cuando uno tiene un día o más dedicado únicamente para adoración y oración. Aunque he escuchado testimonios de los que siguen con sus ocupaciones normales diarias por fuera, pero por dentro están buscando a Dios durante todo el día en oración y alabanza. ¡Que bueno!

Como cualquier disciplina, requiere decisión y compromiso de nuestra parte. *"El espíritu a la verdad está dispuesto, pero la carne es débil"*, dijo Jesús. Ni la carne, ni el mundo, ni el diablo quieren que ayunemos. Es una cuestión de escuchar a Dios, tomar la decisión en obediencia, y marcar en la agenda el día. La lucha de ayunar no es física, es, sobre todo, psicológica. La lucha más fuerte es durante el proceso de decisión.

Al tomar la decisión y escoger día y hora, la lucha está ganada en un noventa por ciento. ¡Adelante!

Notas Bibliográficas
1. J. Oswald Sanders, Prayer Power Unlimited (Chicago: Moody Press) 1977, p9
2. Richard Foster, Alabanza a la Disciplina, p59 (Editorial Betania) 1986

El Arrepentimiento

Parte 1. La Verdad Absoluta

¿Es correcto o no, copiar la tarea de un compañero de estudios? ¿Es correcto o no, llevar una "chuleta" contigo al exámen cuando todos lo están haciendo? ¿Es correcto o no, dormir juntos tú y tu novio/a cuando ya están comprometidos para casarse? Al encontrar una cartera en el piso del supermercado, ¿está bien llevarsela o es correcto entregarla a la gerencia? ¿Está bien llegar tarde al trabajo por causa de una vigilia en la iglesia la noche anterior?

Son situaciones típicas para todos nosotros, y dilemas difíciles para muchos cristianos quienes no saben que es lo correcto. Todos los días estamos enfrentados con situaciones que demandan decisiones de nosotros - ¿cómo vas a diferenciar lo correcto de lo incorrecto? ¿Cuál es tu criterio para poder tomar una decisión? ¿Existe un criterio definido para escoger, o es algo subjetivo y relativo, según mis sentimientos y necesidades en el momento? ¿Existe una verdad absoluta o no?

Normalmente las personas actúan según lo que sus padres les enseñaron o lo que ven hacer a los demás (la sociedad o la cultura), o según tus sentimientos y gustos (egoísmo), o según lo que el individuo piensa que es correcto (humanismo) o según la Biblia (cristiano). ¿Cuál es la base para tu comportamiento?

Jesús dijo, *"Tú dices que yo soy Rey. Yo para esto he nacido, y para esto he venido al mundo, para dar testimonio a la verdad. Todo aquel que es de la verdad, oye mi voz."*

Pilato contestó, *"Qué es la verdad?"*   *(Juan 18:37-38)*

¿Qué es la verdad?
1. Está basada en principios eternos : no cambia según la situación, ni el gusto del individuo, ni por sentimientos, ni necesidades personales.
2. Es universal : es aplicable en cualquier parte del mundo y en cualquiera cultura
3. Es constante : es para hoy igual como para ayer o mañana. Es un principio eterno.

En otras palabras; es para toda la gente, en todo lugar, y en todo tiempo.

La verdad es Dios
Génesis 1:1 dice, *"En el principio...Dios...."*. El es el principio y el fín; Alfa y Omega. La verdad absoluta es definida por Dios porque Su carácter es lo que define "Verdad". El creó a Adán y Eva a Su propia imágen. El ser humano lleva Su imagen. Su relación con Su pueblo reflejaba Su carácter. Los diez mandamientos reflejan Su carácter, Jesucristo era el reflejo perfecto del Padre.

Entonces, ¿Qué podemos decir en cuanto al carácter de Dios si todas éstas cosas lo reflejan?
Para nombrar solamente algunas características de Dios - amor, misericordia, fidelidad, justicia, perdón, bondad, paciencia, eternidad, todo poder, omnipresencia, omnisciencia, creativo, organizado. ¡Qué buen Dios servimos!

Su ley, los diez mandamientos, reflejan su carácter. Nos muestra como crear una sociedad ordenada, justa, estable, amorosa, etc. Tambien nos muestra como crear en el individuo las mismas características de honestidad, fidelidad, misericordia, creatividad, etc.

Con la venida del Mesías, Jesucristo, tenemos una imágen mas real y tangible todavía del carácter de Dios. *"Yo soy el camino, y **la verdad**, y la vida"*. El vivía entre nosotros, seres humanos, mostrándonos como vivir la verdad. Nos dió ejemplo, por Su estilo de vida y Sus enseñanzas mucho mas detalladas que la ley de Moises. Inspiró a otras personas para añadir al Antiguo testamento, el Nuevo Testamento para así formar la Biblia que tenemos hoy en día; la Palabra de Dios. Y, no nos dejó con un estilo de vida imposible de imiter sino, dió Su Espiritu Santo para morar en nosotros y hacer posible para tí y para mí vivir la verdad.

Así que podemos decir sin duda que sí, hay una verdad absoluta y es definida por Dios; es como Él. La verdad comienza y termina en El; es absoluta, objetiva y eterna.

Lo que el mundo considera verdad, lamentablemente no es definida por la persona de Dios, sino que es definida por el individuo. Para el mundo "desarrollado", la "verdad" es subjetiva, situacional, cambiable y relativa.

El humanismo moderno rechaza la Biblia y al Dios de la Biblia y ha lanzado su batalla para dominar el mundo y principalmente las instituciones de educación; universidades y colegios. La revista The Humanist, la voz de la Asociación Humanista de America dijo,

"...la lucha para el futuro de la raza humana tiene que ser ganada en los colegios públicos por profesores que correctamente se ven como proselitizadores de una nueva fé; una religión de humanidad....utilizando el salón de clases en vez de un púlpito para comunicar valores humanistas en todas las materias que enseñen,..." [1]

El humanismo cree que el hombre, no Dios, determina valores, y que estos valores son cambiables según las situaciones y circunstancias. En consecuencia no existen absolutos, como leyes morales, para el comportamiento del individuo. El resultado en Europa y Los Estados Unidos es, entre otros, el movimiento de "derechos humanos" - resaltando el derecho del individuo de hacer lo que le da la gana, pero todo en el nombre de "la libertad". En verdad es "liberación" y rechazo de Dios y sus leyes; una receta para la tristeza, el dolor, la falta de esperanza, la maldición y la destrucción.

Los derechos humanos ganados en el occidente en los últimos años del siglo veinte incluyen, el aborto (derecho de la mujer), la pornografía publicada (derecho del adulto), homosexualismo/lesbianismo (derecho de elegir), sexo prematrimonial (derecho del soltero), no castigar físicamente al niño (derecho del niño), eutanacia (derecho del enfermo).

Bien dijo el apostol Pablo:
"Pues habiendo conocido a Dios, no le glorificaron como a Dios, ni le dieron gracias, sino que se envanecieron en sus razonamientos, y su necio corazón fue entenebrecido. Profesando ser sabios, se hicieron necios." *(Romanos 1:21-22)*

El mundo occidental tambien ha sido muy influenciado en el siglo veinte por el pensamiento oriental - el hinduismo y el budismo. Es increíble como el mundo cristiano; Europa y Los Estados Unidos, han sido engañados por hombres como Sai Baba, los seguidores de Rama-Krishna (Gadadhara Chattopadhyaya), el Budismo Zen, y otros cientos de sectas orientales que han encontrado aceptación en el occidente. La religión que se titula "Nueva Era" es otra que ha penetrado el mundo intelectual, como las universidades y aún los seminarios de liderazgo (Seminarios de Negocio Eckhardt). Realmente no es tan nueva como suena; es básicamente el hinduismo con nombre nuevo para el hombre "moderno".

Es la necedad de los que siguen a los dioses de la Nueva Era de no observar el fruto de siglos de hinduismo en un país como la India lleno de pobreza y miseria, donde valorizan una rata o una vaca igual o más que a un ser humano. En Bombay 50% de los niños menores de cuatro años mueren de hambre, enfermedades, abandono y violencia.

El pensamiento humanista realmente comenzó en el huerto de Edén, cuando el diablo dijo,

"¿Conque Dios os ha dicho: no comáis de todo árbol del huerto?" *(Génesis 3:1)*

La versión Dios Habla Hoy dice, *"¿Así que Dios les ha dicho que no coman del fruto de ningún árbol del jardín?"*

Observamos al diablo preguntando, desafiando y sembrando dudas de lo que Dios dijo, era verdadero.

v6 dice, *"Y vió la mujer que el árbol era **bueno** para comer, y que era **agradable a los ojos.**"*

El criterio que ella tomó para decidir entre lo bueno y lo malo fue humanista - el fruto le pareció delicioso, atractivo, refrescante, y sobre todo, según la serpiente, iba a abrir sus ojos a ¿Qué? ¿La verdad? - *"...seréis como Dios, sabiendo el **bien** y el **mal**."* ¡Que engaño tan diabólico! Ellos tenían la verdad absoluta - obediencia a Dios. Ellos sabían que "bien" era obedecer y "mal" era desobedecer. En realidad al obedecer al diablo, sus ojos se cerraron a la verdad de Dios y se abrieron a la mentira del diablo que se basa en el discernimiento entre "el bien y el mal" basado en el egoísmo y orgullo del ser humano, es decir, humanismo.

En el tiempo del Renacimiento del siglo dieciocho, la supuesta era de la Ilustración, comenzó la infiltración del humanismo en todas las áreas de influencia de la sociedad europea. Hasta ese punto de tiempo, los países de mayor desarrollo eran cristianos. El estudio de la ciencia y filosofía era para descubrir el diseño de Dios en Su creación y Sus criaturas. El arte y la música eran para expresar gloria y alabanza a Dios. La vida y la muerte se entendieron en términos de la voluntad de Dios. La verdad y la moralidad de la sociedad estaban basadas sobre la naturaleza de Dios expresada por la Biblia. El movimiento de la Ilustración marcó el comienzo de un rechazo a Dios y Su verdad, y el levantamiento del dios del humanismo.

El momento cumbre de éste tipo de pensamiento en la historia moderna, ocurrió con la aceptación de la teoría de Darwin (1859) - la evolución en lugar de la creación. Ya no queda mas de Dios. No solamente es rechazado como Gobernador del universo, pero ahora como Creador tambien. El humanismo no tiene lugar para Dios porque es una amenaza para el humanismo. Por esa razón hay una ola creciente de persecusión en el mundo "cristiano" contra el cristianismo. En el futuro cercano, (y actualmente ha comenzado en algunos países) un ministro cristiano no va a poder predicar en contra del divorcio, la fornicación, el homosexualismo, la bestialidad, el adulterio, el aborto, la eutanacia, en fin, lo que es el pecado, porque son "derechos" del individuo y el ministro tiene que respetar estos "derechos" o será culpable de, y sancionado por, la discriminación.

¿Cuál es tu criterio para la verdad? ¿El eterno soberano Dios, o tu mismo?

"Sin embargo, hablamos sabiduría entre los que han alcanzado madurez; y sabiduría, no de éste siglo, ni de los príncipes de este siglo, que perecen. Mas hablamos sabiduría de Dios en misterio, la sabiduría oculta, la cual Dios predestinó antes de los siglos para nuestra gloria...Pero el hombre natural no percibe las cosas que son del Espíritu de Dios, porque para él son locuras, y no las puede entender, porque se han de discernir espiritualmente."(1 Corintios 2: 6-7, 14)

No debe sorprendernos que el no cristiano actúe así, porque sin el Espíritu Santo en su vida, como dicen estos versículos, él no va a entender la sabiduría de Dios. Lo que si es sorprendente es, cuando un cristiano o una sociedad cristiana comienza a estar engañado por la misma serpiente que tentó a Adán y Eva. Es importante que el discípulo de Jesucristo tenga su vida basada firmemente en las verdades de la Biblia y que busque la sabiduría de Dios, porque es, *"Mejor que las piedras preciosas" Job 28:18. "Bienaventurado el hombre que halla la sabiduría." (Proverbios 3:13)*

Unos ejemplos de los mandamientos de Dios
En el Antiguo Testamento encontramos los Diez Mandamientos. Estos mandamientos formaron la base para la cultura Israelita y luego el cristianismo. Detrás de cada uno de los mandamientos de Dios se encuentra un principio o una verdad, y detrás del principio se encuentra, como he dicho antes, el carácter de Dios.

"No matarás" es un mandamiento bíblico. El principio detrás del mandamiento es "Respetar la vida". Y detrás del principio se encuentra el carácter de Dios; Dios es la vida (*Jn.14:6 "Yo soy el camino, y la verdad, y **la vida**"*).

"No cometerás adulterio"………… Fidelidad …….……… Dios es fiel

"Amarás a tu prójimo"……………...Amor……………......Dios es amor

"No mentirás"......……….........Honestidad……….. Dios es la verdad

"Huid de la fornicación"….….......Pureza sexual…..........Dios es Santo

Algunas personas piensan que los mandamientos de Dios nos quitan la libertad, nos restringen, nos impiden. ¡Que equivocación tan grande! Realmente son como, "Abróchese el cinturón", "Coman verduras y frutas", "Duerman un promedio de ocho horas cada día", "No lleve un reloj Rolex en el terminal de buses en Caracas". Son para **nuestro beneficio**. Dios nos hizo, nos conoce muy bien, sabe lo que es beneficioso para nosotros . El no quiere fastidiarnos; nos ama y quiere protegernos; somos Sus hijos. El quiere que tengamos vida abundante, gozo y paz en nuestras vidas y en nuestras relaciones con otras personas.

Los mandamientos de Dios son para liberarnos, no quitarnos la libertad!

"Y conoceréis la verdad, y la verdad os hará libres" (Juan 8:32)

"Pues éste es el amor de Dios, que guardemos sus mandamientos, y sus mandamientos no son gravosos" (1 Juan 5:3)

Hay bendición en obedecer a Dios y consecuencias en desobedecerle
Las bendiciónes se pueden leer en Deuteronomio 28:1-14
Las consecuencias se pueden leer en Romanos 1:18-32 y Deuteronomio 28:15-68

El ser humano es un ser físico, espiritual y moral. Solamente en seguir las instrucciones de nuestro fabricante, nuestro creador, podemos experimentar una vida de libertad, propósito, gozo y paz.

Parte 2. El Arrepentimiento Verdadero

"Pídeme lo que quieras, y yo te lo daré". ¿Quién dijo estas palabras? Pudiera haber sido el Padre a Su hijo Jesús, o Jesús a Su Padre, o quizás Jesús a Sus discípulos, o los discípulos a Jesús. Palabras muy bellas, pero la verdad es que fueron dichas a una bailarina sensual; la hija de Herodías. Marcos capítulo 6:21 nos cuenta una historia bastante triste que terminó con Juan el Bautista perdiendo su vida.

Cuando la muchacha hubo consultado con su madre, respondió al rey,

*"Quiero que ahora mismo me des en un plato la cabeza de Juan el Bautista. Y el rey **se entristeció mucho**; pero a causa del juramento, y de los que estaban con él a la mesa, no quiso desecharla"*.

Se arrepintió el rey por haber dicho tales palabras y se arrepintió porque no quería matar a Juan. La palabra dice que, *"...se entristeció mucho...."*. Pero nosotros sabemos que sentirse triste por lo que hemos hecho, sea de propósito o por accidente, no es el arrepentimiento bíblico.

Herodes llegó a conocer a Jesús en persona. Le había conocido cuando Pilato le envió porque era Galileo (Lucas 23:8). Lástima que el rey no tomó la oportunidad de expresar las mismas bellas palabras a Jesús. Son esas palabras que Jesús está esperando escuchar de todo ser humano, *"Pídeme lo que quieras, y yo te lo daré"*.

Son los pecadores quienes realmente se sienten tristes por sus acciones, porque no pueden tener la vida eterna y tener todo el pecado en el mundo. Sentirse triste no es suficiente - Herodes, entristecido, mató a un profeta de Dios.

Jesús dijo a la mujer adúltera, *"Vete y no peques más"*. Muchas personas piensan que Jesús dice, "Vete y peca más". Dicen que aún el cristiano va a pecar porque no es perfecto. Entonces ¿cuál es la diferencia entre el "santo" y el "pecador"? ¿Es verdad que la Biblia dice que la paga del pecado es la muerte? "Ah", me vas a decir, *"...la dádiva de Dios es vida eterna"*. Correcto. ¿Pero me vas a decir que a Dios no le importan los pecados del cristiano, pero del no cristiano si? Yo sé que el cristiano es justificado por la muerte de Jesús, pero esto no significa que el cristiano puede seguir pecando tranquilamente sin las sanciones de Dios. Nuestro arrepentimiento y el perdón que recibe el cristiano no puede ser "técnico", porque la cruz no era algo "técnico" - era real. Jesús dijo,

"Si vosotros permaneciereis en mi palabra, seréis verdaderamente mis discípulos; y conoceréis la verdad, y la verdad os hará libres." (Juan 8: 31-32)

Para los teólogos que hablan de lo "técnico", pregunto: ¿es nuestra libertad tambien solamente algo "técnico" o es verdad? ¡Es verdad! Entonces tambien nuestro perdón y arrepentimiento deben ser verdaderos.

"Arrepentirse" significa dar una vuelta de 180 grados. Ni la tristeza ni las excusas teológicas funcionan...solamente dar una vuelta hacía Jesús y su palabra. Tenemos que buscar la verdad entre los dos argumentos teológicos - la de "santificación completa" y la de "pecamos todos los días en pensamientos, palabras y hechos". Se le echa la culpa a veces a todos menos al pecador! Culpan a las influencias de la sociedad, a sus padres, la televisión, la música rock, etc, etc. Pero, la culpabilidad es algo personal. Es tuya. Pecar es una decisión personal. ¿Cómo te levantaste ésta mañana? ¿Con un reloj despertador?, ¿tu mamá te llamó?, ¿el olor del desayuno?, ¿las expectativas de tus líderes? Cada uno es una influencia sobre tí, pero la decisión en sí de levantarse de la cama fue por un acto de tu voluntad - ¡decisión propia! Hay personas desesperadas quienes deciden acabar con su vida - se suicidan. Ahora, la autopreservación es la influencia más fuerte en la vida de un ser humano - mucho más fuerte que la televisión, la música rock, etc., pero la gente sigue saltando a la muerte de puentes y edificios porque es una decisión. Es cuestión de escuchar al Espíritu Santo - al convencernos de algún pecado, debemos pedir Su perdón y no pecar más en esa área de nuestra vida, con la ayuda del Espíritu Santo obrando hombro a hombro con nosotros en este proceso de "santificación" lo lograremos.

Cómo arrepentirse
Tres funciones de la personalidad deben estar involucradas en el arrepentimiento verdadero - el intelecto, la voluntad, y las emociones. Heródes se sintió mal pero fue arrepentimiento emocional solamente.

1. Permite que el Espíritu Santo traiga a tu mente tus pecados. Es bueno escribir una lista.

2. Permite que el Espíritu Santo nos muestre los mandamientos de Dios que hemos violados. Cada vez que rompemos los mandamientos, los debilitamos en la sociedad, porque otros dicen, "No es tan malo romper tal mandamiento porque fulano lo rompió".

3. Permite que el Espíritu Santo te muestre las personas afectadas por tu pecado.

4. Pide revelación de Dios sobre el motivo detrás del pecado. Puede ser: egoismo, orgullo, ira, etc. - ver tu pecado como Dios lo vé.

5. Permite que el Espíritu Santo te muestre como has colaborado en la extensión del reino de las tinieblas.

6. Permite que el Espíritu Santo te muestre como has impedido o dañado la extensión del Reino de Dios.

Presenta todo esto al Señor, reconociendo honestamente la seriedad de tus acciones pecaminosas y las consecuencias que han traído. Pide su misericordia y su perdón.

Pablo, en Atenas predicó, *"Pero Dios...ahora manda a todos los hombres en todo lugar, que se arrepientan."* *(Hechos 17:30)*

Arrepentimiento no es una palabra de moda hoy en día. Algunos piensan que arrepentirse es una confesión de debilidad cuando uno debe siempre mostrarse en control, fuerte, exitoso, autosuficiente. ¡Cuán lejos estan de la verdad! La palabra dice que justamente en nuestras debilidades, Dios se muestra fuerte por causa nuestra! Un evangelista famoso cayó en pecado sexual. Lo más fuerte del asunto es que lo negó. Mas bien fue probado culpable por varios testigos. Finalmente admitió su pecado y confesó que por años luchaba solo para vencer ese tipo de pensamiento, pero nunca tenía la humildad de confesar su lucha con otro ni pedir ayuda de nadie. No quería romper su imágen de super espiritual. Peleaba una lucha solo con el diablo y perdió. El arrepentimiento verdadero requiere en primer lugar humildad. Herodes sabía que matar a un profeta era un gran pecado, pero, *"a causa del juramento y de los que estaban con él a la mesa, no quiso desecharla."* - *(Marcos 6:26)*

En cuanto al comportamiento antisocial, hoy en día la tendencia es justificar la acción por la influencia de una mala sociedad o familia en vez de reconocer culpabilidad. Claro, la influencia de los amigos, la televisión, la música juvenil, el alcohol y la droga tiene una influencia mala sobre un joven, pero justifican sus acciones. Todo hombre tiene libre albedrío. Todo hombre puede aceptar o rechazar, decir "si" o "no". Las influencias negativas no son obligaciones negativas. La conclusión final: el pecado es una elección. Es una decisión personal.

La Palabra dice,
"Porque si pecáremos voluntariamente después de haber recibido el conocimiento de la verdad, ya no queda más sacrificio por los pecados". (Hebreos 10:26)

Con razón Jesús dijo a la mujer sorprendida en adulterio, *"Vete, y no peques más"*.

¿Y qué te parece el siguiente versículo?
"Sed, pues, vosotros perfectos, como vuestro Padre que está en los cielos es perfecto" (Mateo 5:48)

¿Hay, pues, esperanza para nosotros? ¿Estamos todos condenados por haber pecado después de nuestra salvación? ¡No! porque la palabra tambien nos habla del perdón de Dios. Por ejemplo,

"Si confesamos nuestros pecados, él es fiel y justo para perdonar nuestros pecados y limpiarnos de toda maldad." (1 Juan 1:9)

¿Se contradice la Biblia? ¡No señor! La Palabra de Dios no tiene contradicciones. Es una paradoja - algo que parece imposible, ¡pero no lo es! Durante la historia de la iglesia grupos han tomado posiciones teológicas sobre ambos lados de las muchas paradojas presentes en la Biblia, sin tomar en cuenta los argumentos de la "oposición" En cuanto al pecado, un grupo dice que como seres humanos es inevitable pecar todos los días en pensamiento, palabra y hecho, pero la sangre de Cristo justifica y Jesús nos perdona vez tras vez. El otro grupo teológico dice que si seguimos pecando, como cristianos, perdemos la salvación. ¿Quién tiene la verdad? Bueno, como en casi todos los argumentos de nosotros, seres humanos, ambos lados tienen algo de verdad y ambos tienen errores. ¡Yo tampoco tengo la ultima palabra! Pero reconozco que uno de los extremos nos lleva al legalismo, y el otro al libertinaje! Tenemos que reconocer que Dios odia el pecado y por ello Cristo murió. Con el poder del Espíritu Santo en nuestras vidas y las promesas de la Palabra de Dios, tenemos todo para poder resistir la tentación y al diablo (Romanos 8). Es lo que Dios quiere de nosotros, y es el estandard a que nosotros debemos aspirar. Pero, si pecamos.....tenemos un Papá que nos ama. Si confesamos nuestras pecados, y hay arrepentimiento verdadero, Dios nos perdona y nos restaura y nos anima hacerlo mejor la próxima vez.

Parte 3. La Conciencia Limpia

Un día, unas pocas semanas después de haber entregado mi vida a Jesucristo, pasé por una experiencia muy embarazosa que marcó mi vida y mi ministerio. En aquel día estuve en cama con fiebre. No recuerdo si estuve aún leyendo la biblia o solamente descansando, pero vino a mi mente un incidente que sucedió dos años atrás y jamás me había sentido mal por ello. Junto con mi esposa y un amigo habiamos recorrido la isla de Waihiki, una isla bella cercana a la ciudad de Auckland en mi país. Buscábamos una finca pequeña para comprar y en aquel día visitamos varias parcelas y finquitas. Durante la visita a una de ellas, observamos una cama antigua en uno de los galpones; el galpón estaba bien deteriorado y la cama toda oxidada y realmente abandonada. Me llamó la atención porque sabía el valor de las antigüedades. En mi mente la ví restaurada, pintada y bonita. Decidí regresar por ella en la noche. Así que, con mi amigo, llegamos bien tarde para robar la cama del dueño de la finca. Exitosamente salimos con nuestro botín sin despertar a los perros y regresamos a casa con mucha alegría.

No fue con alegría pero con fiebre en mi cama cuando el Señor trajo este incidente, este pecado de robo a mi mente. Con mucho dolor luchaba con esto. Mi conciencia estuvo cargada con la convicción del Espíritu Santo. No pude dormir ni quitarla de mi mente. Supe que tenía que tomar una decisión. Pedí perdón a Dios por mi pecado, levanté el teléfono con temor y temblor y llamé al dueño. El contestó casi inmediatamente y yo le confesé lo que hice. Le pedí perdón y le ofrecí la restitución de la cama o el valor en dinero. El quedó un poco confundido, pero me perdonó y no quiso recibir la restitución. Le despedí y colgé. En no más de un minuto, el tiempo que me tomó para llamar y hablar con el dueño, mi vida se transformó de dolor, angustia, culpabilidad, temor y pena, a gozo, salto, un grito de jubilo, agradecimiento al Señor, perdón, paz y victoria. ¡Una conciencia limpia!

Pablo dijo en su testimonio ante el concilio,
*"Varones hermanos, yo con **buena conciencia** he vivido delante de Dios hasta el día de hoy"*
(Hechos 23:1)

En su segunda carta a Timoteo dijo,
*"Doy gracias a Dios, al cual sirvo desde mis mayores con **limpia conciencia**..."*
(2 Timoteo 1:3)

En su defensa ante Felix,
*"Y por esto procuro tener siempre una **conciencia sin ofensa** ante Dios y ante los hombres"*
(Hechos 24:16)

El Espíritu Santo usa la conciencia para alertarnos de peligro. Si violamos la conciencia, si ignoramos la convicción de Dios estamos en peligro. Es el peligro de caminar en desobediencia. Si continuamos así, negando la voz del Espíritu, estamos en el camino de la perdición - el pecado no perdonable. El plan de Dios para sus ovejas es escuchar la voz del Pastor, es conocerlo y seguirlo. Andar con la conciencia cargada con culpabilidad, te va a quitar el gozo del Señor, la victoria sobre Satanás y tu autoridad para testificar y enseñar. Vivir con una conciencia limpia significa una libertad interna ante Dios y ante el hombre. Es saber que la santidad de Dios no es ofendida por nuestras palabras, pensamientos y acciones, y ninguna persona me puede acusar de hipocrecía.

¡Ahora bien, pero lo que Pablo dijo a los Corintios parece una contradicción!
*"Porque aunque de nada tengo mala conciencia, **no por eso soy justificado**"* (1Cor.4:4)
No es una contradicción, porque lo explicó muy bien a Tito,
*"Para los corrompidos e incrédulos nada les es puro; pues hasta su mente y su **conciencia estan corrompidos**"* (Tito 1:15)

Y, a Timoteo en su predicción de la apostasía en los postreros tiempos, escribió,
*"...teniendo **cauterizada la conciencia**"* (1 Timoteo 4:2)

¡No quiero acusar a Pablo de corrupción ni de incredulidad! Lo que Pablo quiso decir, es que el hombre no es justificado solamente por tener limpia la conciencia, porque es posible adormecer la conciencia, o en palabras de Pablo, "cauterizarla".

Una tribu de indígenas Norte Americanos cree que cada persona tiene en su interior un triángulo. Si la persona peca, el triángulo hace una media vuelta y las puntas bien afiladas le causan dolor. Si la persona repite el pecado, el triángulo hace otra media vuelta, pero ahora le duele menos porque las puntas tienen menos filo. Si la persona sigue cometiendo habitualmente el mismo pecado, el triángulo pierde sus puntas completamente y se vuelve redondo, y así el pecador ya no siente nada. La conciencia cauterizada es la conciencia dormida por negar el dolor; negar la voz del Espíritu Santo en su vida.

Cauterización era un proceso médico para detener la pérdida de sangre de una herida abierta. Tomaban una plancha bien calentada al fuego, y mientras unos hombres fuertes mantenían al paciente quieto, aplicaban la plancha a la herida para quemarla y así sellarla. Era un tratamiento bastante doloroso y dejaba la superficie de la herida dormida para siempre, porque el proceso de sellar así quema todos los nervios del área. Cualquiera de nosotros puede cauterizar su conciencia en algún área de su vida para justificar sus acciones y culpar a otra persona. Por ejemplo en el caso de una mujer con odio y amargura en su vida hacia un familiar por haberla violado sexualmente en su niñez, justifica sus pecados y cauteriza su conciencia diciendo que la culpa fue del hombre. La verdad es que ella es 100% culpable por su odio y amargura y necesita arrepentirse. La reacción de la mujer es "normal" y humana, pero el discípulo cristiano tiene el deber y el privilegio de perdonar al ofensor, rechazar el odio y la amargura que destruye a uno mismo, y tiene la bendición de recibir la paz y sanidad de Dios. La bendición posiblemente no queda sobre ella solamente, también el ofensor, siendo perdonado, puede experimentar la convicción de Dios sobre su vida, y pedir perdón. Nuestras acciones tienen tantas consecuencias que nosotros ni sabemos, consecuencias positivas y negativas dependiendo de nuestra obediencia a la voz del Espíritu Santo.

Cómo obtener una conciencia limpia

*"¿Cuánto más **la sangre de Cristo**, el cual mediante el Espíritu eterno se ofreció a sí mismo sin mancha a Dios, **limpiará vuestras conciencias** de obras muertas para que sirváis al Dios vivo?" (Hebreos 9:14)*

Sí!, es la sangre de Cristo que nos limpia. ¡Siga leyendo!

"Acerquémonos con corazón sincero, en plena certidumbre de fé, purificados los corazones de mala conciencia, y lavados los cuerpos con agua pura." (Hebreos 10:22)

Dios invita al pecador a que se acerque con toda libertad para recibir Su perdón y su limpieza, porque Su hijo Jesús tomó nuestros pecados en la cruz, y Su sange derramada es propiciación por nosotros. Es un gran regalo que Dios nos ofrece, ¡pero no debemos olvidar las condiciones! Dice, "Acerquémonos...." Pero si no se acerca, puede olvidar la promesa de limpieza! La redención de Dios es para todo el mundo, pero solamente los que se acercan la reciben.

Al leer cuidosamente 1 Juan observamos que hay condiciones para recibir el perdón de Dios.

*" Este es el mensaje que hemos oido de él, y os anunciamos: Dios es luz, y no hay ninguna tiniebla en él. 6 Si decimos que tenemos comunión con él, y andamos en tinieblas, mentimos, y no practicamos la verdad; 7 pero **si andamos en luz** como él está en luz, tenemos comunión unos con otros, y **la sangre de Jesucristo su Hijo nos limpia de todo pecado**. 8 Si decimos que no tenemos pecado, **nos engañamos a nosotros mismos**, y la verdad no está en nosotros. 9 Si confesamos nuestros pecados, él es fiel y justo para **perdonar nuestros pecados y limpiarnos de toda maldad."** (1 Juan 1:5-9)*

Hay dos condiciones aquí para recibir el perdón de Dios por nuestros pecados: son "Andar en luz" (v7) y "Confesar nuestros pecados" (v9)

Andar en la luz significa un caminar cristiano transparente. Transparencia es vivir visiblemente, no escondido. Es ser genuino, abierto y humildemente honesto en cuanto a tus fallas y fracasos. Es no vivir una fachada de religiosidad para los aplausos de los hombres. Es sacar a la luz todo lo que no agrada a Dios.

*"Porque todo aquel que hace lo malo, aborrece la luz y no viene a la luz, para que sus obras no sean reprendidas. 21 Mas el que practica la verdad **viene a la luz**, para que sea manifiesto que sus obras son hechas en Dios."* *(Juan 3:20-21)*

Andar en luz es comparar todo lo que hacemos a la luz de la Palabra de Dios y así sabemos si son de la luz o de las tinieblas.

*"Y no participéis en las obras infructuosas de las tinieblas, sino más bien repréndelas; porque vergonzoso es aún hablar de lo que ellos hacen en secreto. 13 Mas todas las cosas, cuando son puestas en evidencia por la luz, son hechas manifiestas; **porque la luz es lo que manifiesta todo.**"* *(Efesios 5:11-13)*

Si uno no está dispuesto a responder a la convicción del Espíritu obrando sobre nuestras conciencias, sino que escojemos andar con nuestro pecado secreto, Jesús tiene una palabra pertinente, ¡aunqué es muy fuerte!

*"Guardaos de la levadura de los fariseos, que es la hipocrecía. 2 Porque nada hay encubierto, que no haya de saberse. 3 Por tanto, todo lo que habéis dicho en tinieblas, **a la luz se oirá**; y lo que habéis hablado al oído en los aposentos, se proclamará en las azoteas. 4 Mas os digo, amigos míos: no temáis a los que matan el cuerpo, y después nada más pueden hacer. 5 Pero os enseñaré a quién debéis temer: temed a aquel que después de haber quitado la vida, tiene poder de echar en el infierno; si, os digo, a éste temed."* *(Lucas 12:2-4)*

Ahora, la segunda condición para que la sangre de Cristo nos limpie, es, "Si confesamos nuestros pecados". Vivo en un país bastante católico donde para muchos la confesión es meramente un acto religioso, de vez en cuando, con el sacerdote, para luego seguir en lo mismo. Esto no es "confesar" en el sentido bíblico. Solo el hecho de confesar no es lo que nos libera, sino la actitud humilde de reconocer nuestras debilidades delante de Dios y otros, y buscar su perdón y poder para vencer el pecado en nuestras vidas. Ahora la iglesia evangélica tiene la tendencia de "botar el bebé con el agua del baño", ¡para usar una expresión teológica! La confesión de pecados a un pastor u otra persona de confianza y madurez es muy importante. Es bíblico. Si uno considera al sacerdote o un pastor el intermediario entre Dios y el hombre, si es antibíblico porque Cristo Jesús es nuestro intermediario. Es él que perdona. Pero, sí la persona quiere cambiar su actitud y comportamiento, se abre en humildad y confiesa sus pecados que lo tienen atada y vencida, sin duda recibirá perdón, libertad y victoria. La epístola de Santiago dice,

"Confesaos vuestras ofensas unos a otros, para que seáis sanados" (Santiago 5:16)

La iglesia es un cuerpo, una familia, y la persona que prefiere andar y luchar sola en vez de compartir en unidad y fraternidad, va a sufrir mucho. Independencia, orgullo y arrogancia son pecados peligrosos, especialmente para el líder; el pastor, evangelista o misionero. Ahora es importante en la confesión de pecados que nuestro entusiasmo al hacerlo no se vuelva en tropiezo para otros. Siempre tenemos que decidir, si nuestra confesión va a edificar y sanar o, dañar y herir. Por ejemplo, un muchacho con pensamientos y fantasías sexuales hacía una persona del sexo opuesto, no debe confesarlo a ella. Mas bien a Dios. Si es un problema habitual, debe confesar a un consejero del mismo sexo. Si nuestro pecado ha afectado un grupo, debemos confesar y pedir perdón al grupo. Si ha afectado solamente a la esposa, a la esposa debo confesar y pedir perdón. Generalmente debemos seguir la regla de confesión dentro del circulo de ofensa.

Finalizamos esta parte de la conciencia limpia con una exhortación. Escudriña tu conciencia querido lector a la luz de la Palabra de Dios y permite que el Espiritu Santo traiga a tu mente aquellas acciones, palabras, actitudes y motivos que no le agradan. Ahora mismo haz una lista de las acciones correctivas que necesitas tomar para restituir a las personas afectadas. Claro, es difícil. Pero recuerdo muy bien el día que estuve con fiebre, luchando entre la convicción y el orgullo sobre, una cama robada. La paz y la victoria que obtuve en tan pocos momentos valientes ¡valió la pena!

El enemigo siempre va a intentar desviarte de lo que sabes en Dios que debes hacer. Aqui se encuentran algunas excusas comunes, ¡y sus respuestas!

- "Lo que hice pasó hace muchos años"..¿Pero que son solamente treinta años en la eternidad?
- "No sé donde viven ahora".......Haz todo lo posible para encontrarles. Dios te puede guiar.
- "Fue una cosa muy pequeña"....¿Porqué está en tu conciencia?
- "La relación ha mejorado muchísimo"...Va a mejorar mucho más si lo confiesas.
- "Soy muy sensible"........No, ¡muy orgulloso!
- "Ellos no van a entender".......El Espíritu puede preparar sus corazones.
- "Arreglar esto me costará demasiado".....Mejor una conciencia limpia que una deuda mala.
- "Luego lo arreglaré"..Más fácil ahora, y mientras tanto estas perdiendo la bendición de Dios.
- "El fue más culpable que yo".....Restituye 100% de la parte tuya, Dios se encargará de él.
- "Ella no es cristiana".....¡Que buen testimonio será!

Amado hermano, por favor no sigas leyendo éste libro hasta que obtengas una conciencia limpia. De hacer lo contrario será una maldición para tí y un peligro para otros. Dios te bendiga.

Referencias bibliográficas
1. The Humanist, Jan./Feb. edition 1983, p26.

El Temor de Dios

Si alguien te ofreciera una receta para disfrutar la comunión intima de Dios, tener el "ojo de Jehová sobre tí", el ángel de Jehová acampando alrededor, la provisión completa de Dios para que no te falte nada, la sabiduría de Dios, una vida larga, una vida llena de reposo y libre de todo lo malo, ¿Que dirías? ¡Dámela! ¡Muéstramela! Todas son promesas procedendes del temor de Dios en la vida del creyente. (Salmos 25:14, 33:18, 34:7 y 9, Proverbios 1:7, 10:27, 19:23).

La primera vez, como nuevo creyente, que escuché el término "temor de Dios", no me gustó. Me sonó como de un Dios bravo, furioso, serio. Confundía la palabra temor con miedo. El temor de Dios no significa miedo a Dios, sino algo positivo, admirable, valoroso, y vital en nuestra relación con Jesucristo.

Malaquias 2:5 dice de Levi,
"Mi pacto con el fue de vida y de paz, las cuales cosas yo le dí para que me temiera; y tuvo temor de mí, y delante de mi nombre estuvo humillado"

Dios le dió a Leví un pacto de vida y de paz, el Creador del universo hizo amistad con este ser humano. Y el ser humano "estuvo humillado" delante el nombre de Dios. La palabra "humillado" en el Hebreo original es *chathath*, que significa más bien "prostrado en reverencia, humildad y temor". Al encontrarse delante del Señor es experimentar lo que sintió Isaías.

"¡Ay de mí! que soy muerto; porque siendo hombre inmundo de labios y habitando en medio de pueblo que tiene labios inmundos, han visto mis

ojos al Rey, Jehová de los ejercitos."
(Isaías 6:5)

Juan tuvo una visión de Dios durante su tiempo en la Isla de Patmos y cuenta en Apocalipsis 1:17 *"Cuando le vi, caí como muerto a sus pies"*.

Durante la dedicación del Templo de Salomón, los sacerdotes no pudieron entrar por la gloria de Jehová que estuvo presente, y los Israelitas...
"...se postraron sobre sus rostros en el pavimento y adoraron..."
(2Crón. 7:3)

¿Cómo es tu visión de Dios? ¡A lo mejor nunca lo has visto con los ojos físicos! Pero, ¿Cuál es tu concepto de Dios? ¿Es bien grande o pequeño? ¿Cuán grande es Dios para tí? Realmente el primer paso de tener el temor de Dios en tu vida es engrandecer tu visión, tu concepto, tu perspectiva de Dios.

Para dar un vistazo de la grandeza y poder de Dios, pensemos por un momento en la creación. Romanos 1 dice que Dios se revela por su creación; un estudio de la naturaleza nos lleva a unas revelaciones del carácter del Creador. Si tu pudieras tirar una pelota de beisbol a la velocidad de luz, ¡la pelota daría siete vueltas al mundo en un segundo! Puedes imaginar esta velocidad tan increíble? Ahora, si pudieramos montar un cohete que vuele a la velocidad de la luz, podemos llegar a la luna en 1.3 segundos. Llegaríamos a Neptuno, en el extremo de nuestra sistema solar, en cinco horas a la misma velocidad de luz. ¡Que grande es nuestra sistema solar! Pero, ahora imagínate ésto; para llegar a la estrella más cercana sería 4 años en el cohete. El extremo de nuestra galaxia queda a 80,000 años de luz del planeta Tierra. Nuestra galaxia es uno de diecisiete en una agrupación - ¡Hay otras agrupaciones con 2000 y más galaxias! ¡Y pensamos que nuestro planeta tierra es grande! ¡Dios hizo todo esto simplemente con sus palabras!

*"Y **dijo** Dios: Sea la luz, y fue la luz....luego **dijo** Dios: Haya expansión en medio de las aguas, y separe las aguas de las aguas....después **dijo** Dios: Produzca la tierra hierba verde....**dijo** luego Dios: Haya lumbreras*

en la expansión de los cielos para separar el día de la noche...." etc, etc. (Génesis 1).

La Biblia dice que no solamente creó la tierra y el universo por las palabras de su boca, sino que *"...**sustenta** todas las cosas con la **palabra de su poder**...." (Hebreos 1:3)*

2 Pedro 3:7 dice, *"Pero los cielos y la tierra que existen ahora, estan reservados **por la misma palabra**, guardados para el **fuego en el día del juicio** y de la perdición de los hombres impíos."*

¡Guau! !Que poder! ¡Crear, sostener y destruir todo el universo con el poder de su palabra! El universo es tan grande que no podemos comprenderlo. ¡Pero Dios lo hace pequeño! Y mas, querido lector, 2 Pedro 3:13 dice que va a crear cielos nuevos y tierra nueva, en los cuales mora la justicia. ¡Gloria a nuestro Dios! ¿No te sientes contento a tener un Dios tan grande, tan poderoso, con promesas para tí y para mí de un futuro seguro, glorioso, y eterno en presencia de El? ¿No es emocionante que el Creador y Sustentador del universo tiene tiempo para ti? El está pendiente de tí; de cada pensamiento, de cada palabra tuya, sean estos para alabar a Dios o no. El está pendiente de cada acción tuya, cada respuesta, cada reacción, hasta los motivos de tu corazón, El los sabe.

Párate con temor delante de El, póstrate en humildad y quebranto a Sus pies, y adórale porque grande es su amor y su misericordia hacia nosotros. Cuan importante es andar como discípulo del Señor Jesucristo en reverencia y temor de su nombre, y con una perspectiva correcta de su grandeza y majestad.

La segunda característica del temor de Dios es odiar, aborrecer el pecado y toda maldad. Proverbios 8:13 dice todo, *"El temor de Dios es **aborrecer el mal**"*

Salmo 36:1-4 habla del problema del impío,
*"Las palabras de su boca son iniquidad y fraude; ha dejado de ser cuerdo y de hacer el bien. Medita maldad sobre su cama; está en camino no bueno, **el mal no aborrece**."*

Para poder entender la importancia de aborrecer el mal, vamos a estudiar una palabra que tiene la clave. La palabra, en griego, es *epithumia* - "el deseo para lo prohibido", en español se traduce *concupiscencia*. Según Santiago 1:14-15, hay una fuerza en el ser humano que le lleva a pecar. No es el diablo, aunque sabemos que tambien mete la mano para tentarnos. Pero es una fuerza más bien de la carne, que produce el deseo de pecar.

*"Cada uno es tentado cuando de su propia **concupiscencia** es atraído y seducido. Entonces la concupiscencia, después que ha concebido, da luz el pecado; y el pecado, siendo consumado, da a luz la muerte." (Santiago 1:14-15).*

Generalmente hacemos mucho énfasis en el "no pecar". Enseñamos en las escuelas dominicales la importancia de la santidad. Enseñamos lo que es y lo que no es pecado. Consideramos actos como adulterio, homosexualismo, robo, mentira, etc, como "pecados". Es cierto, son pecados y no podemos participar en ellos. Pero, es interesante que Jesús en sus enseñanzas no ponía mucho énfasis en "no pecar", más bien atacaba el motivo detrás del pecado. En el sermón del monte dijo,

21"Oísteis que fue dicho a los antiguos: no matarás...pero yo os digo que cualquiera que se enoje contra su hermano será culpable de juicio...27 Oísteis que fue dicho: no cometerás adulterio. Pero yo os digo que cualquiera que mira a una mujer para codiciarla, ya adulteró con ella en su corazón." etc.   (Mateo 5:21 y 27)

La ley tiene bien claro lo que es pecado. Pero la realidad es que uno, para evitar el pecar, tiene que tratar con la concupiscencia, que es la raíz del pecado. La razón por la cual uno peca, es porque el pecado es atractivo, deseoso, seduce y atrae. Si se pudiera quitar lo atractivo del pecado, sería fácil resistirlo! Aborrecer el mal es tratar con la raíz. Si el individuo tiene el temor de Dios en su vida, tiene la habilidad de aborrecer el mal, y así quitar lo atractivo en el pecado. Si cada cristiano pudiera entender y escoger el temor de Dios en cada área de su vida veríamos la iglesia de Jesucristo caminando en victoria.

Con el temor de Dios en nuestras vidas podemos caminar en victoria en cuatro áreas claves de nuestro caminar con el Señor. El arrepentimiento, la obediencia, la autoridad, y la santidad.

Arrepentimiento y el temor de Dios
En la historia de faraón y las plagas sobre Egipto, vemos una falta del temor de Dios en la vida de faraón. Con tanta evidencia de la mano de Dios en contra de él, todavía no quizo reconocer su pecado al no librar a los Israelitas. Aparentemente se arrepentía, y rogaba que cesara la plaga, pero cuando la plaga cesaba, cambiaba su mente. Llegó un punto en la historia cuando faraón pidió misericordia de Dios por su pecado, supuestamente arrepentido como los casos anteriores, pero esta vez Moisés hace un comentario bien interesante....

"Y le respondió Moisés: tan pronto salga yo de la ciudad, extenderé mis manos a Jehová y los truenos cesarán, y no habrá más granizo; para que sepas que de Jehová es la tierra. **Pero yo sé que ni tú ni tus siervos temeréis todavía la presencia de Jehová Dios."** *(Ex. 9:29-30)*

Si no hay temor de Dios, el arrepentimiento puede ser una tristeza, un temor de hombre o una determinación de no volver hacerlo. Pero si no hay temor de Dios, no hay un arrepentimiento genuino, y no habrá cambios verdaderos en la vida del discípulo.

Obediencia y el temor de Dios
Cuando pensamos en la desobediencia, viene a la mente el profeta Jonás. No quizo ir a Nínive y predicar un mensaje de juicio y destrucción. Así que abordó un barco navegando en la dirección opuesta. No se puede engañar a Dios, y no podemos escondernos de El.

"A dónde me iré de tu Espiritu? Y a dónde huiré de tu presencia? Si subiere a los cielos, allí estas tú; Y si en el Seol hiciere mi estrado, he aquí, allí tú estás." *(Salmo 139:7-8)*

Jonás salió en el barco, ¡pero la presencia de Dios le persigió! Dios envió una tormenta tan fuerte que aún los marineros reconocieron la mano de

Dios en contra de ellos. ¡Fué algo sobrenatural! Preguntaron a Jonás si el había hecho algo que merecía la maldición y la ira de Dios. Les contestó que si. Ahora, es bien interesante lo que Jonás dice en esta situación.

*"Soy hebreo, y **temo a Jehová**, Dios de los cielos, que hizo el mar y la tierra." (Jonas 1:9)*

El problema de Jonás fue una falta de temor a Dios. ¡Ese sinvergüenza estuvo dormido en medio de una tormenta enviada por Dios por su desobediencia! Tranquilamente pensaba que había huído de la presencia de Dios. Creo que en el estómago de aquél gran pez, Jonás se dió cuenta de la grandeza de Dios, y comenzó a temer a Jehová, y a obedecerle. Predicó en Nínive el mensaje de Dios.

Hay gente con el concepto equivocado, de que hacer la voluntad de Dios es difícil, duro y le cuesta, etc, etc. Pero Jesús dijo claramente,

"Mi yugo es fácil y lígera mi carga" (Mateo 11:29)

Pablo, hablando de la voluntad de Dios dijo,

*"No os conforméis a este siglo, sino transformaos por medio de la renovación de vuestro entendimiento, para que comprobéis cuál sea **la buena voluntad de Dios, agradable y perfecta**" (Romanos 12:2)*

Para comenzar, la voluntad de Dios para nuestras vidas es **buena**. No es mala, es buena. Segundo, es **agradable**. No es desagradable como algunos piensan. Es algo que nos va a satisfacer. Sí obedecemos a Dios nos sentiremos felices. Y finalmente, la voluntad de Dios es **perfecta**. ¡Es perfectamente buena y agradable! La voluntad de Dios para tu vida es diseñada perfectamente, en todo aspecto, para tí. Dios te conoce a tí cien por ciento. En obedecer a Dios, estas tomando la herencia que Dios ha preparado de antemano y es especificamente para tí.

La verdad es que en desobediencia, uno lucha en contra de todas las leyes y principios naturales y sobrenaturales del universo. Desobedecer a Dios es rechazar todo lo que es para nuestro bienestar y escoger caminar paso a paso con el enemigo de nuestras almas, Satanás. Pero, si uno no tiene el temor de Dios, va a escoger lo que temporalmente parece menos difícil, y lo que satisface la carne. El temor de Dios nos protege de un camino de autodestrucción que se encuentra en el humanismo, el egoísmo y la rebeldía.

El temor de hombre y el temor de Dios
Con el advenimiento de la filosofía de la "economía de mercado libre", se ha desarrollado la presión de competencia. El comerciante tiene que sobrevivir en medio de mucha competencia, ofreciendo un producto mejor, a menos precio, y con buen servicio. ¡Que bueno! Hay un dicho que caracteriza esa filosofía, "el cliente siempre tiene la razón". Así que, todo el mercadeo es para agradar a la gente, agradar al hombre, porque el es mi pan y mantequilla. Cuando ésta filosofía comienza a tener influencia en las estratégias de "iglecrecimiento" (crecimiento de iglesia), tenemos problemas. Sí, es importante diseñar nuestros servicios eclesiásticos para atraer a la gente a nuestras iglesia, pero el peligro es enfocarnos en el hombre en vez de Dios.

"El temor de hombre pondrá lazo; mas el que confía en Jehová será exaltado" (Prov. 29:25)

El Pastor que predica siempre para caer bien a su gente, está en camino de ataduras demoníacas. El líder que no quiere enfrentar a un colega por temor de perder su amistad o recibir su ira tambien. Lamentablemente hay veces en que un ministro, por temor de perder su posición asalariada, se mantiene callado en vez de hablar la verdad en presencia de sus ancianos.

Mateo 7:28 -29 dice,
*"Y cuando terminó estas palabras, la gente se admiraba de su doctrina; porque les enseñaba como quien tiene **autoridad**, y no como los escribas."*

Porqúe se sintió la gente así? ¿Porqúe con más autoridad que los escribas? Bueno, El acababa de predicar el famoso sermón del monte;

unas enseñanzas bien radicales en cuanto al estilo de vida esperado por Dios. Los teólogos hoy dicen que lo que predicaba era imposible! Fue una exageración! Pero nadie puede negar que Jesús sí vivía una vida así; una vida radicalmente libre de pecado. Y por eso pudo predicar con convicción y autoridad porque no hubo conflicto entre lo que decía y lo que hacía. El "caminaba el hablar".

Los escribas, por el otro lado, enseñaron la ley, pero en hipocrecía, no la guardaban. Y absolutamente nadie puede predicar con autoridad si no está poniendo por obra en su propia vida sus enseñanzas. Jesús enseñaba con autoridad porque predicaba la verdad, no tenía temor de hombre; no le importaba ofender ni a los escribas ni a los fariseos.

Conocí a un misionero trabajando en Venezuela. Era un gran hombre de Dios y tremendo predicador. Tuvo problemas una vez de relaciones interpersonales con su colega misionero y paisano. Hubo un desacuerdo tan fuerte entre los dos que se separaron los dos y no hablaban más. Antes del desacuerdo y separación eran los mejores amigos. El amigo mio enseñaba en muchas iglesias y escuelas de JUCUM sobre el arrepentimiento y la conciencia limpia. Un día me confesó que había perdido su autoridad en enseñar. Reconoció que fue por la separación que todavía existía entre él y su amigo. Después de una tremenda lucha interna, porque tenía miedo de su ex colega y amigo, hizo contacto con él y le pidió perdón. Hubo una gran reconciliación entre los dos, y mi amigo comenzó de nuevo a enseñar, pero con más autoridad que nunca! Gloria a Dios!

Saúl era un gran hombre. Dios le escogió cuando era "pequeño en sus propios ojos" para servir como rey de Israel. El problema fué cuando con el correr de los años, el hombre se puso orgulloso. Ya se engrandeció en sus propios ojos. "Hizo una estatua de si mismo". Ahora, el gran problema con el orgullo, es que el orgullo tiene que alimentarse con los aplausos de otros. Un hombre viviendo solo en una isla desierta no va a tener problemas con orgullo! Poco a poco, Saúl llegó a depender más de los aplausos de los hombres que de los aplausos de Dios. Sufría del temor del hombre. Y fué el temor del hombre que hizo su vida una tortura y finalmente le destruyó.

Un día, Saúl tuvo un encuentro fuerte con el profeta Samuel. Saúl había desobedecido el mandato de Dios de destruir completamente a los Amalecitas y a su rey Agag. Samuel, en su represión de parte de Dios, informó a Saúl que, por desobediencia, Dios le iba a quitar el reinado de Israel. La preocupación más grande de Saúl, no fué rogar perdón de Dios, sino pedirle a Samuel que le honrara delante de sus ancianos!

"24 Entonces Saúl dijo a Samuel: Yo he pecado; pues he quebrantado el mandamiento de Jehová y tus palabras, porque temí al pueblo y consentí a la voz de ellos. Perdona, pues, ahora mi pecado, 25 y vuelve conmigo para que adore a Jehová. 26 Y Samuel respondió a Saúl: no volveré contigo; porque desechaste la palabra de Jehová, y Jehová te ha desechado para que no seas rey sobre Israel. 27 Y volviendose Samuel para irse, él se asió de la punta de su manto, y éste se rasgó. 28 Entonces Samuel le dijo: Jehová ha rasgado hoy de ti el reino de Israel, y lo ha dado a un prójimo tuyo mejor que tú. 30 Y él dijo: Yo he pecado; pero te ruego que me honres delante de Israel, y vuelvas conmigo para que adore a Jehová tu Dios." (1 Samuel 15:24-29, 30)

Un gran héroe de la fé cristiana y el primer martir, era un hombre no conocido por su gran ministerio, sino por su temor de Dios. Y por eso, no tenía temor de hombre, que es evidenciado por su testimonio tan valiente delante del concilio. Mire sus palabras,

"Duros de cerviz, e incircuncisos de corazón y oidos! Vosotros resistís siempre al Espíritu Santo; como vuestros padres, así tambien vosotros." (Hechos 7:51)

Esteban murió por su valentía. Fácilmente podria haber hablado suavemente al concilio para escapar, pero tenía el temor de Dios, y así no tuvo temor de sus piedras.

"No temáis a los que matan el cuerpo, y después nada más pueden hacer. Pero os enseñaré a quien debéis temer: Temed a aquel que después de haber quitado la vida, tiene poder de echar en el infierno; sí, os digo, a éste temed." (Lucas 12:4-5)

Con el temor de Dios en nuestras vidas, no tenemos que temer a los castigos del hombre. Podemos contar proféticamente las palabras de Dios con autoridad y convicción, sin el miedo de perder amigos, perder el sueldo y posición, o popularidad. Al honrar a Dios en todo lo que decimos y hacemos, vamos a encontrar un ministerio poderoso y eficáz en el reino de Dios; porque la palabra dice que El honra a los que le honran.

Santidad y el temor de Dios

¿Has considerado alguna vez porqué aclaman los serafines ministrando en la presencia de Dios "Santo, santo, santo"? Porque no "Amoroso, amoroso, amoroso"? O, "Misericordioso, misericordioso, misericordioso es el Señor Altísimo"? ¿Porqué proclaman la santidad de Dios en vez de otra de sus características?

"Santo, santo, santo, Jehová de los ejércitos; toda la tierra está llena de su gloria." (Isaías 6:3)

"Santo, santo, santo, es el Señor Dios Todopoderoso, el que era, el que es, y el que ha de venir." (Apoc. 4:8)

El Espíritu de Dios, tambien se llama "Santo", el Espíritu Santo. ¿Porqué no el Espíritu Justo o Espíritu Celoso, o Espiritu Bueno? Y los Santos de Dios, ¿porqué se llaman "Santos"? ¿Porque no los Bondadosos o los Mansos, o los Sabios?

La evidencia muestra que hay prioridades entre las características de Dios, y que la santidad de Dios es el más importante. ¿Porqué sería así? Joy Dawson en su libro, Amistad Intima con Dios, dice,

"Su santidad es la base de nuestro respeto por Dios, y la razón principal por la cual podemos entregarnos completamente a él. Sería tonto comprometernos a alguien sin saber la integridad de su carácter a pesar de sus grandes obras y fuerza de personalidad" [1].

En mis tiempos de adoración e intercesión, cuando he enfocado en la santidad de Dios, son las veces que he experimentado una tremenda presencia de Dios en su grandeza, su hermosura, su perfección. Salmo 11:7 dice,

"Porque Jehová es justo, y ama la justicia; el hombre recto mirará su rostro"

Hebreos 12:14 dice,
"Seguid la paz con todos, y la santidad, sin la cual, nadie verá al Señor"

En el siguiente versículo, queridos hermanos, encontramos la clave para crecer en la santidad, la cual nos lleva a una relación más íntima y preciosa con el Señor, adorándole "en la hermosura de la santidad" (2Cron. 16:29)...

*"Así que, amados, puesto que tenemos tales promesas, limpiémonos de toda contaminación de carne y de espíritu, **perfeccionando la santidad en el temor de Dios**." (2 Cor. 7:1)*.

Con el temor de Dios en nuestras vidas, vamos a poder perfeccionar, madurar, aumentar, la santidad de Dios en nosotros.

Cómo recibir el temor de Dios
1. Anhelar el temor de Dios
Según el profeta Isaías, el Mesías iba a recibir la unción del Espíritu de Jehová;

*"...espíritu de sabiduría y de inteligencia, espíritu de consejo y de poder, espíritu de conocimiento y de temor de Jehová. Y **le hará entender diligente** en el temor de Jehová" (Isaías 11:2-3)*

Entre todas las unciones, vemos una prioridad en "el temor de Dios". La razón es porque es la clave para un camino recto delante del Señor. Y el Mesías, según el profeta iba a "...hará entender diligente...", poner atención especial, "deléitese en el temor de Dios" según la traducción

NIV en inglés. El primer paso para tí querido lector en recibir el temor de Dios es desearlo y anhelarlo!

2. Escoger el temor de Dios para nuestras vidas
Si, es una decisión; es una elección.

*"Por cuanto aborrecieron la sabiduría y no **escogieron** el temor de Jehová...comerán del fruto de su camino"* (Prov. 1:28 - 29)

Si tu has decidido que más temor de Dios es lo que necesitas y lo que deseas en tu vida, siga al siguiente punto.

3. Pedir perdón de Dios por la falta de Su temor en áreas específicas de tu vida. No es mala idea tomar tiempo para escudriñar tu corazón, y escribir las áreas donde tu quieres el temor de Dios.

4. Pide el temor de Dios ahora en esas áreas específicas de tu vida, orando con fé y recibiéndolo con acción de gracias.

"Ahora pues, Israel, ¿que pide Jehová tu Dios de ti, sino que temas a Jehová tu Dios, que andes en todos sus caminos, que lo ames, y sirvas a Jehová tu Dios con todo tu corazón y con toda tu alma; que guardes los mandamientos de Jehová y sus estatutos, que yo te prescribo hoy, para que tengas prosperidad?" (Deut. 10:12-13)

Notas Bibliograficas
1. Dawson, Joy, Intimate Friendship With God through understanding the fear of the Lord.
(Chosen Books) p47.

Adoración

- ministrando al Señor

"Después de esto miré, y he aqui una gran multitud, la cual nadie podía contar, de todas las naciones y tribus y pueblos y lenguas, que estaban delante del trono y en la presencia del Cordero, vestidos de ropas blancas, y con palmas en las manos y clamaban a gran voz diciendo: la salvación pertenece a nuetro Dios que está sentado en el trono, y al Cordero. Todos los ángeles estaban en pie alrededor del trono, y de los ancianos y de los cuatro seres vivientes; y se postraron sobre sus rostros delante del trono, y adoraron a Dios, diciendo: Amén. La bendición y la gloria y la sabiduría y la acción de gracias y la honra y el poder y la fortaleza, sean a nuestro Dios, por los siglos de los siglos. Amén" (Apocalipsis 7:9-12)

¡Imagínate estando con aquella gran multitud de toda nación, tribu, pueblo y lengua, adorando a Dios, cada uno en su idioma, tocando instrumentos indígenas y además trompetas, tambores, violines, guitarras, pianos, flautas, arpas y címbalos, con manos extendidas, algunos con sus pies danzando con gozo, moviendo las palmas de sus manos como banderas de victoria! Y el sonido de aquella congregación tan grande como el estruendo de muchas aguas, y como la voz de grandes truenos (Apoc.19:6), y la presencia de Dios; uno la siente tan fuerte que algunos ni pueden mantenerse de pie! Sus pies son como gelatina, y caen postrados delante del Cordero (Apoc.7:11, 2Cr.7:3). ¡Y todo el tiempo un sentido de amor puro procediendo desde el trono donde esta sentado Jesús, el Hijo de Dios!

La palabra "Adoración" es traducida de la palabra *proskuneo* (griego) - "acercarse en admiración y devoción; postrarse a los pies en adoración y amor". La concordancia Strongs usa la ilustración, "un beso, como un perro lamiendo la mano".

¿Como discípulos de Jesucristo, cual es nuestra responsabilidad de ministrar a Dios? ¿No es Dios el que nos ministra a nosotros?

Vamos a ver la historia del pueblo de Dios para descubrir una verdad tan bella.

1. La tribu de Leví tenía la responsabilidad de ministrar al Señor,

*"En aquel tiempo apartó Jehová la tribu de Leví para que llevase el arca del pacto de Jehová, para que estuviese delante de Jehová para **servirle**, y para bendecir en su nombre hasta hoy."* (Deut. 10:8)

La palabra traducida "servir" es *"sharath" (Hebreo)* - atender, servir, ministrar.

2. Samuel ministraba al Señor,
"...y el niño ministraba a Jehová delante del sacerdote Elí" (1 Samuel 2:11)

3. Los sacerdotes durante la dedicación del templo de Salomón, ministraron al Señor con címbalos, salterios, arpas, trompetas y cánticos. (2 Cron. 5:11-14)

4. Ana, la profetiza que estuvo en la presentación de Jesús en el templo, ministraba al Señor noche y día con ayunos y oraciones. (Lucas 2:36-37)

5. La Iglesia primitiva de Antioquía, la que envió a Pablo y Bernabé, estuvo "ministrando éstos al Señor y ayunando". (Hechos 13:2)

6. David, el salmista ministraba al Señor con cantos y música. Solamente tienes que comenzar a leer los Salmos de David y uno entra en una adoración que minístra al corazón de Dios.

De igual manera las palabras de María dirijidas en adoración amorosa a su Señor ha marcado una pauta en la iglesia cristiana de lo que es adoración,

"Engrandece mi alma al Señor; y mi espíritu se regocija en Dios mi Salvador...." (Lc.1:46)

(Te recomiendo que busques ahora Lucas 1:46, y leas todo hasta v55 para una experiencia linda de adoración con Dios).

Dios habita en medio de las alabanzas de su pueblo
Dios es omnipresente, y no podemos decir que está presente en un lugar y no en otro! Pero sin duda hay un fenómeno bíblico, y es que a veces Dios se manifiesta en su gloria de una manera especial, derramando una unción que convence de pecados, sana, libera y convierte.

"Cuando sonaban, pues, las trompetas, y cantaban todos a una, para alabar y dar gracias a Jehová, y a medida que alzaban la voz con trompetas y címbalos y otros instrumentos de música, y alababan a Jehová, diciendo: Porque él es bueno, porque su misericordia es para siempre; entonces la casa se llenó de una nube, la casa de Jehová. Y no podían los sacerdotes estar allí para ministrar, por causa de la nube; porque la gloria de Jehová había llenado la casa de Dios." (2 Cronicas 5:13-14)

El Salmista dijo lo mismo,
"Pero tú eres santo, tú que habitas entre las alabanzas de Israel" (Salmo 22:3)

En la medida en que la iglesia de Cristo levanta el nombre de Jesús para ministrarle en alabanza y adoración, Jesús se manifiesta entre ella, derramando su gloria y su gracia. Al ministrar a el, El viene a nosotros. ¿Cuál es tu actitud en oración, bendice alma mia a Jehová, o, bendíceme a mí oh Jehová? ¿Es dar, o es recibir? La realidad es que al dar a Dios adoración, El nos bendice. Pero el motivo de adoración no debe ser recibir, sino ministrar a Dios. Es una lastima que muchos cristianos no saben que ellos son "ministros", y asisten a las iglesia para recibir en vez de participar. Si no sienten que están recibiendo, van de una iglesia a otra. Nunca van a encontrar lo que buscan hasta que aprendan a ser adoradores.

*"Cuando os reunís, **cada uno de vosotros** tiene salmo, tiene doctrina, tiene lengua, tiene revelación, tiene interpretación. Hágase todo para edificación"* (1Cor. 14:26)

El propósito original de Dios

El propósito de Dios en el principio fue que todos los Israelitas sean sacerdotes para ministrarle a El, no solamente la tribu de Leví. Cuando Moisés subió al monte de Sinaí, Dios le dijo,

*"Ahora, pues, si diereis oído a mi voz, y guardaréis mi pacto, vosotros seréis mi especial tesoro, sobre todos los pueblos; porque mía es toda la tierra. **Y vosotros me seréis un reino de sacerdotes**, y gente santa."* (Éxodo 19:5-6)

Pero cuando Moises bajó del monte, encontró a todo el pueblo adorando un becerro de oro. Moisés, entonces, se puso a la puerta del campamento y dijo,
"¿Quién está por Jehová? Júntese conmigo. Y se juntaron todos los hijos de Leví"

Solamente una tribu reconoció su pecado, se arrepintió, y se juntó con Moisés en la puerta del campamento. Los demás de Israel, perdieron su herencia como sacerdotes para ministrar a Jehová.

"En aquel tiempo apartó Jehová la tribu de Leví para que llevase el arca del pacto de Jehová para servirle, y para bendecir en su nombre, hasta hoy, por lo cual Leví no tuvo parte ni heredad con sus hermanos; Jehová es su heredad...." (Deut. 10:8-9)

¿Cuál es tú heredad, querido lector? Servir y ministrar al Señor toda la vida, ¿O sentarte con los brazos cruzados, esperando que Dios te bendiga?

El propósito de Dios hoy en día

El propósito de Dios es que nosotros, seguidores de Jesús; cristianos, seamos sacerdotes...

*"...vosotros tambien, como piedras vivas, sed edificados como casa espiritual y **sacerdocio** santo, para **ofrecer sacrificios espirituales** aceptables a Dios por medio de Jesucristo."* (1Pedro 2:5)

*"Mas vosotros sois linaje escogido, **real sacerdocio**, nación santa...."* (1Pedro 2:9)

Somos sacerdotes, ofreciendo sacrificios a Dios. ¿Cuál es la naturaleza de tales sacrificios?

"Asi que, ofrezcamos siempre a Dios, por medio de él, sacrificio de alabanza, es decir, fruto de labios que confiesan su nombre." (Hebreos 13:15)

Oh Señor Jesús, en este momento levantamos nuestras voces, abrimos nuestros labios, y te alabamos. Tu eres el glorioso Creador del universo, el Vencedor, el Victorioso, digno de adoración día y noche. Eres supremo sobre todas las cosas de los hombres, porque eres Señor de los Señores, y Rey de los Reyes. Te amamos y te damos gracias por habernos escogido e incluido en tu pueblo santo; el sacerdocio real. ¡Aleluya! ¡Aleluya! ¡Aleluya!

¡Dios es nuestra herencia! No tenemos otra herencia! Dios tiene el primer lugar en nuestras vidas.

"Porque en él vivimos, y nos movemos, y somos...." (Hechos 17:28)

Si Dios tiene el primer lugar en tu vida, significa que otras cosas tienen el segundo lugar. Al tener nuestras vidas centradas en El, vamos a buscarle a El en todas las cosas y en cada situación; por su sabiduría, su dirección, su consuelo, su ánimo. Es importante basar nuestra relación en El personalmente, y no en libros, cassetes, enseñanzas, conferencistas, etc. El es nuestra fuente de vida.

"Porque dos males ha hecho mi pueblo: me dejaron a mi, fuente de agua viva, y cavaron para sí cisternas, cisternas rotas que no retienen agua." (Jeremías 2:13)

Cisternas rotas

Cuando el indivíduo cristiano satisface sus necesidades fuera de Dios, está cavando cisternas falsas. Cuando una iglesia depende de sus ritos y litúrgias en vez de una relación dinámica con el Señor, pierde su dirección, su visión y su misión. Nunca fue la intención de Dios que el Cuerpo de Cristo se reuniera para realizar cultos idénticos cada domingo. La tendencia del ser humano, sea o no cristiano, es controlar. Como lideres, queremos todo planificado, organizado, y llevado a cabo según el reloj. Lamentablemente la espontaneidad para la mayoría de lideres es inaceptable.

¡Un culto de adoración nunca debe ser aburrido! Si nuestro destino final es estar adorándole a Dios en el cielo, supongo que el proceso de llegar allá debe ser marcado tambien con adoración. Es una tremenda responsabilidad para los líderes de adoración, los músicos y el Pastor que esten fluyendo con el Espíritu, y realmente esten dirigiendo la congregación a ministrar a su Señor.

Un ministerio aceptable para Dios

La manera de adorar a Dios debe comenzar, por supuesto, con la actitud del adorador. Si no viene de un corazón limpio, su adoración es un rito vacío nada mas. La Biblia dice que...

"...presentéis vuestros cuerpos en sacrifico vivo, santo, agradable a Dios, que es vuestro culto racional." (Romanos 12:1)

Es imposible que Dios reciba nuestro sacrificio de alabanza y adoración si no hemos primero ofrecido nuestros cuerpos en sacrificio vivo. La vida personal del adorador es sumamente importante; que sea "santo, agradable a Dios". Una doble vida de pecado y egoísmo con servicio y ministerio no agrada a Dios. Escucha sus palabras...

¿Para qué me sirve, dice Jehová, la multitud de vuestros sacrificios?Hastiado estoy de holocaustos de carneros y de sebo de animales gordos; no quiero sangre de bueyes, ni de ovejas, ni de machos cabríos....No me traigáis más vana ofrenda; el incienso me es abominación; luna nueva y día de reposo, el convocar asambleas, no lo puedo sufrir; son iniquidad vuestras fiestas solemnes...Cuando extendáis vuestras manos, yo esconderé de vosotros mis ojos; asimismo cuando multipliquéis la oración, yo no oiré; llenas están de sangre vuestras manos." (Isaías 1:11, 13, 15)

Dios no se impresiona con la adoración de una congregación cuya actitud no es poner al Señor en primer lugar. Quizás tiene una orquesta bellísima, un coro con voces de ángeles, pero para Dios su ofrenda de adoración es una abominación. ¡Que fuerte esta palabra! El versículo 14 del mismo capítulo dice que sus cultos "tiene aborrecida mi alma". Si Dios aborrece la adoración de una congregación inicua, con toda seguridad los visitantes incrédulos se van a sentir aburridos en el culto.

Jehová dijo, y dice...

"Lavaos y limpiaos; quitad la iniquidad de vuestras obras de delante de mis ojos; dejad de hacer lo malo; aprended a hacer el bien; buscad el juicio, restituid al agraviado, haced justicia al huérfano, amparad a la viuda." (Isaías 1:16-17)

Otro ejemplo de un sacrificio desagradable para Dios fue lo que hizo Caín. No fue aceptable para Dios porque su actitud no fue correcta - tenía odio hacía su hermano. El Señor dijo,

"Si bien hicieres, ¿no serás enaltecido? y si no hicieres bien, el pecado está a la puerta; con todo esto, a tí será su deseo...." (Génesis 4:7)

Caín obviamente no hizo el bien en su presentación de la ofrenda. Lo que sucedió después realmente fue el fruto de su corazón - odio, celo y homicidio.

Si no estás contento solamente con referencias del Antiguo Testamento, mira ésta!

"Por tanto, si traes tu ofrenda al altar, y allí te acuerdas de que tu hermano tiene algo contra ti, deja allí tu ofrenda delante del altar, y anda, reconcíliate primero con tu hermano, y entonces ven y presenta tu ofrenda." (Mateo 5:23-24)

Si vemos con cuidado lo que el Señor está diciendo en Isaías y Mateo, observamos que Dios le dá mucha importancia a las buenas relaciones. Lamentablemente, nosotros, como cristianos tenemos la tendencia a poner mas énfasis en pecados de inmoralidad que en pecados relacionales. La injusticia, el egoísmo, la arrogancia y el pasar por alto las necesidades de otros son pecados graves delante los ojos del Señor. Vamos a hacer todo para caminar en la luz con nuestros hermanos cristianos y con los no cristianos, amándoles como amamos a nosotros mismos. Y Dios aceptará nuestra adoración.

Alabanza debe emparejarse con su objetivo

Cuando un niño de diez años logra su primer "home run" en beisbol, recibe alabanza de su papá y algunos de sus compañeros. A los diecinueve años el mismo muchacho recibe una invitación a jugar con los White Sox, con un contrato de dos millones de dólares en el primer año, el recibe muchísima alabanza de su papá ¡hasta el Presidente de la República! La alabanza siempre se empareja con su objetivo. En otras palabras el nivel de alabanza es igual al mérito de lo que la persona logra. Si se logra algo pequeño, se recibe poca alabanza. Si se logran grandes cosas, se recibe mucha alabanza. El Señor Jesucristo estuvo con su Padre, creando el universo, luego dejó su posición de poder, autoridad y gloria para venir a la tierra, vivir como hombre, servir a la raza humana con Sus enseñanzas y Su ejemplo de vida. Finalmente sufrió y murió en la cruz por los pecados del mundo. En el tercer día resucitó en el poder del Espíritu y ahora está sentado a la derecha del Padre. ¿Qué nivel de alabanza es digno por lo que El hizo? ¡Toda la alabanza! ¡Hermanos, vamos a darle lo mejor que podamos! La gente viendo un partido de fútbol muestra más entusiasmo y alabanza por su equipo que la mayoría de los cristianos muestran a su Señor en la iglesia los domingos. ¡Nuestro

Señor es digno! ¡digno! ¡digno! ¡de toda alabanza y honor! ¡Aleluya!!
La gente de Nueva Zelanda generalmente es reservada en su manera de ser. Esto a veces se refleja en la iglesia en su manera de alabar; pocos levantan manos, mucho menos saltan y danzan! Pero tengo en mi archivo una foto mostrando a los neozelandeses "reservados" todos de pie, muchos saltando y brincando y todos con las manos levantadas al ganar su equipo en un partido internacional de cricket.

¡Danzando, brincando y dando voces de júbilo!

Es justo decir que las iglesias cristianas alrededor del mundo estan experimentando un avivamiento en su expresión de alabanza. En las iglesia latinoamericanas, es normal escuchar fuertes y sostenidos aplausos y silbidos al Señor con ¡gritos de júbilo! ¡Nuestro Dios es digno de alabanza!

Con un estudio de los Salmos, el libro de alabanzas, y otras citas, se encuentra una tremenda variedad de formas de expresión en adoración: Cantando (Salmos 145:7, 146:2). Dando voces de júbilo (Salmo 5:11, 47:1). Batiendo las manos (Salmo 47:1). Danzando (Salmo 150:4, 149:3). Saltando (2 Samuel 6:16, Hechos 3:8). Levantando las manos (1 Timoteo 2:8). Arrodillándose en adoración (Salmo 95:6). Prostrándose en adoración (Salmo 95:6). ¡Alabando sobre la cama! (Salmo 149:5)

Tampoco está limitada la adoración a la voz y movimientos del cuerpo sino tambien puede estar acompañada con todo tipo de instrumentos musicales. El Salmo 150 menciona la bocina, el salterio, el pandero, instrumentos de cuerda, flautas y címbalos.

Adoración del corazón

En el avivamiento de adoración en todo el mundo, se está reconociendo la validez de muchos instrumentos indígenas, anteriormente prohibidos, o por lo menos menospreciados. Los indígenas están revalorizando su propia cultura; sus vestimentas, sus instrumentos musicales, su música y canto, su danza, etc.

"Te alabaré, oh Jehová, con todo mi corazón...." (Salmo 9:1)

"La Palabra de Dios more en abundancia en vosotros, enseñandoos y exhortándoos unos a otros en toda sabiduría, cantando con gracia en vuestros corazones al Señor con salmos e himnos y cánticos espirituales." (Colosenses 3:16)

La gente se identifica mejor con su propia música, ritmo y estilo. Si un pueblo va a alabar a Dios de corazón, con todo el corazón, necesitan hacerlo con su propio estilo. Un pueblo como los Yanomami Venezolanos no van a poder alabar al Señor de corazón cantando coros acompañados con guitarra eléctrica. ¡Tampoco el joven típico de hoy con orquesta! Dios es creativo. El quiere escuchar las alabanzas de toda nación, lengua y tribu, con sus distintas maneras y estilos, adorándole a El de corazón!

"Después de esto miré, y he aqui una gran multitud, la cual nadie podía contar, de todas naciones y tribus y pueblos y lenguas, que estaban delante del trono y en la presencia del Cordero, vestidos de ropas blancas, y con palmas en las manos; y clamaban a gran voz, diciendo: La salvación pertenece a nuestro Dios que está sentado en el trono, y al Cordero" (Apoc. 7:9-10)

Hoy en día existe un grupo de misioneros músicos, se llaman etnomusicólogos. Su meta es estudiar la música de cada tribu y escribir himnos y coros según su estilo y ritmo, con palabras cristianas. Escuché el testimonio de una mujer de la tribu Brazilera Canela. Ella dijo, con lágrimas en sus ojos, "Los traductores nos dieron el libro donde Dios nos habla, ahora Tom (etnomusicólogo) nos ha dado las canciones para poder hablarle a El".

Adoración y misiones

La adoración es la meta final de misiones. Las misiones existen porque la adoración no existe en ciertos lugares del mundo.

"Te alaben los pueblos, oh Dios; todos los pueblos te alaben. Alégranse y gócense las naciones, porque juzgarás los pueblos con equidad, y pastorearás las naciones en la tierra. Te alaben los pueblos, oh Dios; todos los pueblos te alaben" (Salmo 67:3-5).

Hermano, pídele a Dios que te muestre cómo adorar a Dios de todo corazón. Permite que el Espíritu Santo te libere de todo lo que te está impidiendo una expresión honesta y gozosa de adoración. Somos sacerdotes, ministros, ministrando a Dios, alegrando su corazón y recibiendo las bendiciones más ricas por estar en su presencia.

La Guerra Espiritual

¡Estamos en guerra! En cuanto el orígen de esta guerra, lo que sabemos es lo que la Biblia nos dice - comenzó en los lugares celestiales, evidentemente antes de la creación del hombre, en una rebeldía angélical contra el señorío de Dios. (Job 4:18, Mat. 25:41, 1 Cor. 6:3, 2 Pedro 2:4, Apoc. 12).

Esta guerra, como cualquier guerra, es defensiva y ofensiva. Es vital que el discípulo del Señor Jesucristo sepa guerrear. Ahora, es un poco problematico si no hay creencia en el diablo. Hay gente que simplemente no cree en su existencia, y obviamente niega la necesidad de luchar en su contra. Dentro de éste grupo se encuentran humanistas, cristianos liberales y Testigos de Jehová. En el otro extremo se encuentra gente que cree mucho en Satanás y le teme y trata de pacificarle por medio de adoración y sacrificios satánicos. Son satánicos, brujos y ocultistas. Entre los dos extremos se encuentra gente y grupos que dicen que si, Satanás existe, pero no es malo. Las religiones orientales y su contraparte en el occidente, la nueva era, creen en el equilíbrio entre lo malo y lo bueno. Según el Taoismo, entre el "yin" y "yan", positivo y negativo, luz y oscuridad, masculino y femenino.

La Biblia nos enseña que sí, Satanás existe pero en Cristo tenemos protección y una comisión - la comisión es destruir las obras de Satanás y rescatar al hombre para el reino de Dios. Para poder entender nuestro rol en la guerra espiritual, es importante basarnos firmemente en la palabra de Dios. ¿Qué dice la Biblia?

¿Cómo es Satanás? Vamos a estudiar su nombre solamente para darnos una idea...

- se llama satanás, que significa "Acusador" Job.1-2, Zech. 3:1-5, Apoc. 12:9-10
- es la serpiente. Genesis 3, Apoc. 12:9-10
- es el tentador. Mateo 4:3
- el príncipe de éste mundo. Jn.12:31, 14:30
- el destructor. Apoc. 9:11
- se viste como un ángel de luz. 2 Cor. 11:14
- anda como león rugiente. 1 Pedro 5:8

¿Qué hace Satanás?
- es el promotor de pecado (Gen.3)
- es un ladrón (Mateo 13:19)
- puede entrar en seres humanos (en el caso de Judas, Lc.22:3)
- trae enfermedades y opresión (Jesús sanaba a los enfermos y los oprimidos por el diablo)
- hace ciego los ojos de los incrédulos, 2Cor. 4:4
- estorba la obra de los cristianos, 1 Tes. 2:18
- ata y hace cautivo, 2 Tim. 2:26
- devora, 1 Pedro 5:8

Creo que es importante llamar la atención a un hecho muy importante. Satanás no es omnipresente; no puede estar presente en varios lugares a la vez. Solamente Dios es omnipresente. Las escrituras muchas veces no muestran una diferencia entre "el Diablo" o "un diablo". El que era Lucifer, un ángel con tremendo poder, belleza y autoridad, y ahora es el Diablo, por su rebeldía en el cielo, está limitado geograficamente, pero es la cabeza de una organización grande de demonios. Lo que hace el Diablo tan efectivamente en su obra de tentar, engañar, atar, etc, es por su excelente organización (Ef. 6:12), comunicación, y unidad (Lc. 11:18) entre sus seguidores. Imagínate cuan efectivo sería la iglesia con tanta unidad!

¿De dónde viene satanás?
- Era un querubín grande, protector, creado por Dios. Servía a Dios en "Su santo monte", era hermoso y espléndido, lleno de sabiduría, el sello de la perfección. (Ezq. 28:11-17)

- cayó en pecado por su rebeldía, orgullo y arrogancia, (Ezq. 28:17-19, Isa. 14:12-14)
- la tercera parte de los ángeles siguieron a Lucifer en su rebeldía contra Dios (Apoc.12:4)
- fueron vencidos por Dios y expulsados del cielo y de la presencia de el.
- ¿Su futuro? Va a ser lanzado al lago de fuego y azufre, y será atormentado día y noche por los siglos de los siglos. (Apoc.20:10).

¡Renacido para conquistar!

El discípulo del Señor Jesucristo está en guerra, ¡Lo quiera o no! El enemigo, ya expulsado del cielo, anda buscando venganza. Obviamente no puede herir a Dios pero si puede atacar a sus seres más queridos...hechos a su imágen; los seres humanos. El enemigo tira todo lo que puede al hombre para poder corromperlo y destruirlo. El rol del discípulo cristiano es colaborar con Dios en la guerra contra satanás y sus huestes de maldad. Tiene la responsabilidad de protejerse defensivamente de sus ataques, y pelear ofensivamente para la liberación, salvación y restauración de la raza humana. ¿Cómo puede hacer esto un ser humano, débil, pequeño, pecaminoso? ¡Por la autoridad dada por Jesucristo!

El propósito original del hombre - perdido y restaurado

El hombre fue creado a la imagen de Dios (Gen.1:27). Fué creado para tener comunión íntima con Dios(Gen. 3:8), le fue dado dominio sobre la tierra, para llenarla, sojusgarla, y señorear sobre ella.(Gen. 1:28). Pero en un acto de desobediencia, escogió desconfiar en Dios, desobedecerlo, y tomar el consejo de satanás - comer del árbol prohibido. El resultado fue que el hombre perdió todo el privilegio de vivir en la presencia de Dios, y fue expulsado de su presencia. Adán y Eva pagaron caro por su decisión de rechazar a Dios y seguir a Satanás.

Con la venida del Hijo de Dios, Jesucristo, la raza humana fue rescatada. El costo para Dios fue alto - ¡la vida de su único hijo!

"Porque así como por la desobediencia de un hombre los muchos fueron constituidos pecadores, así también por la obediencia de uno, los muchos serán constituidos justos" (Romanos 5:19)

La redención del hombre significa una restauración de su propósito original; tener comunión íntima con Dios, tomar dominio sobre la tierra, obedecer a Dios y rechazar a Satanás con sus mentiras y engaño. Jesús, como el "segundo Adán", vivió la vida ejemplar para los demás seres humanos, y nos dijo,

"Como me envió el Padre, tambien os envío" (Juan 20:21).

Y fue muy claro en el modo de ir; dijo,

"Yendo, predicad, diciendo, el reino de los cielos se ha acercado, sanad a los enfermos, limpiád leprosos, resusitad muertos, echad fuera demonios; de gracia recibisteis, dad de gracia" (Mateo 10:7)

Jesús no solamente dejó instrucciones verbales de guerra espiritual, pero durante su ministerio mostraba la manera de guerrear contra el enemigo; luego hablaremos más de este punto. 1 Juan 3:8 dice,

"Para esto apareció el Hijo de Dios, para deshacer las obras del diablo"

La autoridad de deshacer las obras del diablo, Jesús la ha delegado a los santos,

"He aqui os doy potestad de hollar serpientes y escorpiones, y sobre toda la fuerza del enemigo, y nada os dañará" (Lucas 10:19)

"Y a ti (los que confiesan a Jesucristo como Señor) te daré las llaves del reino de los cielos; y a todo lo que atares en la tierra será atado en los cielos; y todo lo que desatares en la tierra será desatado en los cielos" (Mateo 16:19 las palabras entre parétesis son mías)

"Y éstas señales seguirán a los que creen: En mi nombre echarán fuera demonios; hablarán nuevas lenguas; tomarán en las manos serpientes, y si bebieren cosa mortífera, no les hará daño; sobre los enfermos pondrán sus manos, y sanarán." (Marcos 16:17-18)

¿Cómo guerrear?

1. Ser salvo: haber recibido la oferta de salvación que Dios ofrece a todo hombre, por fé en su hijo, Jesucristo.

2. Saber muy bien quien eres en Cristo Jesús, y la autoridad que tienes en Su nombre. La doctrina biblica es una base esencial para poder involucrarnos en la guerra espiritual.

3. Vivir en sumisión a las autoridades puestas por Dios: la rebeldía da lugar al enemigo.

4. Estar en paz con todo hombre. Salmo 133 nos dice que donde hay unidad, hay bendición. Es importante examinar nuestras relaciones con otros, porque directamente va a afectar nuestra efectividad como guerreros espirituales.

5. Perdonar como Dios nos ha perdonado. A los que no perdonan, Dios los entrega a los "verdugos" (Mateo 18:34). Es decir, a la influencia del enemigo.

6. La justicia. La palabra de Dios dice que la justicia es un "arma". Si permitiamos que el pecado tenga lugar en nuestras vidas, perdemos un arma esencial en nuestra batalla.

*"...en palabra de verdad, en poder de Dios, con **armas de justicia** a diestra y a siniestra...." (2 Corintios 6:7)*

7. La oración. La oración nos acerca a Dios, que en si es guerra espiritual - al enemigo no le gusta que tengamos una relación buena con Dios. La palabra dice,

"Someteos, pues, a Dios; resistid al diablo, y huirá de vosotros" (Santiago 4:7)

¡No hay "resistid", si no hay "someteos"! Someternos a Dios comienza con una buena relación diaria con El en la oración, el conversar, el compartir con nuestro Papá Dios.

8. La Palabra de Dios. Según Efesios 6:7, ¡la palabra de Dios es una espada espiritual!

Necesitamos conocer bien la Biblia para poder aplicarla en la vida diaria y usarla en la guerra espiritual. Jesús durante su tiempo de prueba en el desierto usaba la palabra de Dios para contestar y vencer a satanás. Decía vez tras vez, "Escrito está...."

9. Adoración y alabanza. 2 Crónicas 20 - 22 nos cuenta de una batalla de Israel contra los ejércitos de Moab y de Amón, en que ganó Israel, no por arma física, sino espiritual, porque vencieron el enemigo con cantos de alabanza.

"Y cuando comenzaron a entonar cantos de alabanza, Jehová puso contra los hijos de Amon, de Moab, y del monte de Seir, las emboscadas de ellos mismos que venían contra Judá, y se mataron los unos a los otros."

10. Viviendo en el espíritu opuesto. El arrepentimiento no es solamente dejar de pecar, sino volverse de todo corazón a Dios. No es meramente una cuestión de dejar a un lado nuestras maneras antigüas, sino vestirnos a la manera de Dios. Por ejemplo, dejar de ser ávaro, significa comenzar a ser generoso. Dejar de ser orgulloso, significa cultivar la humildad.

Muchas veces pensamos que la guerra espiritual es "hacer" algo, y es verdad. Pero, mas que el "hacer" es el "ser". Somos sal de la tierra y luz del mundo. Nada hace temblar más al diablo, que un ser humano que vive en armonía y obediencia con su Dios. Solamente la presencia de luz hace correr la oscuridad; la presencia de un cristiano en tal lugar, hace correr los huestes espirituales.

11. La Santa Cena. La Palabra dice que en participar en la Santa Cena estamos realmente haciendo guerra espiritual,

*"Así, pues, todas las veces que comiereis este pan, y bebiereis esta copa, la muerte del Señor **anunciáis** hasta que él venga."* *(1Corintios 11:26)*

¿Anunciando la muerte del Señor, a quién? Bueno, a la gente a nuestro alrededor, pero tambien a las huestes espirituales de maldad. Cada vez que yo participo en una Santa Cena, declaro con mi boca en oración que Jesucristo murió por mi, y tomó mis pecados, mi maldición, mi rechazo, mi pobreza, mis enfermedades, sobre la cruz del Calvario. Y reclamo los méritos de la sangre de Cristo sobre mi vida; salvación, bendición, prosperidad, sanidad, protección, seguridad, perdón, vida eterna, etc. Tambien, como esposo y padre, declaro todos estos beneficios de estar en Cristo sobre mi esposa y mis niños. Como cabeza de mi hogar tengo la autoridad y la responsabilidad de hacerlo.

Como cristianos, tenemos la tendencia de menospreciar el significado y el poder de la Santa Cena. Celebrar una vez al mes es mucho para la mayoría de las iglesias. La iglesia antigüa la celebraba cada domingo. Tampoco es una parte de nuestra adoración que debemos dejar para el templo; debemos tener la libertad de celebrar en los grupos hogareños, en familia, y entre parejas. No hay evidencia bíblica que solamente los ministros ordenados pueden celebrar la santa cena.

12. La intercesión es guerra espiritual. El poder de nuestras palabras, no está limitado al lugar donde estamos. Que bendición saber que podemos estar sentados en Caracas, Venezuela, intercediendo por los Biharis de la India, y saber que estamos haciendo una diferencia allá.
La intercesión es como el sonido de una campana que entra en las dimensiones celestiales. El sonido vuela hasta el oído de Dios, quien lo interpreta, y luego manda a sus ángeles a cumplir su voluntad según la petición del intercesor. Intercesión es participar en la actividad del cielo, es una actividad divina y sobrenatural. La intercesión es una petición

delante de Dios por la liberación de una persona, un grupo de personas o una nación, de las ataduras del enemigo. Toda intercesión es guerra espiritual, es un clamor por salvacion y libertad del reino de las tinieblas al reino de Dios.

13. La proclamación del evangelio a través de la predicación, la enseñanza, y el compartir unos con otros es guerra espiritual. Al escuchar el evangelio, la persona ya tiene una vía de escape del reino de las tinieblas.

"Así que la fé es por el oir, y el oir, por la palabra de Dios" (Romanos 10:17)

14. El evangelismo y las misiones involucran dos funciones principales - la primera es la movilización; no hay misiones ni evangelismo si no salimos de nuestro lugar. Es una cuestión de "ir". Segundo, proclamamos el evangelio.

"Cuan hermosos son los pies de los que anuncian la paz, de los que anuncian buenas nuevas"   (Romanos 10: 15)

No podemos rescatar a los perdidos si no estamos dispuestos a ir; puede ser cruzando el mar o cruzando la calle, alrededor del mundo o alrededor de la manzana donde vivimos. Una parte principal de la armadura de Dios es...

"..calzados vuestros pies con el apresto del evangelio de la paz." (Efesios 6:15)

15. Ministración personal. En cualquier comunidad cristiana, los miembros maduros ofrecen ministración personal a sus miembros afligidos en las áreas de sanidad, consolación, consejería y liberación de demonios. Todo es guerra espiritual. Todo involucra la toma de terreno del enemigo en la vida del individuo.

Al recibir el Señor como Salvador, el individuo es "salvo"; ha sido transladado del reino de las tinieblas al reino de Dios. Pero, ¡esto no significa que la batalla ha terminado! El enemigo siempre contesta; siempre busca maneras de reconquistar lo que era suyo. Todavía, en el individuo salvo, quedan heridas recibidas durante su tiempo en tinieblas. En el proceso de santificación, el Espíritu Santo obra en la vida del creyente, sanando y fortaleciendo. ¡El pueblo de Israel, al entrar a la tierra prometida, no recibieron todo el país sobre un plato! No, ellos tuvieron que luchar y guerrear para poder tomar la tierra poco a poco. ¿Porqué?....

"Y Jehová tu Dios echará a estas naciones de delante de ti poco a poco; no podrás acabar con ellas en seguida, para que las fieras del campo no se aumenten contra ti" (Deut. 7:22)

¿Por qué un nuevo creyente no puede manejar una libertad completa? Sería un trauma tan fuerte que, según el versículo arriba, resultará en una caída y una reconquista del creyente de parte del enemigo. Así que como hemos mencionado, en el proceso de crecimiento, el discípulo necesita una ministración de vez en cuando por hombres y mujeres de Dios. Como dijo un filósofo una vez, "Ningún hombre es una isla". Es verdad, no podemos ser ni llaneros solitarios ni discípulos solitarios. Para poder ganar la batalla, nos necesitamos los unos a los otros.

- Purificando la casa del Señor

Recuerdo muy bien cuando mi esposa y yo tuvimos nuestro primer encuentro de poder con Satanás. Digo "encuentro de poder", porque, aunque obviamente, habíamos experimentado encuentros con Satanás en cuanto a la tentación, el pecado, etc., nunca habíamos visto una manifestación diabólica tan visible y audible.

Hubo un viento fuerte aquella noche, sacudiendo los árboles, y había luna llena. No existen lobos en Nueva Zelandia, ¡así que en el escenario solo faltaron los aullidodos! Un buen amigo, David estuvo de visita en nuestra casa. El día anterior, nos acompañó a la iglesia donde el Espíritu Santo le tocó fuertemente y respondió al Señor Jesucristo, recibiéndolo como Señor y Salvador. ¡Que gozo para nosotros! Ahora, la noche después, él llegó a nuestra casa a las tres de la mañana. Nos despertó, y su mirada, como puesta en el escenario de una película de horror, ¡nos asustó! Tenía sus ojos como platos de grande, llegó medio dormido diciendo que había visto al diablo. Si mi esposa y yo estabamos asustados, ¡él mucho más!

Como nuevos cristianos, realmente no sabíamos que hacer, aunque estabamos conscientes que teníamos que hacer algo, y que el enemigo se estaba oponiendo a la salvación de David. Decidimos leer la Biblia. Sin conocer muy bien la Biblia, decidí simplemente abrirla y comenzar a leer donde las páginas se abrieron. Lei,

"Ahora, pues, ninguna condenación hay para los que están en Cristo Jesús, los que no andan conforme a la carne, sino conforme al Espíriu" (Romanos 8:1).

En seguida un grito horrible de dolor y tormento salió de su boca y su mano con la velocidad de un relámpago, tapó la página donde estuve leyendo. Supimos que no fue nuestro amigo David respondiendo, sino un demonio dentro de él! Sin pensar dos veces, y sin haber leído libros de liberación, declaramos al demonio que David era hijo de Dios, comprado por la sangre de Cristo, perdonado y lavado. Ordenamos que se fuera en el nombre de Jesús. Con otros gritos, se fué. David quedó quieto. Decidimos que lo mejor sería terminar con una oración, pidiendo que el Espíritu Santo realmente llenara su vida. ¡Inmediatamente, comenzó hablar en lenguas y profetizar!

¡Quizás fue suerte de novato! Desde entonces, con más conocimiento del ministerio de liberación, no ha sido tan fácil! Obviamente fue el Señor, tomando lo poco de nosotros para hacer grandes cosas en la vida de David. Luego David recibió unas sesiones de consejería y discipulado con el Pastor de la iglesia que le ayudaron mucho para poder seguir firmemente en Cristo, y lo esta haciendo hasta el día de hoy, ¡gloria a Dios!

Esta experiencia fue clave para nosotros en la decisión de dedicarnos al estudio de la Palabra viva de Dios. Unos meses después, ingresamos en un Instituto Biblico para recibir un entrenamiento para el ministerio cristiano.

Ejemplo Biblico
Jesús frequentemente echaba fuera demonios durante su ministerio:

"Pero había en la sinagoga de ellos un hombre con espíritu inmundo, que dio voces, diciendo:¡Ah! ¿qué tienes con nosotros, Jesús nazareno? ¿Has venido para destruirnos? Sé quien eres, el Santo de Dios. Pero Jesús le respondió, diciendo: ¡Cállate, y sal de él! Y el espíritu inmundo,

sacudiéndole con violencia, y clamando a gran voz, salió de él."
(Marcos 1:23-26)

En el ministerio de los doce apóstoles:

"Entonces llamando a sus doce discípulos, les dió autoridad sobre los espíritus inmundos, para que los echasen fuera, y para sanar toda enfermedad y toda dolencia." (Mateo 10:1)

En el ministerio de los setenta:

"Volvieron los setenta con gozo, diciendo: Señor, aun los demonios se nos sujetan en tu nombre." (Lucas 10:17)

¿Qué es un demonio?
Ya hemos mencionado, anteriormente, que es un ángel caído. Tambien por la Palabra, sabemos que es un ser espiritual que necesita un cuerpo humano para poder satisfacer sus deseos:

"Cuando un espíritu inmundo sale del hombre, anda por lugares secos, buscando reposo, y no lo halla. Entonces dice: Volveré a mi casa de donde salí; y cuando llega, la halla desocupada, barrida y adornada...."
(Mateo 12:43-44)

¿Cómo entran los demonios?

1. Por maldiciones familiares. La Biblia dice que Dios maldice la familia de aquel que odia a Dios, "Hasta la tercera y cuarta generación" (Exodo 20:5). Por ejemplo si un familiar de sangre estaba involucrado en una religión falsa como Budismo, Islamismo, Mormonismo, satanismo, brujería, santería, vudú, etc, es muy posible que su descendencia pueda tener un demonio "familiar". Incesto en una familia tambien trae maldición y es una puerta para la entrada de demonios (Deut. 27)

2. Conflictos en el hogar. Peleas entre padres, incesto, maltrato físico o emocional, rechazo aún desde el vientre pueden abrir puertas a demonios de temor, miedo, odio, desconfianza, homosexualismo, autorechazo, enfermedades, etc.

3. Pecado. Pecado habitual abre puertas a demonios. Aun pensamientos pecaminosos puede tener consecuencias graves. (Mateo 5:28-29)

"La concupiscencia, después que ha concebido, da luz al pecado, y el pecado siendo consumido, da luz a la muerte." (Santiago 1:15)

Satanás va a aprovechar cualquier oportunidad de atrapar al no arrepentido. Es muy importante resolver nuestras ofensas contra Dios y hombre, pidiendo perdón, y perdonando.

*"Airaos, pero no pequéis; no se ponga el sol sobre vuestro enojo, **ni deis lugar al diablo**." (Efesios 4:27)*

Pecado secreto, habitual, no confesado es una receta segura para ataduras demoníacas en la misma área del pecado, haciéndolo mucho más difícil de resistir.

4. El ocultismo. Involucrarse en el ocultismo, en todas sus formas es muy peligroso en cuanto la formación de ataduras demoníacas en el individuo.

"No sea hallado en ti quien haga pasar a su hijo o a su hija por el fuego, ni quien practique adivinación, ni agorero, ni sortílego, no hechicero, ni encantador, ni adivino, ni mago, ni quien consulta a los muertos. Porque es abominación para con Jehová cualquiera que hace estas cosas, y por estas abominaciones Jehová tu Dios echa estas naciones de delante de ti." (Deut. 18:10-12)

La idolatría es más que una adoración a un objeto o a una persona; es una adoración a un demonio. Pablo dice que detras de cada ídolo hay un demonio. Adorar demonios significa atadura a aquel demonio.

"¿Que digo, pues? ¿Que el ídolo es algo, o que sea algo lo que se sacrifica a los ídolos? Antes digo que lo que los gentiles sacrifican, a los demonios lo sacrifican, y no a Dios; y no quiero que vosotros os hagáis partícipes con los demonios." (1Cor. 10:19-20)

5. Artículos, adornos, y símbolos. La Biblia habla claramente sobre todo lo que simboliza un ídolo....

"Y no traerás cosa abominable a tu casa, para que no seas anatema" (Deut. 7:26)

Recuerdo muy bien una vez en Caracas fuí llamado por dos hermanas mayores a su casa para limpiar el lugar de espíritus. Ellos oían voces, las puertas se abrían y se cerraban solas, etc. Me pareció extraño que este tipo de actividad demoníaca pudiera manifestarse en la casa de cristianos. Pero al ver el interior de la casa, supe la razón. Parece que un familiar era un pintor famoso, y la casa tenía docenas de sus obras en la pared. El problema fue que en casi todas sus obras aparece la figura de un personaje mítico, pero en Venezuela es el objeto de adoración de la organización más grande de brujería: era la figura, casi siempre desnuda, de María Leonza. En la montaña de Sorte, en Venezuela, existe el centro de este culto demoníaco, donde ofrecen sacrificios de animales y mucha gente dedica sus bebés recién nacidos a María Leonza. Para una cristiana, como el caso de las dos hermanas, tener lo que represente idolatría en su casa, es para Dios una abominación. Fue una puerta para la entrada de demonios a la casa. Este tipo de símbolo atrae demonios, porque lleva una representación del ídolo. Dije a las hermanas que estaba dispuesto a orar y bendecir su casa, pero con la condición de que ellas destruyeran los cuadros. Tristemente, decidieron quedarse con ellos por su valor, juntos con sus demonios.

En otra ocasión, en Nueva Zelandia, estuve en la casa de una familia cristiana y me mostraron un tapíz ecuatoreano con un dios inca tejido allí. Aunque tenía mucho valor y era el orgullo de la esposa, decidieron bajarlo y quemarlo. Al bajar el tapíz de la pared de la sala, la señora comenzó a echar espumarajos y revolcarse. Obviamente hubo un demonio presente no solamente en el tapíz, pero que tenía cierta influencia en la vida de la mujer. Con una palabra, ordenamos que el demonio saliera en el nombre de Jesús, y salió, dejando en paz a la señora. Si antes tenían ciertas dudas en destruir el artículo, después de aquella manifestación lo destruyeron (¡con mucho ánimo!).

"Las esculturas de sus dioses quemarás en el fuego; no codiciarás plata ni oro de ellas para tomarlo para ti, para que no tropieces en ello, pues es abominación a Jehová tu Dios." (Deut. 7:25)

He encontrado personas que están dispuestos a destruir la imágen, pero quieren rescatar la plata, el oro, o las piedras preciosas. Conozco a una mujer que no quizo destruir la esmeralda del delantal masónico de su abuelo. Hay otros que han querido remoldear un símbolo de fertilidad egipcio a una cruz cristiana. La palabra es muy clara - "no codiciarás plata ni oro de ellas". Es cuestión de obediencia a Dios aun si no te parece lógico - la Palabra de Dios es nuestra autoridad final. Dios honra a los que le honran.

6. El rechazo. Quizá la puerta más grande es el rechazo en la vida del individuo de parte de sus padres y otras figuras de autoridad en su vida. Una persona rechazada es muy sensible para recibir espíritus de autocompasión, autorechazo, amargura, hasta suicidio y homicidio. Aún los no cristianos saben que el rechazo produce una multitud de problemas en el individuo. Necesitamos amor, cariño, pertenencia, sentido de valor. Rechazo en el vientre tambien produce complejos y otros problemas en el niño.

7. El no perdonar, abre puertas al enemigo.

"Entonces, llamándole su señor, le dijo: Siervo malvado, toda aquella deuda te perdoné, porque me rogaste. ¿No debías tú tambien tener misericordia de tu consiervo, como yo tuve misericordia de ti? Entonces su señor, enojado le entregó a los verdugos, hasta que pagase todo lo que debía. Así también mi Padre celestial hará con vosotros si no perdonáis de todo corazón uno a su hermano sus ofensas." (Mateo 18:32-35)

¿Qué pueden hacer los demonios?

1. Esclavizar en la área de:

a) Las emociones: por ejemplo sentido de rechazo, sentido de autocompasión y de autorechazo, tristeza, armagura, impaciencia, ira, sentido de venganza, odio, temor, etc, etc.

"No nos ha dado Dios espíritu de cobardía, sino de poder, de amor y de dominio propio." (2Tim. 1:7)

b) La mente : el centro de decisiones y de la voluntad. Obviamente la mente es una zona clave en el manejo sano de una vida, y Satanás hace todo para poder controlarla o por lo menos tener una influencia fuerte allí.

*"Mas temo que, como la serpiente con su astucia engañó a Eva, **vuestras mentes sean desviadas** de la sincera y pura devoción a Cristo"*
(2Cor. 11:3 la versión Hispano-Americano, Revisión de 1953)

El fruto del Espíritu incluye el auto-dominio; la capacidad de tomar decisiones racionales e inteligentes y la habilidad de llevar a cabo tales decisiones sin ser "desviadas", de lo que sabemos que es correcto, por el enemigo.

c) El cuerpo físico: muchas enfermedades hoy en día, como en los días cuando Jesús caminaba por las calles de Palestina, existen por la presencia y actividad de demonios. Satanás no se contenta con las emociones y la mente, tambien quiere herir el cuerpo físico. Su intención es causar sufrimiento, tormento y muerte. Hay mucha gente en el cuerpo de Cristo que da testimonio de milagros de sanidades por la ministración de liberación.

"Y cuando Jesús vió que la multitud se agolpaba, reprendió al espiritu inmundo, diciendo: Espíritu mudo y sordo, yo te mando, sal de él, y no entres más en él." (Marcos 9:25)

"Y había allí una mujer que desde hacía dieciocho años tenía espíritu de enfermedad y andaba encorvada y en ninguna manera se podía enderezar." (Lucas 13:10)

2. Engañar

Lamentablemente, demasiados jóvenes estan siendo engañados por el enemigo con promesas de placer, felicidad y un sentido de pertenencia por el materialismo, y por sectas religiosas por el otro lado. La nueva era, Los "Moonies", Los Niños de Dios (Children of God), y cientos de otras sectas estan capturando las mentes de los que estan en búsqueda de la verdad y aún de muchos jóvenes cristianos nominales. La Biblia dice,

"Pero el Espíritu dice claramente que en los postreros tiempos algunos apostatarán de la fé, escuchando a espíritus engañadores y a doctrinas de demonios." (1Tim. 4:1-2)

3. Impulsar

El endemoniado gadareno era "impulsado por el demonio a los desiertos" (Lc. 8:29)

Satanás desea usar y abusar a los seres humanos como unos títeres. Lo que quizás empezó en una vida como pecado, puede llegar a ser una adicción donde el indivíduo pierde control de aquella parte de su vida porque un demonio ha aprovechado la puerta abierta y ha atado a su víctima. Ejemplos son, drogadicción, alcoholismo, pornografía, homosexualismo, abuso sexual de niños, blasfemia, violencia, etc.

¿Quiénes son las personas que necesitan liberación?

Durante toda nuestra vida, el Espíritu Santo va a mostranos áreas de nuestras vidas donde necesitamos hacer cambios. A veces es simplemente una cuestión de reconocer, confesar y recibir perdón. Pero es muy posible que en este proceso de santificación le llevará a darse cuenta que un demonio se ha metido en el asunto y una liberación es necesaria. Puede ser una autoliberación o una ministración de liberación de otros hermanos en la fé.

Ataduras son evidenciadas, aun en la vida de cristianos, por comportamiento anormal, básicamente en una o más de las siguientes áreas:

1. Prácticas sexuales ilícitas: pornografía, fornicación, adulterio, homosexualismo, etc
2. Emociones arraigadas como ira, odio, venganza, y rebeldía
3. Un sentido fuerte de rechazo, culpabilidad, baja autoestima, vergüenza, y suicidio
4. Una facinación extraña hacía el ocultismo y el mundo de espíritus

Hay otro grupo de personas que ha recibido ataduras en su niñez no por culpa propia sino por la actividad pecaminosa de otros, muchas veces de su propia familia. Estas personas tambien necesitan liberación.

1. El huérfano - rechazado y abandonado
2. El abusado sexualmente, sea incesto u otro
3. El violado - sea varón o mujer
4. El dedicado a un ídolo en su infancia - María Leonza, Negro Felipe, Indio Guaicaipuro, y otros

¿Es posible que un cristiano pueda tener un demonio?
¡Esta pregunta ha sido la causa de más división en el Cuerpo de Cristo que tu puedas imaginar! No quiero entrar en una polémica sobre el asunto, solamente presentar una explicación bíblica y mi experiencia personal en el ministerio de liberación.

Para mí, los versículos claves se encuentran en Judas 1:6 y Lucas 11:34-36

"Y a los ángeles que no guardaron su dignidad, sino que abandonaron su propia morada, los ha guardado bajo oscuridad, en prisiones eternas, para el juicio del gran día" (Judas v6)

¿No te parece extraño que los demonios Dios ha guardado bajo oscuridad en prisiones eternas, pero tambien tienen libertad de andar buscando a quien engañar, y a quien devorar?

¿Cómo es posible que los demonios tengan libertad y cautividad a la vez? Es sencillo. Ellos tienen libertad solamente en lugares oscuros. Su cautividad no es geográfica sino moral. Donde hay luz; la presencia de Dios, la obediencia a sus principios, confesión y arrepentimiento, en fin cuando el creyente está andando en la luz, los demonios no tienen lugar. Las condiciones de su cautividad les prohibe estar donde hay luz; la luz de Dios. Pero, donde hay oscuridad; desobediencia, rebeldía y todo tipo de pecado, los demonios tienen acceso. Por esta razón Jesús dijo,

La lámpara del cuerpo es el ojo; cuando tu ojo es bueno, también todo tu cuerpo está lleno de luz; pero cuando tu ojo es maligno, también tu cuerpo está en tinieblas. ***Mira pues, no suceda que la luz que en ti hay, sea tinieblas****. Así que, si todo tu cuerpo está lleno de luz, no teniendo parte alguna de tinieblas, será todo luminoso, como cuando una lámpara te alumbra con su resplandor"* (Lucas 11:34-36)

El cristiano tiene todo el derecho, y aún más, tiene la responsabilidad de siempre caminar en la luz. En la luz hay protección y libertad completa de demonios. La oscuridad no existe donde hay luz. Pero, si un cristiano desobedece los mandamientos de Dios y se mete en oscuridad, es decir en tinieblas, está dando la bienvenida a los demonios y está en grave peligro de recibir un demonio en alguna parte de su mente, emociones o cuerpo. Si el creyente recibe un demonio, la única forma de conseguir liberación es abrir esa parte de su vida a la luz otra vez, y seguir caminando en ella.

1 Tesalonicenses 5:23 nos muestra que el hombre se compone de espíritu, alma y cuerpo. Efesios 2:1 dice que antes de recibir la vida de Cristo estabamos "muertos" en nuestros delitos y pecados. Tengo amigos jóvenes no cristianos y parecen lejos de la muerte todavía! Juegan deportes, disfrutan sus fiestas, y no le dan importancia a las cosas de Dios. Si, en cuerpo y alma están vivos. Pero, en sus espíritus están muertos. Entregarnos a Cristo da vida a nuestros espíritu; somos renacidos en el espíritu, la parte más importante de nuestro ser, la parte eterna. Al recibir a Cristo, recibimos vida, recibimos vida eterna, pero no todo termina allí. Dios está muy interesado en todo nuestro ser; espíritu, alma y cuerpo. Así que, con el nuevo nacimiento comienza un proceso de

restauración y liberación del alma y del cuerpo, de la perturbación de demonios y de las ataduras pecaminosas.

Pablo animó a los Filipenses "ocupaos en vuestra salvación con temor y temblor" (2:12).
La salvación viene con la aceptación de Jesucristo como Salvador, pero tambien hay un proceso de salvación contínua en el área del alma y del cuerpo. La palabra que usa Pablo en el versiculo 12 es, en griego, *soteria* - "salvación". Thayers lexicon dice de soteria - "liberación de la perturbación del enemigo".

Finalmente, vemos en el ministerio de Jesucristo que la ministración de liberación es para el pueblo de Dios. (Mateo 15:22-28 - la liberación "el pan de los hijos"; Lucas 13:11-13,16 - sanidad de la "Hija de Abraham" de un espíritu de enfermedad). De hecho, sería sumamente peligroso ministrar liberación a un no-cristiano, porque no hay fuente de luz para mantenerse libre. Sería el caso del demonio, que habiendo sido echado, regresó a su casa con siete demonios más fuertes! "Y el postrer estado de aquel hombre viene a ser peor que el primero." (Mateo 12:43-45).

¿Cómo echar fuera los demonios?
1. Fé. Es sumamente importante que el ministrado y los que ministran liberación crean en lo que están haciendo! Si el ministrado está recibiendo ministración por obligación, no funciona. El ministerio de liberación es un encuentro de poder y autoridad con demonios. No es cualquier cosa! Es vital tambien que los consejeros tambien tengan fé en la obra completa de Cristo en la cruz de Calvario - el poder del nombre de Jesucristo y la sangre reclamada por la vida y la libertad del ministrado. Si existe incredulidad, los demonios no van a salir, porque tienen razón de estar allí. Entonces, si hay dudas, es importante confesar y pedir perdón por incredulidad antes de ministrar, clamando como clamó aquel hombre por la liberación de su hijo con un espiritu mudo y sordo,

"Creo; ayuda mi incredulidad." (Marcos 9:24)

En el versículo anterior, Jesús dijo,

"Si puedes creer, al que cree todo le es posible." (Marcos 9:23)

2. Verdadero Arrepentimiento. El ministerio de liberación recibe mucha crítica, y a veces con razón, si se echa toda la culpa de un comportamiento malo sobre la influencia de demonios. ¡El diablo me obligó hacerlo! Culpar al diablo por todo los pecados no es el propósito del ministerio. Una persona tiene un demonio por haber pecado. No tiene sentido echar fuera el demonio si no hay primero un arrepentimiento verdadero de pecados y un cambio genuino de comportamiento. Morir a sí mismo es un ministerio mucho mas importante y eficáz que el de liberación. Si los consejeros observan en la vida del individuo que no hay un arrepentimiento verdadero, y que el propósito de presentarse para liberación es buscar un remedio fácil e instantáneo, no deben proceder, sino aconsejarle sobre los pasos de discipulado.

3. Confesión de pecados. Hay personas que se presentan para liberación pero por vergüenza, o por otras razones, no comparten toda la verdad a los consejeros. Le cuentan parte de la historia, pero no todo. Es muy difícil liberar una persona que no es humilde ni transparente en su confesión.

"Confesaos vuestras ofensas unos a otros y orad unos por otros, para que seáis sanados." (Santiago 5:16)

Normalmente el tiempo de confesión dura la mitad del tiempo dado a la ministración. Es importante que los consejeros escuchen muy bien, consuelen cuando es necesario, y animen al ministrado a ser honesto y abierto.

4. Identificación de espíritus. Es importante que durante el tiempo de confesión los consejeros estén anotando los pecados cometidos y los traumas experimentados, para después poder identificar los nombres de los espíritus presentes. Tambien los consejeros deben estar escuchando al Espíritu Santo al mismo tiempo durante el tiempo de confesión. Uno de los dones del Espíritu Santo es el discernimiento de espíritus. Durante el tiempo de confesión y liberación, los consejeros y el ministrado deben estar en comunicación, siempre compartiendo y comparando inquietudes sobre la indentificación de las ataduras. Al final, deben tener una lista escrita de espíritus inmundos que el ministrado necesita renunciar verbalmente

5. Petición de Perdón. Antes de proceder con la renunciación y la expulsión de espíritus inmundos, es importante que el ministrado verbalmente pida perdón a Dios por sus pecados confesados, uno por uno, y por fé reciba el perdón de Jesús. Es importante animar al hermano que es verdaderamente perdonado por Dios, amado y aceptado en Jesús. Al enemigo siempre le gusta jugar con sentimientos de culpabilidad, que impide una liberación completa. Es importante que el ministrado sepa que es profundamente amado por Dios.

"Si confesamos nuestros pecados, él es fiel y justo para perdonar nuestros pecados, y limpiarnos de toda maldad."   *(1Juan 1:9)*

6. Renunciar. La renuncia es una declaración verbal, de parte del ministrado, dirigido a satanás y sus demonios. Uno por uno, se debe nombrar el espíritu y decir, por ejemplo, así: "En el nombre de Jesucristo mi Señor y Salvador, renuncio al espíritu de .... Por la sangre de Jesucristo soy perdonado y liberado de .... y te rechazo de mi vida. Sal fuera de mi vida en el nombre de Jesucristo, y nunca regreses"

7. Invocación del nombre del Señor Jesucristo. Durante todo el tiempo de liberación todos deben reconocer la presencia y la obra del Señor. El está presente. Es Jesús quien convence de pecados en el tiempo de confesión, es Jesús quien perdona los pecados, es Jesús quien expulsa los demonios, es Jesús quien prohibe que regresen. Cada paso debe reconocer ésta verdad. No es el poder espíritual de los consejeros, tampoco es el deseo del ministrado....es el poder del Espíritu de Dios obrando con su cuerpo, la iglesia, sus hijos.

"Todo aquel que invocare el nombre del Señor, será salvo"   *(Hechos 2:21)*

Pablo dijo al espíritu de adivinación en una muchacha en Filipos,

"Te mando en el nombre de Jesúcristo, que salgas de ella. Y salió en aquella misma hora." (Hechos 16:18)

8. Alabanza. La Palabra dice,

"Pero tú eres santo, tú que habítas entre las alabanzas de Israel" (Salmo 22:3)

Antes, durante y después de la ministración, la alabanza es importante. Al enemigo no le gusta escuchar las alabanzas del pueblo de Dios. Cuando el ministrado y los consejeros se sienten cansados, o desanimados, o incrédulos, es tiempo de levantar alabanzas a Dios.

9. Atar y desatar. Durante el tiempo de expulsión de los espíritus, un demonio puede manifestarse con gritos y "grandes voces" (Hechos 8:7), a veces sacudiendo el ministrado. Los consejeros deben atar a los espíritus en el nombre de Jesucristo, y declarar el ministrado desatado.

"Todo lo que atéis en la tierra será atado en el cielo; y todo lo que desatéis en la tierra será desatado en el cielo" (Mateo 18:18-20).

Jesús dijo al espíritu inmundo en el hombre de la sinagóga de Capernaum,

"¡Cállate y sal de él!" (Marcos 1:25)

Es importante no dejar que los demonios hablen. Jesús dijo, "Cállate", nosotros tambien debemos hacerlo. Recuerda, los demonios son mentirosos y engañadores. No vas a aprender algo de ellos, sino sus mentiras y blasfemias.

10. Acuerdo. Es importantísimo que haya acuerdo entre todos los consejeros y el ministrado. Si no hay acuerdo en cómo orar, en cuáles espíritus hay, y en cada detalle del procedimiento habrá confusión y fracaso. . El enemigo aprovechará cualquier desunión entre el equipo para ganar ventaja. Hay poder en la unidad. Hay unción en la unidad (Salmo 133)

"Si dos de vosotros se pusieren de acuerdo en la tierra acerca de cualquiera cosa que pidieren, les será hecho por mi Padre que está en los cielos" (Mateo 18:19)

Si no hay unidad, bajo ninguna circunstancia procedan con la ministración. En cuanto a la identificación de espíritus, es importante que el ministrado esté de acuerdo, si no, su oración pidiendo perdón y su renuncia no van a ser por fé. Lo que no es de fé es pecado.

11. Expulsión. Al pedir perdón, renunciar y rechazar los espíritus, el ministrado debe permitir a los consejeros atar a los espíritus y echarlos fuera, verbalmente y con autoridad. No todos los consejeros deben orar, sino uno a la vez para que no haya confusión. No es necesario gritar; sino hablar con firmeza al espíritu, que se vaya en el nombre de Jesucristo.

A veces el ministrado echa espumarajos por su boca (Marcos 9:20-21); es importante tener a mano papel higiénico y una cesta para basura. Aveces salen los demonios con una tos o un bostezo. De mi experiencia muchas veces la expulsión ocurre por la boca.

12. La sangre de Cristo. Si un espíritu tarda en salir, recuérdale la sangre de Cristo. La sangre de Cristo fue el precio pagado por nuestra liberación. Es bueno cantar coros que hablen de la sangre de Cristo, ¡Los demonios no los soportan!

Para terminar ésta sección de discipulado, tengo dos consejos: uno: no ministrar liberación al sexo opuesto,(al menos que estás ministrando con tu cónyuge). El aconsejado no va a sentir libertad de compartir ciertas cosas con personas solteras del sexo opuesto. Tambien hay cosas compartidas durante la confesión que un soltero del sexo opuesto no debe escuchar.

Dos: no debes ministrar liberación solo; es importante estar en equipo donde se puede funcionar como el Cuerpo, cada uno manifestando su don para poder llegar a una liberación más completa.

Es posible que no vas a poder echar fuera todos los espíritus en la primera sesión de ministración. No es aconsejable seguir por horas y horas. Al sentirse cansado, la fé tambien va a disminuir. Sesiones de dos horas es lo máximo. A veces la persona va a necesitar varias sesiones para poder terminar la liberación. Como ya hemos mencionado, la conquista de la tierra prometida fue poco a poco (Deut. 7:22).

Dones Motivacionales

- descubriendo tu llamado en el Cuerpo

Un llamado alto.
Has pensado alguna vez en la pregunta, "¿Porqué fuí creado?" ¿Cual es el propósito del hombre redimido aquí en la tierra? Para contestarla, es importante pensar en el primer hombre, Adán y la primera mujer, Eva. Su propósito en la tierra, según Dios, fue tomar dominio sobre toda la tierra (Génesis (1:26). ¡Obviamente este orden significa mucho más que sentarse a la sombra de un árbol nombrando a los animales! Para nosotros hoy en día significa mucho más que asistir a la iglesia una vez a la semana. Implica involucrarnos, como cristianos, como "Embajadores de Dios" (2Cor.5:20), en todo aspecto de lo que se llama "mundo": no solamente el ámbito eclesiástico, sino tambien el de la ciencia, la medicina, la educación, las artes, la política, la agricultura, el comercio, etc. Si somos la sal de la tierra, vamos a estar esparcidos por todas las áreas de influencia en el mundo; testificando de Cristo, mostrando y proclamando el Reino de Dios, luchando por sus valores y principios; tomando dominio en cada esfera de la sociedad.

¿Cual es tú parte en todo esto, querido hermano/a? ¡Lo que sí es cierto, es que tienes una parte!

"Somos creados en Cristo Jesús para buenas obras, las cuales Dios preparó de antemano para que anduviésemos en ellas." (Efesios 2:10).

¿Estás andando en la buena obra que Jesús tenía planeada para ti? Dios tiene una obra específicamente para tí, ¿lo sabías? Es una obra que necesita una persona como tú para lograrla. ¡Y, no hay otra persona exactamente como tú! Dios te a dado a tí las habilidades y los dones perfectos para que puedas llevar a cabo esa obra. Lo que frustra mucho el avance del Reino de Dios en la tierra es que la mayoría de los cristianos no saben el llamado de Dios para sus vidas, ni los dones para realizarlo.

Tu lugar en el Cuerpo de Cristo.
Como cristianos, no solamente tenemos un cuerpo, pero pertenecemos a un Cuerpo; el Cuerpo de Cristo. Cristo es la cabeza y nosotros partes del Cuerpo. Primera de Corintios, entre otras referencias bíblicas nos enseña que es el Cuerpo de Cristo, y cómo debe funcionar.

Lecciones de 1 Corintios 12
1. El cuerpo tiene muchos miembros v14
2. El cuerpo es multifuncional v15
3. Dios coloca cada miembro en el cuerpo como El quiere v18
4. El cuerpo es uno - hay unidad v20
5. Es interdependiente - se necesitan el uno al otro v21
6. Los miembros más débiles son los más necesarios v22
7. Debemos honrar a los menos decorosos, para que se sientan valorizados v23-24
8. Dios lo ordenó así para que no haya desacuerdo ni división v24
9. Para que se preocupen uno al otro v25

En conclusión - tú eres una parte única e indispensable en la iglesia de Jesucristo. Tú tienes dones y un llamado diseñado cuidadosamente por Dios, quien te ha colocado donde El quiso. Y es solamente en el funcionamiento saludable de cada miembro, que el cuerpo encuentra unidad, felicidad y realización en la extensión del Reino de Dios.
.

¿Qué parte del Cuerpo soy yo?:
El propósito de este capítulo es ayudarte a descubrir cuál parte eres en el Cuerpo de Cristo. El primer paso es echar una mirada en el "espejo", y con honestidad y "cordura", tomar cuenta de tí mismo, ¿dónde estas parado en tu vida ahora?

Romanos 12, versículos 1 al 8 es el texto para la enseñanza de Dones Motivacionales. Los versículos 6 al 8 contienen una lista de siete dones "motivacionales". Pero, sabiamente, Pablo introduce los dones con unas indicaciones sobre cómo descubrir cual de los siete es el tuyo, los versículos 1 al 5.....

1. Sométete cien por ciento a Dios en todas las áreas de tu vida v1
2. No estés conformado a éste mundo v2
3. Busca la voluntad perfecta de Dios para tu vida v2
4. Reconoce que el plan de Dios para tu vida es bueno y agradable; no es desagradable v2
5. No seas orgulloso, sino piensa en tí mismo con cordura. Somos de igual valor ante Dios v3
6. Al saber cual es tu don, desarróllalo y úsalo solamente para la gloria de Dios v4-6

La conclusión: Aprovechar nuestros dones para fines egoístas y orgullosos es muy peligroso para el Cuerpo de Cristo. El mal uso de lo que Dios nos ha dado no agrada a Dios. La Biblia dice que los dones y el llamamiento de Dios son irrevocables (Romanos 11:29). Es decir, que al no vivir una buena vida cristiana, no significa que Dios nos quita sus dones. Al contrario; los dones siguen funcionando, aún cuando es para la gloria propia. Asegúrate que estás bien con Dios para poder ministrar en el poder del Espíritu, para la gloria de Dios y no la vanagloria de hombre.

Tres categorías de dones Espirituales
Hay varias maneras de categorizar los muchos dones del Espíritu en el Nuevo Testamento. Esto no quiere decir que lo que voy a presentar es "la última Coca Cola del desierto", pero espero que te ayude mucho, como ha ayudado a muchísima gente hasta hoy.

Vamos a analizar con mucho cuidado los versículos 4 -7 de 1Corintios 12.

*"Ahora bien, hay diversidad de **dones**, pero el Espíritu es el mismo" (1Cor. 12:4)*

La palabra "dones" viene del griego *carismata*. Todos los dones de cualquier categoría son regalos de Dios. No son habilidades que nosotros podemos crear o inventar - son de Dios, dados a todo indivíduo desde su concepción. Para la persona incrédula, su espíritu esta "muerto", entonces los dones estan latentes solamente, no estan activos. Al recibir al Señor Jesucristo, el espíritu es resucitado por el Espíritu Santo, y los dones y el llamado de Dios comienzan a funcionar y a realizarse

Seguimos leyendo 1Corintios 12 desde el versículo cinco, hasta el siete,

*"Y hay diversidad de **ministerios** (v5)...y hay diversidad de **operaciones** (v6)...pero a cada uno les es dada la **manifestación**(v7) del Espíritu para provecho." (1 Cor. 12:5-7)*

Vas a observar que hay tres palabras distintas en los tres versículos, y cada una representa una de las tres categorías de dones (carismata)

- "**ministerio**" - *diakonía (griego)* - nos vienen las palabras "diácono" y "servir"
- "**operación**" - *energema (griego)* - nos viene la palabra "energía" y "motivación"
- "**manifestación**" - *fanerosis (griego)* - tambien significa "exhibición" y "expresión"

1. Los dones de ministerio (diakonía) - Los dones de ministerio proveen oportunidades para el servicio que se reconoce por medio de la iglesia. Estos dones son confirmados por los líderes y la congregación. Son: apóstoles, profetas, evangelistas, pastores y maestros (Efesios 4:11), los que hacen milagros, los que sanan, los que ayudan, los que administran, los que tienen don de lenguas (1 Corintios 12:28)

2. Los dones de operación/motivación (energéma). Estos dones se pueden titular de "operación", de "motivación" o de "energía". En esta enseñanza, vamos a estar utilizando el término dones de "motivación", o "dones motivacionales" porque es una traducción que realmente capta mejor sentido del griego. Son las actividades del Espíritu Santo dentro de un creyente los que le dan el deseo y el poder para interesarse, y concentrarse sobre un aspecto particular de cuidado espiritual. Cada cristiano tiene uno de los siete dones motivacionales. Son: profecía, servicio, enseñanza, exhortación, dadivosidad, gobernar (liderazgo), misericordia. (Romanos 12:6-8). Por consiguiente, cada cristiano contempla a otras personas, ministerios, circunstancias, necesidades, etc., por medio de su don motivacional. Por ejemplo, los cristianos con el don motivacional de enseñanza, miran las cosas a través de los ojos de un profesor, los que tienen el don de profecía por los ojos de un profeta, etc. Cada uno vé las cosas de la vida desde una perspectiva diferente - ¡por eso tenemos tanto desacuerdo entre nosotros a veces! Por otro lado, si un grupo puede trabajar en unidad, aunque cada miembro tiene su perspectiva distinta, va a llegar a decisiones sabias, y va a lograr cosas extraordinarias para Dios. Luego, te voy a dar más explicación sobre los dones motivacionales.

3. Los dones de manifestación (fanerosis). Dones de manifestación son demostraciones o exhibiciones sobrenaturales del poder del Espíritu Santo en nuestras vidas y en las vidas del ministrado. Son: palabra de sabiduría, palabra de ciencia, fé, sanidad, milagros, profecía, discernimiento de espíritus, lenguas, interpretación de lenguas. En este estudio no voy a desarrollar la parte de los dones manifestacionales, sino los dones motivacionales solamente. Si quieres saber más, un libro muy recomendable es, El Espíritu Santo y Tú, por Dennis y Rita Bennett.

¿Cuántos dones tiene cada cristiano? Tiene un don motivacional, puede tener varios dones ministeriales, y puede manifestar cualquier número de los dones de manifestación.

¿Cómo puedo descubrir mi don motivacional?

1. ¡Asegúrate que eres un cristiano nacido de nuevo! Recuerda que los dones son del Espíritu Santo, y hasta que seamos cristianos, los dones van a quedar en estado latente solamente.

107

2. Rompe el poder del pecado. Pecados básicos de orgullo, amargura, valores egoístas, impureza sexual, contristan al Espíritu Santo y apagan Su poder en nuestras vidas. Dado que es el Espíritu Santo el que nos revela Su don a nosotros y por consiguiente obra por medio de ese don, es obvio que el pecado nos impedirá que descubramos nuestro don espiritual.

3. Concéntrate en otros. El propósito de nuestro don es dar el amor de Dios a otros. Si no estamos involucrados en las vidas de otros, no habrá ninguna base ni propósito para descubrir lo que es nuestro don espiritual. Mientras más nos concentremos en las necesidades de las personas al nuestro alrededor, más será liberado el poder del Espíritu Santo por medio de nuestro don.

4. Discierne tus motivos. Cada don motivacional mueve a su poseedor a considerar a otros desde una perspectiva diferente. Por ejemplo, una persona con motivación de profeta será consciente de las necesidades en las vidas de otros, sin embargo, uno con don de servicio, ni se fijará, y viceversa. Al contestar la pregunta, "¿Porqué realmente deseas ayudar a otros?", muy probablemente vas a poder descubrir tu don. Uno con don de enseñar, va a contestar, "Porque la gente necesita conocer los caminos y principios de Dios". Uno con don de Misericordia podria contestar, "Porque hay tanta necesidad, especialmente entre los pobres". ¿Cómo contestarías tú la pregunta?

5. Examina tus reacciones. Cada cristiano contempla a la gente y las circunstancias desde el punto de vista de su propia motivación. Otros, con diferentes motivaciones no las ven desde el mismo punto de vista, y esto resulta en ciertas reacciones y crítica de parte tuya, porque tu motivación te hace ver una necesidad que otros no ven. Cuando tu dices, "¿Porqué no estan haciendo más .... en la iglesia?" o "La iglesia tiene que cambiar sus prioridades porque en mi opinión debe poner más énfasis en ..... si va a crecer." ¡Es muy probable que tu seas la solución a tu propia queja!

6. Estudia las características de cada don. Más adelante se explican las características de los siete dones espirituales de motivación. Tambien hay un test que es bueno tomar para poder ayudarte en la identificación.

7. Espera activa. No todo el mundo puede identificar su don inmediatamente. A veces hay confusión entre cuál de dos, y aún entre tres dones, es el don. Es aconsejable elegir uno y empezar a concentrarte en aquello. A su tiempo, sabrás cual es por el gozo y los resultados fructíferos logrados.

8. Identificación por las caracterísicas negativas del don. Más adelante, hay una lista que caracteriza el mal uso de cada don. Muchas veces nuestro desempeño del don no es como debe ser, y el resultado es fruto negativo en vez de fruto positivo. Es posible vernos en algunas características negativas.

9. No confundas los dones motivacionales con los dones de ministerio y manifestación. Por el hecho de ser un buen profesor, no significa que tu don motivacional es enseñanza. Puede ser exhortación. Por el hecho de profetizar en la iglesia no significa que tu motivación es profecía, puede ser misericordia. Hay evangelistas con don motivacional de profecía, otros con don de enseñanza, etc. El don motivacional no determina tu ministerio, más bien caracteriza tu manera de ministrar. ¡Que bello es pensar que Dios ha provisto una tremenda variedad de ministerios en Su Cuerpo! El Pastor con don motivacional de servicio, es diferente al Pastor con don de dadivosidad, y diferente al Pastor con don de profecía o de misericordia, o de exhortación, o de administración (gobernar). Las posibles combinaciones entre los siete dones de motivacion, y diez o más de ministerio y los nueve dones de manifestación es casi inumerable. Y tú eres uno de ellos, ¡una combinación perfecta!

Las Características de los Dones Motivacionales

Profecía (Pedro)

1. La necesidad de expresar pensamientos e ideas verbalmente, especialmente al referirse al bien y el mal.
PEDRO habló mucho mas que cualquier otro de los dicipulos; tanto así que termino siendo vocal de la iglesia primitiva (Hechos 2:4, 3:12)

2. La tendencia a juzgar velozmente sobre lo que es dicho o visto, y el ser ávido para intervenir verbalmente.
PEDRO habló primero en más instancias que cualquier otro de los dicipulos.

3. El asombroso discernimiento de presentir que alguien o algo no es lo que pareciera ser.
PEDRO condenó a Ananías y Safira por su engaño. (Hechos 5:3-10)

4. Ser abierto acerca de fallas y fracasos personales; ser honesto con respecto a sí mismo al igual que con otros.
PEDRO cayó a los pies de Jesús y dijo: "*Alejate de mi, pues yo soy un pecador*"

5. La tendencia de involucrarse de todo corazón.
PEDRO quiso caminar sobre el agua (Mateo 14:28). Se oponía que Jesús le lavara los pies, y después quiso que le lavara las manos y la cabeza. (Jn.13:6-10)

El mal uso del don
1. El llegar a conclusiones precipitadas sobre palabras, acciones y motivos.
2. Piensa en lo negativo en vez de lo positivo.
3. Tiene poca cautela y tacto al expresar sus opiniones.
4. Tendencia a condenarse a sí mismo cuando falla.

Servicio (Timoteo)

1. La habilidad de detectar necesidades prácticas y el deseo de llenarlas.
TIMOTEO. Fil.2:20 "*...pues a ninguno tengo del mismo ánimo, y que tan sinceramente se interese por vosotros*"

2. La alegría de servir cuando ello libera a otros para hacer cosas más importantes.

TIMOTEO le sirvió a Pablo para que éste pudiese llevar a cabo su ministerio.

3. La necesidad de ser apreciado para confirmar que su servicio es necesario y satisfactorio. Un deseo de recibir instrucciones claras y precisas.
TIMOTEO recibió más instrucciones y palabras de ánimo de Pablo que cualquier otro asistente.

4. Un deseo muy fuerte de compartir con otros, lo cual le brinda más oportunidades de servir.
TIMOTEO casi siempre estaba trabajando con otros.

El mal uso del don
1. Abandono de las responsibilidades del hogar para ayudar a otros.
2. Aceptando mucho trabajo simultáneamente. Es dificil decir, "No".
3. Agotándose físicamente.
4. Siendo herido por la ingratitud de aquellos a quienes ha ayudado.

Enseñanza (Lucas)

1. La necesidad de probar la validez de lo que llaman "verdad".
LUCAS 1:3-4 *"Me ha parecido también a mí, después de haber investigado con diligencia todas las cosas desde su origen, escribirtelas, por orden, oh excelentísimo Teófilo, para que conozcas bien la verdad...."*

2. Siente que debe dar credenciales de maestría antes de hablar.
LUCAS 1:3 *"...después de haber investigado con diligencia todas las cosas desde su origen"*

3. El deseo de presentar la verdad en un modo sistemático.
LUCAS enfatizó el modo cronológico para poner orden en lo que escribió.

LUCAS 1:5 *"Hubo en los días de Herodes, rey de Judea, un sacerdote llamado Zacarías...."*

4. Se deleita en investigar y reportar, y cuantos más hechos tenga con respecto a la materia, mejor.
El Santo Evangelio Según San Lucas es el Evangelio más largo de los cuatro.

5. Enfatiza la importancia y precisión de un reportaje.
LUCAS expone descripciones precisas sobre eventos, conversaciones, circunstancias y condiciones.

El mal uso del don
1. Volverse presumido y orgulloso a causa de los conocimientos que uno tenga. 1 Cor.8:1.
2. Criticar enseñanzas buenas solo porque tengan errores sencillos en su presentación.
3. Depender enteramente del razonamiento humano, en vez de contar con la enseñanza del Espíritu Santo.
4. Aburrir a los que nos escuchan con muchos detalles de nuestras investigaciones.
5. Permanecer ensimismado en su propio mundo intelectual.

Exhortación (Pablo)

1. La motivación de exigirle a la gente que alcancen su mayor capacidad y madurez en Cristo.
PABLO: Su objetivo era *"Presentar a cada hombre perfecto en Jesucristo" (Col.1:28-29)*

2. La habilidad de detectar dónde se encuentra una persona en su crecimiento espiritual y hablarle a ese nivel.

PABLO vió a los Corintios como unos niños espirituales y les escribió a ese nivel.

3. El deseo de dar concejos precisos a la gente para que crezcan en Dios.
PABLO en sus cartas escribía dando tales concejos.

4. La habilidad de identificarse con diferentes tipos de personas y formación para poder hablarles del Señor.
PABLO dijo,"...*me he hecho siervo de todos para ganar a mayor número...a todos me he hecho de todo, para que de todos modos salve a algunos*" (1 Cor.9:19-23)

5. La motivación de sembrar armonía entre los diversos grupos de cristianos.
PABLO trabajaba constantemente para resolver conflictos y divisiones entre individuos, iglesias y grupos.

El mal uso del don
1. Quitándole tiempo a su familia para consolar a otros.
2. Involucrándose en nuevos proyectos sin haber terminado los ya iniciados.
3. Divulgando secretos o hechos personales como ejemplos, sin autorización.

Dadivosidad (Mateo)

1. Una aguda habilidad para discernir sobre inversiones sabias, para poder tener más dinero disponible para regalar.
MATEO ofreció más consejos sobre el buen empleo del dinero que cualquiera de los demás evangelistas (Mat.6:19-20 - tesoro en el cielo; 25:14-30 - parábola de los talentos)

2. El deseo de dar en secreto.

MATEO 6:1 *"Guardaos de hacer vuestra justicia delante de los hombres, para ser vistos de ellos, de otra manera no tendréis recompensa de vuetro Padre que está en los cielos"*

3. El deseo de dar regalos de buena calidad.
MATEO escribió con detalles los regalos dados a Jesús por los magos.
Mateo 2:11 *"...oro, incienso y mirra."*

4. La habilidad de determinar la fidelidad de las personas a través de su manejo del dinero.
MATEO revela la necedad y la rebeldía de aquellos que malgastaron lo que les fue dado. (Mateo 21:33-34 Los labradores malvados))

El mal uso del don
1. Dándole muy poco a su familia
2. Juzgando a otros que emplean mal sus recursos, en lugar de aconsejarlos al respecto.
3. Controlando a la gente o ministerios por medio de regalos.

Gobernar (Nehemías)

1. La habilidad para ver el resultado final. Es visionario.
NEHEMÍAS: su visión para la construcción del muro de Jerusalen.
Nehemías 2:5 "Y dije al rey: Si le place al rey, y tu siervo ha hallado gracia delante de tí, envíame a Judá, a la ciudad de los sepulcros de mis padres y la reedificaré."

2. La habilidad de poder reducir un proyecto grande en pedazos manejables.
Nehemías capítulo 3: Nehemías dió la responsibilidad de construir y defender el muro por familias.

3. Habilidad para manejar muy bien los recursos disponibles.
NEHEMÍAS 6:15 *"Fue terminado, pues, el muro el veinticinco del mes de Elul, en cincuenta y dos días. Y cuando lo oyeron todos nuestros enemigos,*

temieron todas las naciones que estaban alrededor de nosotros, y se sintieron humillado, y conocieron que por nuestro Dios había sido hecha esta obra."

4. Capacidad para motivar a su gente con la visión
NEHEMÍAS 2:18 *"Entonces les declaré cómo la mano de mi Dios había sido buena sobre mi, y asimismo las palabras que el rey me había dicho. Y dijeron: Levantémonos, y edifiquemos. Así esforzaron sus manos para bien."*

5. Motivado para continuar firme aún cuando se enfrentaba con circunstancias negativas, y personas críticas.
NEHEMIAS 2:19-20 *"Pero cuanto lo oyeron Sanbalat horonita, Tobías el siervo amonita, y Gesem el árabe, hicieron escarnio de nosotros y nos despreciaron...y en respuesta les dije: El Dios de los cielos, él nos prosperará, y nosotros sus siervos nos levantaremos y edificaremos, porque vosotros no tenéis parte ni derecho ni memoria en Jerusalén"*
También, todo el capítulo seis.

El mal uso del don
1. Tomando a las personas como recursos humanos en vez de seres humanos
2. Usar a las personas para lograr aspiraciones personales.
3. Apropiarse de proyectos que no estan en los planes de Dios.
4. Delegar demasiado trabajo en otros.
5. Fallando al no dar explicaciones apropiadas y aliento a sus trabajadores.

<u>Misericordia (Juan)</u>

1. La habilidad de reconocer la autenticidad del amor. Más vulnerabilidad que los demás cuando siente una falta de amor, lo que produce mayor sufrimiento.
JUAN: El evangelio y sus cartas muestran que su enfoque primario es el amor.

2. La necesidad de tener amistades profundas.

JUAN se refiere a él mismo como el discípulo a quien Jesus amó. (Juan 13:23)

3. La tendencia para atraer a personas que tienen angustias emocionales y mentales.
JUAN cuidó de la madre de Jesús

4. La tendencia a ser atraído hacia personas con el don de profecía.
JUAN pasó mas tiempo con Pedro que con cualquier otro discípulo.

El mal uso del don

1. Orgullo por su gran misericordia hacía los heridos.

2. Resentido de los que no son tan sensibles a las necesidades de otros.

3. Insuficientemente duro cuando es necesario.

4. La tendencia a no tomar decisiones con firmeza.

5. Dirigido por emociones en vez de la lógica.

Dones Motivacionales - un test

Por favor contesta con honestidad, no apuntando según lo que quisieras ser, sino la realidad de cómo has sido hasta ahora. Cuidado con el puntaje.

Sus respuestas: Muchas veces - 3 puntos
A veces - 2 puntos
Pocas veces - 1 punto
Nunca - 0 puntos

1. Fácilmente puedo delegar responsabilidades importantes en otros.

2. Percibo claramente la diferencia entre la verdad y el error en la vida de un hermano

3. Animo verbalmente a los débiles y a los desanimados.

4. Doy más del 10% de mis ingresos

5. Soy un "Buen Samaritano"

6. Me siento realizado en mi vocación cristiana aceptando responsabilidades prácticas si va a ayudar a un hermano.

7. Me gusta desarrollar maneras de presentar enseñanzas para que otros puedan tener mejor entendimiento.

8. Me gusta dirigir un trabajo.

9. Claramente percibo la diferencia entre lo bueno y lo malo en lo que veo, escucho y leo.

10. Verbalmente desafío a los que parecen espiritualmente apáticos

11. Me gusta compartir mis bienes y finanzas con otros para el beneficio del reino de Dios.

12. Tengo la habilidad de hablar libremente a los presos, los ancianos y los solitarios.

13. Me siento realizado, dando mi tiempo para el beneficio de los que tienen necesidades prácticas en la casa.

14. Me gusta tener la responsabilidad de comunicar conocimiento a otros.

15. Tengo la habilidad de organizar ideas, personas, cosas y tiempo para un ministerio más eficáz.

16. Puedo percibir la maldad a tiempo para vencerla eficázmente.

17. Aconsejo a otros en cuanto la necesidad de crecer espiritualmente.

18. Liberalmente doy cosas o dinero para la obra del Señor.

19. Visito a los que están en el hospital, la cárcel, o un orfenato, y esto me bendice.

20. Me siento realizado ayudando a los vecinos cuando tienen una necesidad como una mudanza

21. Puedo explicar partes de la Biblia para que otro pueda entenderla.

22. Puedo trazar mis metas y hacer planes para lograrlos.

23. Tengo la habilidad de discernir espíritus malos en personas y lugares.

24. Puedo aconsejar eficázmente a los que tienen varios problemas.

25. Vivo para hacer la obra del Señor con gozo y amor: apoyandola con mis finanzas

26. Me gustaría poder ayudar a un niño huérfano

27. Estoy dispuesto a recibir ordenes más bien que darlas.

28. Me gusta explicar el sentido de algo.

29. Tengo la habilidad de terminar planes comenzados, hasta los detalles finales.

30. Puedo distinguir entre la verdad de Dios y una mentira del enemigo

31. Puedo estar con una persona en su tiempo de crisis y ayudarla sin sentirme cohibido

32. Me siento movido por el Espíritu Santo cuando soy confrontado con necesidades financieras urgentes en una obra cristiana.

33. Me siento realizado ayudando en maneras prácticas a los incapacitados.

34. Me siento felíz cuando otras personas dicen que necesitan mi ayuda en cuanto a buscar comprar, preparar o reparar algo.

35. Me gusta ver la luz de entendimiento en los ojos de otra persona al explicarle cómo hacer algo o cómo funciona tal cosa..

Ahora, transfiere tu puntaje al lado de cada pregunta abajo, y suma para darte los totales A hasta G. Por ejemplo, para tu total A (Gobernar), suma tu puntaje de las preguntas 1, 8, 15, 22, y 29

1.	8.	15.	22.	29.	=	Total A (Gobernar)
2.	9.	16.	23.	30.	=	Total B (Profecía)
3.	10.	17.	24.	31.	=	Total C (Exhortación)
4.	11.	18.	25.	32.	=	Total D (Dadivosidad)
5.	12.	19.	26.	33.	=	Total E (Misericordia)
6.	13.	20.	27.	34.	=	Total F (Servicio)
7.	14.	21.	28.	35.	=	Total G (Enseñanza)

Ahora transfiere los totales A, B, C, D, E, F, G de arriba en la siguiente gráfica, marcando cada total con un X para ver tus fuerzas y debilidades.

Total del puntaje 1 2 3 4 5 6 7 8 9 10 11 12 13 14 15

A. Gobernar

B. Profecía

C. Exhortación

D. Dadivosidad

E. Misericordia

F. Servicio

G. Enseñanza

Ahora puedes ver tu don motivacional - el que tiene mayor puntaje. Si sobresales en dos, con igual puntaje, repite el test. Si todavía sale igual, refiérete al número 7 de la sección "¿Cómo puedo descubrir mi don motivacional?".

El Test es solamente una herramienta para ayudarte descubrir tu don. Debes utilizarlo junto con las demás indicaciones sobre cómo descubrir tu don motivacional.

El descubrimiento de tu don debe motivarte para desarrollar la expresión de esta gracia especial que Dios te ha dado. Pídele a Dios que te abra oportunidades de servir donde puedes poner en práctica tu toque especial. Es importante trabajar para eliminar las carecterísticas negativas del mal uso del don, y practicar para perfeccionar las características positivas.

Tu don, si lo permites, te va a llevar al ministerio y carrera que Dios quiere que tengas; un ministerio y carrera que te va a traer mucha satisfacción y donde vas a desempeñarte con excelencia y éxito. ¡Adelante! ¡Dios te está llamando! ¡Adelante!

Evangelismo

- amor por los perdidos

"Una vez, hace poco, existía un grupo que se llamaban los "Pescadores". Había en aquel entonces muchos peces en las aguas. Semana tras semana, mes tras mes, año tras año, los que se llamaban los "Pescadores" se reunían para compartir sobre su llamado de pescar, la abundancia de los peces, y las estratégias de cómo capturarlos.

Los "Pescadores" construyeron edificios grandes y bellos donde reunirse. Siempre animaban a la gente sobre la gran importancia y necesidad de ser "Pescadores", ¡pero nadie pescaba! En adición a los bellos y grandes edificios, se formaron juntas misioneras para enviar algunos "Pescadores" a lugares donde había muchos peces pero no había a quien pescar. Las juntas se conformaron de "Pescadores" de mucho conocimiento sobre cómo y donde pescar; tenían mucha visión en la promoción de pescar en otros lugares.

Tambien construyeron centros de entrenamiento, muy costosos donde entrenar más "Pescadores". Ofrecieron cursos sobre las necesidades de los peces, la naturaleza de los peces, las reacciones psicológicas de los peces, cómo acercarse a ellos, cómo alimentarlos, etc. Enviaron muchos graduados y licenciados hasta aguas lejanas. Salieron bastantes, dejando casa y familia para obedecer el llamado. Pero, como los "Pescadores" en su propios pueblos, ¡nunca pescaron! Como los "Pescadores" de su pueblo, construyeron edificios, enseñaron cursos sobre cómo pescar, construyeron lagunas para los peces, etc..

Después de una reunión bastante animada, un joven salio a pescar ¡y pescó dos grandes peces! Fue honrado tremendamente por su valentía, y fue invitado por clubs de pesca en todo el país para hablar sobre su éxito. Así dejó el campo de pescar para enseñar a otros."

Una Parábola sobre La Pesca, John Drescher

Nosotros, como cristianos, podemos hablar sobre el evangelismo, pero la pregunta es, "¿Estás viendo gente ganada para Cristo? ¿Tu familia, vecinos, amigos, colegas?" ¿Estás haciendo la obra de evangelismo o estas pensando en hacerla? La iglesia tiene muchos programas, muchas reuniones, mucha actividad y muchos gastos. ¡Y casi todos los gastos son para mantener lo que hay! ¿Pero, está creciendo la congregación? ¿Hay personas nuevas cada semana? Nosotros nos llamamos evangélicos - y es cierto en cuanto a la sana doctrina, ¿pero somos evangelisticos? ¡La iglesia no puede existir solamente preservando la sana doctrina! ¡La batalla tambien es ofensiva! La Iglesia de Jesucristo es la Luz del Mundo y Sal de La Tierra - ¡existimos no para ser diferentes sino para hacer una diferencia!

Quizás nos sentimos desanimados cuando vemos las cifras de personas no alcanzados en el mundo. A lo mejor te sientes desanimado al ver la cifra de los incrédulos en tu pueblo o en tu familia. La naturaleza humana es sentir desánimo cuando uno está enfrentado con un obstáculo grande. Pero nuestro Dios es el Creador de universo, no hay nada imposible para El! Tenemos que dejar de estar impresionado con lo que Satanás está haciendo, y estar impresionado con nuestro Dios! Amen?!

Hay muchas "causas" en el mundo. Los seres humanos responden a una causa, sea pertenecer a la guerrilla o salvando ballenas. Los recursos humanos se manifiestan con fuerza enfrentados con una causa. Lo que han sufrido y ganado millones de hombres en la defensa de su patria es admirable. Las guerrillas viven en la selva, lejos de sus familiares, del cine, de la novia, de las fiestas, de Mac Donalds. Reciben una limosna en sueldo, muchos son voluntarios. Roban y matan por la causa. Los musulmanes radicales, se suicidan como bombas humana por la causa. Hay gente que dedica toda su vida y todos sus recursos por los derechos de los animales. Hay radicales quienes se suben a los arboles para protejerlos de la sierra; ¡dispuestos a morir por un árbol! Cuanto más nosotros, hermano mio, debemos vivir por la causa, sacrificando nuestra flojera, nuestro temor, nuestro orgullo, nuestro tiempo para la causa de Cristo - el Reino de Dios.

El misionero pionero en el Africa, C.T. Studd dijo,
"Si Cristo, siendo Dios, murió por mi, entonces ningún sacrificio de parte mia sería demasiado grande para él"

La Biblia dice que somos de El; El nos compró con el precio de su sangre. Si somos de El, necesitamos someternos en sus manos cada día y escuchar lo que nos manda hacer....

"Por tanto, id, y haced discípulos a todas las naciones...." (Mateo 28:19)

Como cristianos, siempre queremos hacer la voluntad de Dios. A veces dedicamos tanto tiempo tratando de discernir la voluntad de Dios para nuestras vidas, que nos sentamos con los brazos cruzados y no hacemos nada. Escucha el corazón de Dios,

"...el cual quiere que todos los hombres sean salvos y vengan al conocimiento de la verdad" (1Timoteo 2:4)

"...no quieriendo que ninguno perezca, sino que todos procedan al arrepentimiento" (2Pedro 3:9)

"...no quiero la muerte del impío, sino que se vuelva el impío de su camino, y que viva." (Ezequiel 33:11)

"Y el Espíritu y la Esposa dicen: Ven. Y el que oye, diga: Ven. Y el que tiene sed, venga; y el que quiera, tome del agua de la vida gratuitamente." (Apoc. 22:17)

"...para que todo aquel que en él cree, no se pierda, mas tenga vida eterna." (Juan 3:16)

Sin duda, el corazón de Dios es para la salvación de cada hombre, mujer, niño o niña en todo el mundo. Y nosotros somos sus embajadores. Somos nosotros los responsables para alcanzar a esta gente con las buenas nuevas. No hay otros. Son nosotros los responsables. Nosotros tenemos las palabras de vida y las llaves del cielo y del infierno - están en nuestras manos, a nuestra disposición. Si nuestro deseo íntimo es agradar el corazón de Dios, vamos a colaborar con El en el gran trabajo de la cosecha. Somos sus obreros, sus siervos fieles.

¿Cómo tener un corazón conforme al corazón de Dios?

1. El amor ágape. Mientras preparaba el material para este capítulo del libro, estuve muy desafiado por un excelente libro se llama Bringin' 'em Back Alive, por Danny Lehmann. Me dí cuenta de la falta de fervor evangelístico en mi propia vida. Me identifiqué con los "Pescadores" - mucho trabajo para entrenar a otros, pero poca actividad en el filo cortante del evangelismo. Una noche, mi esposa y yo oramos, "Señor, reconocemos que no tenemos carga por los perdidos. Perdónanos. Y, por favor danos tu corazón para ellos. Gracias. Amén". A la mañana siguiente, me levanté para tener un tiempo con el Señor cuando vino a mi mente, aun antes de pararme en el piso, las siguientes palabras: "Sólo la intercesión te dará mi corazón por los perdidos." Al analizar estas palabras, llegué a la conclusión de que el amor por los perdidos es humanamente imposible. Son personas deshonestas, orgullosas egoístas, y generalmente se burlan de los que les predican. Encima de esto, ¿quién tiene tiempo para discipularlas? No es solamente lograr una decisión, pero tenemos la responsabilidad de un seguimiento y un discipulado. ¡Pero lo que es humanamente imposible para el hombre es posible para Dios! La intercesión por una persona desarrolla un amor divino, posible solamente por la acción del Espíritu Santo. Cuando tenemos el amor *de Dios*, sí podemos vencer todo que es de la carne en nosotros para evangelizar al individuo. Son las personas que interceden por misiones y misioneros y pueblos no alcanzados, que reciben un llamado misionero. Muchas veces somos la respuesta a nuestras propias oraciones. De igual manera, si intercedemos por familiares, vecinos, amigos y colegas incrédulos, Jesús va a estimular nuestros espíritus con su Espíritu y colocar en nuestros corazones el regalo de amor. Con este amor, nada va a impedirnos compartir las buenas nuevas con ellos.

2. Sé lleno del Espíritu Santo. En el capítulo sobre los dones espirituales, hemos hablado del bautismo en el Espíritu Santo. Jesús dijo,

"...pero recibiréis poder, cuando haya venido sobre vosotros el Espíritu Santo, y me seréis testigos...." (Hechos 1:8)

Hay una relación innegable entre "poder" y "testigos". El testigo, para poder testificar, necesita el poder del Espíritu Santo. En el día de Pentecostés estuvieron escondidos a puerta cerrada por temor a los judíos. Pero una vez llenos del Espíritu Santo, bajaron del aposento alto a la calle para evangelizar. En otra ocasión, ya con una persecusión fuerte y peligrosa lanzada en su contra, oraron por protección, unción para sanar y coraje para predicar...

*"Cuando hubieron orado, el lugar en que estaban congregados tembló; y todos fueron **llenos** del Espíritu Santo, **y hablaban con denuedo** la palabra de Dios" (Hechos 4:31)*

"No con ejercito, ni con fuerza, sino con mi Espíritu, ha dicho Jehová de los ejercitos" (Zacarías 4:6)

Como pidieron los primeros cristianos, pídele a Dios por su Espíritu Santo para que seas lleno de su poder y amor.

3. Prioridades. Si ganar almas no es una prioridad para tí, obviamente no vas a ver mucho fruto. ¿Cuán importante es para tí la salvación de otros seres humanos? Si me contestas que es una alta prioridad, ¿qué planes tienes para hacerlo? Si esperamos que ganar una alma para Dios es algo que simplemente sucede, ¡estás equivocado! ¡Recuerda que estamos en guerra! Satanás no está en el negocio de entregar la gente a nuestra mano! Tenemos que pelear por las almas. Una vez determinado que sí es una alta prioridad, tenemos que planificar cómo lograrlo y cuanto tiempo vamos a dedicar al procyeto. Intercesión es el primer paso en ganar almas requiere una disciplina personal y tiempo, ¡y es solamente el primer paso! Los demás pasos también requieren compromiso, tiempo y dedicación.

Otra manera que te ayuda a poner la evangelización del mundo como prioridad alta en tu vida, es apoyando, con finanzas, proyectos de evangelización.

"Porque donde esté vuestro tesoro, allí estará tambien vuestro corazón" (Mateo 6:21)

4. Esté disponible. Dios no está buscando habilidad sino disponibilidad. La historia del pueblo de Dios nos muestra que Dios más bien utiliza lo débil. Si no tienes el don de hablar, y no eres muy atractivo físicamente, si no atraes a la gente, o no has asistido a un instituto bíblico, ¡no te preocupes! El éxito evangelístico no está en habilidades humanas, sino en fé y confianza en el Espíritu Santo. ¡David delante de Goliat era el más pequeño! Pero tuvo fé y confianza en su Dios. Una persona no se convierte por fuerza de tu carácter ni por palabras bellas, sino por la convicción del Espíritu y una disposición para recibir al Señor. Tu responsabilidad es simplemente estar donde Dios quiere que estés, y decir lo que Dios te muestre decir en el momento oportuno.

5. Espera que Dios te use

"Pero sin fé es imposible agradar a Dios" (Hebreos 11:6)

¡Dios te va a usar, créelo! El está mas preocupado por los perdidos que tú. El desea salvar los miembros no cristianos de tu familia mas que tú! Claro que si, te va a usar. Y hay una bella promesa en la Palabra que te asegura que no solamente vas a evangelizar, sino también vas a producir resultados positivos:

"...el que permanece en mí, y yo en él, éste lleva mucho fruto...." (Juan 15:5)

El misionero a la India, Guilliermo Carey dijo,

"Espera grandes cosas de Dios, intenta grandes cosas para Dios"

6. Pídele a Dios por citas divinas. Recuerdo una vez cuando llegué al aeropuerto de Cúcuta, Colombia esperando ver a mi esposa quien siempre me buscaba del aeropuerto. No llegó. Lo que no sabía yo, fué que por una razón u otra la batería del auto se echó entonces no arrancó. No hubo manera de comunicarse conmigo. Esperé casi una hora, cuando decidí irme en taxi hasta la frontera y de allí tomar otro para Rubio, Venezuela, donde vivíamos. En la carretera tuve un tiempo maravilloso compartiendo el evangelio con el taxista que era Testigo de Jehová. Si no fuera por una mala batería.... Cuando nuestros planes no salen como esperamos... "ojo pelado"... ¡Dios nos puede presentar oportunidades fuera del plan! El truco al perder su vuelo o pinchar el caucho no es caer en las manos del enemigo con groserías, impaciencia y afán. Aprovecha la situación para buscar citas divinas. Si la inconveniencia fue por Dios, El te va a presentar una oportunidad. Si la inconveniencia fue por el Diablo, ¡Dios va a redimir la situación con un milagro si tomamos la situación con calma y esperanza!

"Por Jehová son ordenados los pasos del hombre...." (Salmo 37:23)

Dios dirijió los pasos del criado de Abraham en la búsqueda de una esposa para su hijo, Isaac. Rebeca, la escogida de Dios llegó justo al lugar, según las oraciones del criado. (Gen.24). Samuel y Saúl tuvieron una cita divina cuando se perdieron las asnas del padre de Saúl (1Sam.9:10). Felipe estaba involucrado en un verdadero mover de Dios en Samaria con muchísimas sanidades, liberaciones y conversiones cuando el Señor le dijo, "Véte, Felipe para el desierto".

*"Entonces se levantó y fué. Y **sucedió** que un etíope, eunuco, funcionario de Candace reina de los etíopes....."* (Hechos 8:27)

Resulta que Felipe llegó justo cuando el hombre estaba leyendo la palabra de Dios. Felipe pudo predicarle y bautizarle. ¡Que cita divina! ¡Que fé! dejar el avivamiento en la ciudad para ir al desierto donde casi no había gente! Pero hubo un hombre, un hombre clave para llevar el evangelio al continente Africano.

¿Cómo evangelizar?

1. Amar al pecador. Como ya hemos estudiado, es el amor el que nos motiva a evangelizar. Es el mismo amor de Dios que debemos manifestar en nuestros métodos de evangelismo. Podemos predicar el evangelio, pero si nuestra actitud no es de amor, no vamos a ver mucho fruto a nuestro esfuerzo. Tenemos que reconocer que el pecador es amado por Dios; es importante para Dios, tanto como tú. Pablo reconocía la importancia de identificarse con la gente para poder presentar el evangelio de una manera apropiada.

"...a todos me he hecho de todo, para que de todos modos salve a algunos." (1Cor. 9:22)

Es tan importante evangelizar como Jesús y los Apostoles evangelizaban; con mucho interés en las necesidades del pueblo - sus enfermedades, sus tristezas, sus ataduras, sus dolores. Mano a mano con la proclamación del evangelio estaba la demostración del amor y poder de Dios. Jesús siempre está interesado en el hombre completo; cuerpo, alma, espíritu, su familia, y su trabajo.

En Juventud Con Una Misión existe un ministerio de barcos. Los Barcos de Misericordia son un ministerio cuyo lema es, "Las dos manos del evangelio". Ellos no solamente salen a todo lugar con sus equipos de evangelismo, con predicación al aire libre, visitas puerta a puerta, etc., sino tambien proveen ayuda médica. Cada barco es un hospital flotante. Tambien tienen equipos de construcción para proveer casas para los que no tienen, abren pozos de agua, etc. Verdaderamente son las dos manos del evangelio - demostración del amor de Dios y la proclamación de las buenas nuevas.

Donde tenemos que cuidarnos es cuando estamos involucrados en un ministerio social de misericordia, pero no proclamamos, verbalmente, el evangelio. La palabra dice que la fé viene por el OIR, ¿y cómo pueden oir, sin nadie que les predique? Para una persona recibir al Señor es el mejor regalo que jamás puedan recibir. Es mucho mejor que una casa o un pozo de agua o una sanidad física. Es el regalo de la vida eterna.

2. Ganar la victoria sobre el temor del hombre. ¡Ahh, aquí está la clave! Es la razón por la que casi no evangelizamos. Tenemos temor al rechazo, temor a que nos vean como a unos locos o fanáticos o fundamentalistas. Tememos la pérdida de nuestra reputación. En las palabras de Danny Lehmann,

"La naturaleza del evangelismo es que somos los no invitados llevando un mensaje no invitado a un mundo que rechaza a Cristo"

Si pensamos que no vamos a recibir rechazo, estamos bien equivocados. Si esperamos una oportunidad de compartir el evangelio sin rechazo, ¡vamos estar esperando mucho tiempo! Es sumamente importante aceptar que parte de predicar el evangelio es el rechazo. Si nos sentimos dolidos, heridos y efectados por esto, es porque no tenemos suficiente seguridad de quienes somos en Cristo. Mira el ejemplo de nuestro Capitán, Jesús. Es a El a quién estamos siguiendo.

"Despreciado y desechado entre los hombres...." (Isaías 53:3)

"A lo suyo vino, y los suyos no le recibieron." (Juan 1:11)

"...Y levantandose, le echaron fuera de la ciudad...." (Lucas 4:29)

"Y toda la ciudad salió al encuentro de Jesús; y cuando le vieron, le rogaron que se fuera de sus contornos." (Mateo 8:34)

"Es necesario que el Hijo de Hombre padezca muchas cosas, y sea desechado por los ancianos, por los principales sacerdotes, y por los escribas...." (Lucas 9:22)

"Pero primero es necesario que padezca mucho, y sea desechado por esta generación." (Lucas 17:25)

El temor de Dios es clave para poder huir de los lazos del temor del hombre. Si tenemos una reverencia profunda de la majestad de nuestro Dios, y un deseo profundo de seguir las pisadas de Su Hijo Jesucristo, tenemos que dejar todo atrás, morir a nosotros mismos y tomar la cruz - ¡la forma fácil no existe!.

"Y no temas a los que matan el cuerpo, mas el alma no pueden matar; temed más bien a aquel que puede destruir el alma y el cuerpo en el infierno" (Mateo 10:28)

"Bienaventurados los que padecen persecución por causa de la justicia, porque de ellos es el reino de los cielos." (Mateo 5:10)

Las promesas de las escrituras son muy animadoras! Aunque sufrimos rechazo, burla y persecución, nos pertenece el reino de los cielos! Los primeros cristianos consideraban una bendición sufrir por la causa de Cristo.

"Y ellos salieron de la presencia del concilio, gozosos de haber sido tenidos por dignos de padecer afrenta por causa del Nombre." (Hechos 5:41)

Leí una vez de un pastor en Rusia, durante la dominación comunista, cuando era azotado por enseñar la palabra. Con cada golpe, dijo, "¡Gracias, Oh gracias, gracias amigo por bendicirme!" El policía le preguntó porqué daba gracias. El pastor contestó, "Porque con cada golpe, me da el alto privilegio de padecer sufrimiento por mi Cristo, y la palabra dice que es bendecido el que padece sufrimiento por su causa"

Finalmente, hablaremos brevemente del temor que nos hace sentir inadecuados. Es el temor de que no sabemos suficiente para contestar las preguntas o la discusión. Debes reconocer que nunca vas a tener todas las respuestas, aunque debemos estar creciendo en nuestro conocimiento de la Biblia. Pedro nos dice,

"...estad siempre preparados para presentar defensa...." (1Pedro 3:15)

Es una muy buena idea pensar en nuestro testimonio. El testimonio de uno es clave para el evangelismo. Es importante que puedas presentar cómo llegaste a conocer a Jesús, según el tiempo disponible. Si estas sentado en casa de unos amigos, quizás puedas contar tu testimonio con todos los detalles por media hora o mas. En otras situaciones, vas a necesitar compartirlo en dos o tres minutos. Es una buena idea escribirlo y practicarlo. Es bueno tambien tener unos versículos memorizados, o, por lo menos saber las citas para poder buscarlas en tu Biblia y mostrar a la persona lo que dice la palabra de Dios.¡Tu no eres inadecuado! Confía en El y El lo hará.

Métedos de evangelismo

1. Persona a persona. El método más común y más natural con el énfasis en una relación personal con la persona. En el caso de una decisión, la amistad hecha te brinda la facilidad de un seguimiento eficáz. Puedes visitar a la persona en su casa o en su lugar de estudio o trabajo. Le puedes invitar a tu casa y a tu iglesia. Todos los días se encuentran oportunidades de compartir persona a persona.

El Evangelismo Explosivo es un método muy bueno, donde se utilizan dos preguntas claves, la primera para determinar si la persona piensa si es cristiana o no, la segunda para poder determinar sobre que base está puesta su esperanza de salvación - obras o gracia. La primera es, "Si murieras esta noche, a donde irías?" La segunda es, "Si murieras esta noche, al llegar al cielo, qué dirías al Señor si te preguntara: ¿porqué debo permitirte la entrada a mi cielo?"

El único peligro de un método como el Evangelismo Explosivo es depender uno del método en vez del Espíritu Santo. Yo he salido con personas utilizando el método, y una vez que han conseguido permiso para compartir el evangelio, sigan los pasos del método: es una predicación completa, casi sin respirar! Al final la persona es invitada a orar la oración de fé. Si el método no está bien manejado, llega a ser un impedimento al evangelismo. Si la persona que predica no está dispuesta a escuchar, amar, y preocuparse por la persona visitada, su decisión es por la fuerza y no por convicción del Espíritu. Mi propia experiencia de éstos tipos de métodos, es conseguir muchas decisiones pero poco fruto en cuanto a discípulos. La culpa no es del método si no la forma como es utilizado, en vez de una herramienta llega a ser un obstáculo.

El uso de tratados tambien es muy útil. Las Cuatro Leyes Espirituales, publicado por la Asociación Billy Graham es bueno. Hay muy buenos folletos impresos y distribuidos por Scripture Gift Mission (SGM) de Inglaterra. Estos folletos, en español por supuesto, vienen gratis desde Londres para cualquier grupo que esté interesado en recibirlos.

Realmente no hay substituto para el interés genuino por las personas; su vida, su familia, su trabajo, sus esperanzas, sus creencias. Los folletos y los "métodos" deben ser solamente nuestra entrada para poder luego relacionarnos de corazón con la persona. ¡Quizás debemos llamarlo el método relacional!

"Tan grande es nuestro afecto por vosotros, que hubiéramos querido entregaros no sólo el evangelio de Dios, sino también nuestras propias vidas; porque habéis llegados a sernos muy queridos" (1 Tes. 2:8)

2. Campañas públicas. Graham, Palau, Ford, Motessi, son algunos apellidos de hombres famosos que han tenido mucho éxito en las campañas públicas. Este método de evangelismo ha recibido bastante crítica, pero es biblico; Jesús y Pablo lo utilizaban. El problema está con la cuestión del seguimiento. Es verdad, muchas personas han hecho una decisión por Cristo en la emoción de la campaña y luego regresado a su vida incrédula. Pero hay muchísima gente que pueden testificar de una decisión genuina durante una campaña, y soy uno de ellos. Lo que sí es importante es tener un equipo de consejeros, bien entrenados y bien comprometidos para seguir y discipular a estas personas. La Asociación Billy Graham en sus campañas, da la responsabilidad del seguimiento y discipulado al que aconcejó al nuevo creyente durante la campaña. No hay distribución de tarjetas a los Pastores. La razón es que el consejero estuvo presente en el momento más importante y personal de la vida del nuevo creyente : su nacimiento. Hay una relación, una amistad formada en este momento. Es importante aprovecharla para el seguimiento.

3. Puerta a puerta. Los Mormones y los Testigos de Jehová lo han hecho difícil para nosotros, pero no podemos negar que ellos siguen ganando familias por éste método. Donde es más exitoso, es en los barrios donde la gente no vive detrás de paredes grandes con perros bravos. La gente humilde es más abierta a una visita así. Es recomendable visitar en parejas de varón y hembra. Sea respetuoso - es su casa! Si les invitan a tomar algo, tómalo. Es una ayuda para que ellos se sientan más cómodos, y establezcan su lugar como anfitriones en vez de víctimas. Es importante presentarse por nombre e iglesia. Si hay necesidad en la familia, por ejemplo un enfermo, es bueno ofrecer orar por él. Luego, puedes entrar y compartir el evangelio con sencillez y sensibilidad, y siempre escuchando la voz del Espíritu.

4. Drama y Mimo. Juventud Con Una Misión ha utilizado los dramas y mimos con mucho éxito en todos los paises del mundo. A todo el mundo le gusta el drama. Es interesante que Jesús usaba parábolas - a todo el mundo, en aquél tiempo les gustaban mucho las parábola. En dramas y parábolas la audiencia tiene que pensar. Muchas veces una persona baja sus defensas al ver un drama porque no es una amenaza. No hay nadie que le va a pedir su opinión ni una decisión. Una persona muy tímida puede esconderse detrás la multitud y observar el evangelio dramatizado, o puede subir a un árbol como Zaqueo (Lucas 19:2)! Un drama para la calle debe ser corto, no más de cinco minutos, e impactante. Escuché de un grupo de jóvenes en Buenos Aires. Practicaron un drama impactante - ¡aún peligroso! Una muchacha del grupo entra a la plaza corriendo, gritando, "¡Auxilio!", persiguido por un grupo de muchachos, tambien gritando, "¡Adúltera! Adúltera!" Agarrándola, comienzan la historia de Juan 8, acusando la mujer de adulterio. Llega Jesús, y dice, "¿Quien la condena........?" Tu sabes la historia. ¡Por supuesto la gente en la plaza estaba muy curiosa! Dentro de poco los jóvenes tienen un buen grupo para presentar el evangelio. Conocí en el Instituto Biblico donde estudié, un hombre de las Islas Salomón. Me contó uno de sus dramas bien cortos pero eficaz para levantar la curiosidad de la gente en la plaza. Colocó su sombrero en el suelo, y comenzó a saltar y brincar alrededor del sombrero gritando, "¡Hay algo vivo debajo mi sombrero, hay algo vivo debajo mi sombrero!". La gente, curiosa, se acercaba pensando en una culebra o alacrán allí. Cuando hay un buen grupo, el evangelista quita el sombrero y debajo haya una pequeña Biblia. La levanta en alto y grita, "¡Es la palabra, viva, de Dios!". Y, comienza a predicar.

Hay libros de dramas disponibles, pero lo mejor es crear los suyos. Con un poco de imaginación y ayuda de Dios, se puede.

Después de su presentación, es bueno invitar a la gente a hablar con los muchachos. Es importante que todos esten listos para compartir con la gente uno a uno. Si los de la iglesia pierden tiempo cambiando su ropa, guardando el equipo de sonido, se pierde la oportunidad de hablar persona a persona con la multitud. Deja el escenario hasta que la última persona ha sido atendida. El drama no es el fin en sí mismo. Es solamente para brindar oportunidad de dirigir las personas a Cristo.

5. Grupos musicales. Como el caso de los dramas, si la música llega a ser un fin en si mismo, no es evangelismo - es un concierto. Pero, utilizando el medio de la música se puede congregar un grupo grande de personas para luego escuchar el mensaje a través de testimonios de los músicos y el compartir la palabra. El peligro de la música para evangelizar, es que se usan músicas del mundo, para atraer a la gente, con palabras cristianas para convertirles. El problema surge cuando los muchachos cristianos toman esta música por su gusto, y pasa todo el día escuchando no música del Reino, sino música del mundo. Hay grupos cristianos "Heavy Metal", formados para cantar en bares y otros lugares donde se encuentran jóvenes mundanos con el proposito de evangelizarles, pero después de hacerse famosos pasan todo su tiempo tocando y cantando la misma música en las iglesias.

Otra estratégia es llevar la música sagrada a las calles. Un grupo adorando y alabando a Dios no va a traer todo tipo de persona, pero es poderoso en cuanto la guerra espiritual en los lugares celestiales sobre la ciudad y siempre va a interesar a un grupo de oyentes.

El seguimiento y El Discipulado
Quisiera dejarte con una palabra final en esta sección sobre la importancia del discipulado como el mejor método de evangelismo. Es el

factor multiplicador. Si un evangelista gana mil almas diarias, 365 dias del año (no tiene día libre ni vacaciones....¡ni familia!), va a ganar 10 millones de almas en 30 años de ministerio. ¡Muchísimas! Pero voy a mostrarte algo mejor. Si tú ganas un alma por año, y lo discipúlas para que él gane un alma por año, etc., vas a ganar 10 millones de almas en solo 23 años, y más de un mil millon con los 30 años. La multiplicación es siempre más eficáz que la suma. El discipulado fue el método de Jesucristo - doce hombre bien formados para ganar doce más, quienes ganan doce más, etc., etc., y aquí estamos, entre los ganados. ¿Cómo sería el resultado de una congregación de cien miembros, poniendo como meta un alma discipulada por persona y por año? No es una meta inalcanzable, es bastante realista. En solo cinco años va a tener una membresía de 3,200. En diez años 102,400 miembros, en quince años ¡3,276,800 miembros!

¿Por qué no estan creciendo nuestras iglesias? Sencillo - porque los miembros no estan evangelizando, ni discipulando. ¡Basta de golpear al aire con nuestra actividad frenetica de la iglesia! ¡Es tiempo de tomar en serio el mandato de Jesús...!

"Venid en pos de mí, y haré que seáis pescadores de hombres" (Marcos 1:17)

Hasta lo Último de la Tierra

- parte 1

Durante mis años de capacitación para el ministerio en el instituto Bíblico, The Bible College of New Zealand, tuve un buen amigo. Su nombre era Hoki, un Maorí, indígena de mi país. Hoki era un muchacho tremendo antes de llegar al Instituto. Tenía muchos problemas con la policía y era un dolor para sus padres cristianos. Su papá era un evangelista bien conocido entre los Maorí. Tristemente su papá murió por un cáncer. Pero unas horas antes de partir para estar con el Señor, llamó a su hijo y le dijo, "Hoki, acepta al Señor y sírvele a El." Fueron las últimas palabras de un padre a su hijo. Hoki quedó muy impactado y más que un poco inquieto. Durante los siguientes días tomó la decisión de ser cristiano y comenzar un tiempo de capacitación para poder servir al Señor en el ministerio. ¡Gloria a Dios!

Jesucristo en los minutos antes de partir para estar con su Padre en el cielo, dejó sus ultimas palabras con sus discípulos,

"Por tanto, id, y haced discípulos a todas las naciones, bautizándoles en el nombre del Padre, y del Hijo, y del Espíritu Santo; enseñandoles que guarden todas las cosas que os he mandado; y he aquí yo estoy con vosotros todos los días, hasta el fin del mundo" (Mat.28:19)

Para el cristiano, todas las palabras de Jesús son importantísimas. Pero, estoy convencido que las últimas palabras de una persona, antes de partir para un viaje largo, son especialmente importantes. No debemos ignorar el peso de estas palabras de nuestro Señor, sino recibirlas y actuar en pro de ésta, la "Gran Comisión" de Jesucristo para su iglesia.

Realmente no era algo nuevo; el pueblo de Dios siempre había tenido una comisión evangelística y misionera. El mandato para Adán era tomar dominio de la tierra, no solamente el huerto de Eden, sino todo el planeta. Luego Dios dió su visión misionera a Abraham, de salir de su ciudad llamada Ur de los caldeos, para ir a la tierra de Canaán. Le dió a Abraham una promesa,

Y haré de ti una nación grande, y te bendeciré, y engrandeceré tu nombre, y serás bendición. Bendeciré a los que te bendijeren, y a los que te maldijeren maldeciré; y serán benditas en ti todas las familias de la tierra." (Gen. 12:2-3)

No hubo obediencia inmediata en el caso de Abram y su familia porque llegaron hasta Harán y se quedaron allá, sin proseguir hasta la tierra prometida. Tuvo que morir el "Viejo hombre" antes de seguir en obediencia a Dios. En el caso de Abraham era literalmente su hombre viejo - su padre. En nuesto caso, es una cuestión de morir a nuestros temores, inseguridades, e incredulidad para poder entregarnos 100% a la voluntad de Dios para nuestras vidas.

En el caso de los Discípulos tampoco hubo obediencia a la gran comisión en el principio. Luego regresamos para probar mi punto. Primero, es necesario poner más fundamento a nuestro entendimiento Bíblico.

Más luz sobre el "¿porqué?" de misiones
El profeta Isaías entendió muy bien que Jehová era un Dios de misiones cuando profetizó,

*" He aqui mi siervo, yo le sostendré; mi escogido, en quien mi alma tiene contentamiento; he puesto sobre él mi Espíritu; él traerá justicia a las naciones...6 Yo Jehová te he llamado en justicia, y te sostendré por la mano; te guardaré y te pondré por pacto al pueblo, por **luz de las naciones**,...." (Isaías 42:1 y 6)*

El Siervo del Señor - el Mesías venidero - Jesucristo, fue puesto por luz de las naciones. El Hijo de Dios vino a la tierra por un llamado misionero- ser luz para las naciones; no solamente para los judíos, sino para todas las naciones.

*"...te di por **luz de las naciones**, para que seas mi salvación hasta lo postrero de la tierra" (Isaías 49:6)*

No es sorprendente cuando Simeón, el sacerdote del Templo, conociendo las escrituras, y esperando su Mesías dijo, en la ocasión de la presentación de Jesús a los ocho días,

*"Ahora, Señor, despides a tu siervo en paz, conforme a tu palabra; porque han visto mis ojos tu salvación, la cual has preparado en presencia de todos los pueblos; **luz para revelación a los gentiles**, y gloria de tu pueblo Israel." (Lucas 2:29-32)*

El tema de la luz sigue con la revelación de Jesús mismo, que El era aquella luz esperada,

***"Yo soy la luz del mundo**; el que me sigue, no andará en tinieblas, sino que tendrá la luz de la vida." (Juan 8:12)*

Juan, escribiendo su evangelio, puso mucho énfasis en Jesús como la luz. En los primeros nueve versículos del capítulo uno se repite la palabra "luz" seis veces. Versículo 9 dice,

"Aquella luz verdadera, que alumbra todo hombre, venía a este mundo." (Juan 1:9)

¡Ahora viene el cambio! Estamos convencidos que, por la Biblia, Jesucristo, el Mesías de los judíos y salvación para los gentiles, es la luz del mundo. Sin embargo Jesus dijo,

"Vosotros sois la luz del mundo;..." (Mateo 5:14)

¿Entendíste? Como cristianos, llenos del Espíritu Santo, ¡somos la luz del mundo! Jesús continúa su ministerio aquí en la tierra por su cuerpo; la iglesia. Lucas, en su segundo libro (el primero es El Santo Evangelio según San Lucas), comienza en el primer versículo con estas importantes palabras,

*"En el primer tratado, oh Teófilo, hablé acerca de todas las cosas que Jesús **comenzó** a hacer y a enseñar...." (Hechos 1:1)*

En su vida humana en la tierra, Jesús comenzó su ministerio, ahora en su cuerpo exaltado a la derecha del Padre, y su Espíritu Santo obrando en su cuerpo aqui en la tierra, Jesús sigue ministrando como luz de las naciones. Y nosotros somos copartícipes con él! Somos la luz del mundo.

¿Fueron obedientes los Discípulos a la gran comisión?

Ahora volvemos a la pregunta hecha anteriormente. ¿Fueron obedientes o no? Vamos a ver.

En los primeros meses, y años, sucedieron muchos milagros por mano de los apóstoles. Se convertía la gente por miles y la iglesia crecía tremendamente. Pero lo que vemos es que los apóstoles no fueron más allá de Jerusalén, ¡mucho menos hasta lo último de la tierra!

"Y aún de la ciudades vecinas muchos venían a Jerusalén, trayendo enfermos y atormentados de espíritus inmundos; y todos eran sanados." (Hechos 5:16)

¡Gloria a Dios! Pero, uno se pregunta ¿por qué la gente tenía que venir a Jerusalén? Porque no salieron en misiones los creyentes. Hechos 11:19 dice que durante la persecución que hubo por motivo de Esteban, pasaron los cristianos judíos hasta Fenicia, Chipre y Antioquía,

"...no hablando a nadie la palabra, sino sólo a los judíos" (Hechos 11:19)

Es muy interesante notar en el versículo 20 del mismo capítulo,

"Pero había entre ellos unos varones de Chipre y de Cirene, los cuales cuando entraron en Antioquía, hablaron también a los griegos, anunciando el evangélio del Señor Jesús."

Chipre es una isla y Cirene era una ciudad en el norte de Africa! La unica explicación de un misionero de Africa es que el eunuco etíope, funcionario de Candace, reina de los etíopes, después de haberse convertido bajo el ministerio de Felipe (Hechos 8:38), regresó a su continente, Africa y predicaba el evangelio. ¡Que bendición, que el primer misionero intercontinental era africano! Mientras los apóstoles y los primeros cristianos se quedaron en el pórtico de Salomón en Jerusalén, ¡la iglesia africana estaba enviando misioneros transculturales!

Pedro fue el primero de los apóstoles en darse cuenta de la realidad de la gran comisión. Estaba orando en la azotea cuando el Señor le habló sobre no llamar común lo que el Señor limpia. Pensando sobre el significado del sueño, llegan unos hombre enviados por Cornelio, un centurión gentíl. Dios había hablado a Cornelio el mismo día sobre la importancia de escuchar a Pedro. ¡Dios tiene sus métodos muy eficaces de evangelismo! Al llegar a Cesarea, entraron en la casa de Cornelio. Pedro quedó maravillado al escuchar el testimonio de Cornelio y cómo Dios le había hablado. Le dijo,

"En verdad comprendo que Dios no hace acepción de personas, sino que en toda nación se agrada del que le teme y hace justicia." (Hechos 10:34-35)

¡Fue una revelación para Pedro que el evangelio no fue solamente para los judíos! Ahora veamos la reacción de los hermanos que acompañaron a Pedro y de los ancianos de Jerusalén.

"Y los fieles de la circuncisión que habian venido con Pedro quedaron atónitos de que tambien sobre los gentiles se derramase el don del Espíritu Santo." (Hechos 10:45)

¿Por qué quedaron tan sorprendidos? Porque los apóstoles nunca habían enseñado sobre la responsabilidad de la gran comisión. Al regresar a Jerusalén, Pedro tuvo que preparase muy bien para poder enfrentar la ira de la iglesia por haber entrado a la casa de un incircunciso y predicado el evangelio a los impíos.

"Oyeron los apóstoles y los hermanos que estaban en Judea, que también los gentiles habían recibido la palabra de Dios. Y cuando Pedro subió a Jerusalén, disputaban con él los que eran de la circuncisión, diciendo: ¿Por qué has entrado en casa de hombres incircuncisos, y has comido con ellos?" (Hechos 11:2-3)

Gloria a Dios porque los hermanos de Judea le escucharon todo lo que sucedió en la casa de Cornelio, y quedaron muy felices que Dios haya permitido el arrepentimiento para vida eterna a los gentiles.

La iglesia antigüa aprendió a hacer misiones, pero no fué por obediencia en el principio. Fue porque Dios actuaba de maneras drásticas y extraordinarias. Debemos tambien aprender que si la iglesia no obedece por las buenas, ¡obedecerá por las malas! En el caso de la iglesia de Judea fue por persecusión y un desastre natural....

"Ahora bien, los que habían sido esparcidos a causa de la persecusión...." (Hechos 11:19)

"En aquel mismo tiempo el rey Herodes echó mano a algunos de la iglesia para maltratarles." (Hechos 12:1)

"28 Y levantandose uno de ellos, llamado Agabo, daba a entender por el Espíritu, que vendría una gran hambre...29 Entonces lo discípulos, cada uno conforme a lo que tenía, determinaron enviar socorro a los hermanos que habitaban en Judea...." (Hechos 11:28-29)

¡Una advertencia!: Si la iglesia cristiana de hoy no responde a la gran comisión por obediencia, Dios por lo "malas" va a asegurar que su palabra llegue a los no alcanzados.

¿Está obediciendo la Gran Comisión la iglesia latina?
Por el crecimiento increíble de la iglesia latina en los últimos treinta años, no podemos negar que los creyentes están tomando en serio la Gran Comisión. Pero tomándola en serio parcialmente. Jesús dijo,

"...en Jerusalén, en toda Judea, en Samaria, y hasta lo ultimo de la tierra." (Hechos 1:8)

Lamentablemente la mentalidad hasta ahora ha sido que "Jerusalén" significa mi propia ciudad. Los pastores y líderes han enseñado que no vale la pena pensar en "lo último de la tierra" cuando hay todavía mucha gente no convertida en tu propia ciudad y nación. Por eso hemos visto muy buen fruto localmente, pero muy pocos misioneros latinos ministrando transculturalmente en los países donde realmente hay necesidad grave. Jerusalén hasta el día de hoy, nunca ha sido 100% cristiano, ¡pero Dios ha enviado misioneros durante los últimos dos milenios a casi todo el mundo! La obra nacional y transnacional tiene que ser simultánea: Jerusalén y Judea, y Samaria, y hasta lo último de la tierra.

Es una tremenda bendición ver el cambio de visión que está sucediendo en America Latina. Hay reconocimiento ahora de la responsabilidad de ir más allá a pesar de los obstáculos y dificultades. ¡Es la hora misionera para América Latina!

La evangelización de America Latina

¿Por qué fue la iglesia Catolica Romana la que evangelizó el continente y no los Protestantes? Porque los protestantes se quedaron en su "Jerusalén" peleando sobre doctrina. Una defensa de la sana doctrina es importante, pero la iglesia no reconoció la importancia de una batalla ofensiva, no solamente defensiva. Está bien si la iglesia es evangélica, pero tambien debe ser evangelística.

Los misioneros llegaron aquí por sus miles. Llegaron de un país relativamente pequeño, con una población menor de cinco millones. Latinoamerica tiene un población evangélica de aproximadamente 65 millones, trece veces más de la población entera de España en el Siglo XV. Pero hasta ahora ha enviado solamente 4000 mil misioneros. Es un misionero por cada 16000 evangélicos. La mayoría de los países Protestantes hoy en día tiene aproximadamente un misionero por cada

2000 evangélicos. Así, Latinoamérica debería tener 32000 misioneros en el campo transcultural.

El costo para un misionero en el pasado era bastante alto. Solo el viaje al campo valía aproximadamente el equivalente a cuarenta mil dolares solo de ida. El viaje duraba como seis meses. Para comunicarse con su familia o líderes, tenían que esperar un mínimo de un año para que les llegase la respuesta. Tuvieron que aprender el idioma de las tribus. Muchos de los misioneros de España murieron de enfermedades como la fiebre amarilla y la malaria. Sin embargo vinieron, hombre y mujeres, para evangelizar y discipular a la gente de Latinoamérica.

Hoy en día un viaje al campo misionero no le cuesta más de $2000, ida y vuelta, y dura solamente diez a quince horas. El misionero de hoy puede comunicarse con su familia y líderes por teléfono, fax o correo electrónico. Pero todavía querido lector, no salen los que deben estar saliendo para anunciar las buenas nuevas a aquellos que todavía no han escuchado. ¿Porqué no están saliendo más Latinos al campo?

¿Porqué no estan saliendo muchos al campo todavía?
Hay varias razones; muchas son excusas nada más, aunque todas tienen un poco de verdad.

1. Los misioneros no nos enseñaron nuestra responsabilidad. Es verdad, pero los creyentes evangélicos han tenido en sus manos todo lo que dice la Biblia.

2. Hay muy poca plata. En comparación a los países del norte es verdad. Pero en comparisión a los costos del Siglo XV, no es verdad. Hay dinero en América Latina, ¿y no es cierto que nuestro Señor es Señor de toda la plata y el oro?

3. No hablamos el idioma - un misionero de cualquier país tiene que aprender un segundo y a veces un tercer idioma.

4. Porque el Latino es pequeño a sus propios ojos - es verdad. Muchas veces el Latino se siente menospreciado, insignificante, el menos capáz.

Este no es el lugar para hacer un estudio profundo sobre los raíces espirituales y sicológicas que ha producido esta baja autoestima, pero puedo asegurarte, querido lector que no es una desventaja ser pequeño a sus propios ojos; ¡es una ventaja!

Saúl, el primer rey de Israel fue escogido porque era pequeño a sus propios ojos.

"Y dijo Samuel: Aunque eras pequeño en tus propios ojos, ¿no has sido hecho jefe de las tribus de Israel, y Jehová te envió en misión....?" (1 Sam. 15:17)

"...sino que lo necio del mundo escogió Dios, para avergonzar a los sabios; y lo débil del mundo escogió Dios, para avergonzar a lo fuerte; y lo vil del mundo y lo menospreciado escogió Dios, y lo que no es, para deshacer lo que es, a fin de que nadie se jacte en su presencia." (1Cor. 1: 27-29)

¡No estoy diciendo que el Latino es necio, débil, vil y menospreciado! ¡Al contrario! Pero a sus propios ojos muchos sienten que es así. Y lo que las escrituras dicen es que hay gran ventaja en sentirse débil, porque vas a confiar más en la fuerza de Dios; en sentirse necio, vas a buscar la sabiduría de Dios; en sentirse menospreciado, vas a encontrar amor, pertenencia y significado en Jesús.

Gedeón era un hombre, pequeño a sus propios ojos. El ángel de Jehová llega donde Gedeón está trabajando y le dice,

"Jehová está contigo, varón esforzado y valiente." (Jueces 6:12)

La verdad es que Gedeón no se sentía "esforzado y valiente". ¡Al contrario! Le dijo al ángel que Dios le había abandonado y desamparado. Tambien dijo,

"He aquí que mi familia es pobre en Manasés, y yo el menor en la casa de mi padre." (Jueces 6:15)

El ángel le dice a Gedeón, a pesar de su baja autoestima,

"Vé con esta tu fuerza, y salvarás a Israel de la mano de los madianitas." (Jueces 6:14)

Vé con "esta" tu fuerza. ¿Qué fuerza? Duda sobre la fidelidad de Dios y de sus propias habilidades. La fuerza era ser pequeño a sus propios ojos. No confiaba Gedeón en la carne. Sabía que no tenía gran fuerza para reunir a Israel y echar fuera a los Madianitas. Reconociendo su debilidad, tomó la mano de Dios para lograr una victoria extraordinaria contra los enemigos de Dios.

La fuerza misionera Latina va a ser poderosa en Dios; no por ejército, ni por espada, más por el Santo Espíritu.

Tomando posesión de nuestra herencia

Había una vez, dos hermanos, hijos de su padre y herederos de sus grandes riquezas. Llegó
el día cuando el papá murió. El hijo que vivía en la misma ciudad pudo reclamar su parte de la herencia. Así su herencia llegó a ser posesión. El otro hermano vivía en otro país y no escuchó la noticia de la muerte de su padre. Su herencia quedó con los abogados, pero el hombre no tomó posesión de ella.

El Salmo 2:8 dice,

"Pideme, y te daré por herencia las naciones, y como posesión tuya los confines de la tierra."

Nuestra herencia, como iglesia de Jesucristo, son las naciones del mundo. Es triste ver la iglesia sentada, cómoda y contenta con lo poco que tiene cuando hay una herencia, dada por Dios, esperando solamente que tomemos posesión. Es triste ver cristianos conformados al molde del mundo; contentos con una vida mediocre. La Biblia nos exhorta vez tras vez a que extendamos el reino de Dios, que ampliemos la visión, que crescamos, vensamos, y tomemos dominio.

"Ensancha el sitio de tu tienda, y las cortinas de tus habitaciones sean extendidas; no sean escasas, alarga tus cuerdas y refuerza tus estacas. Porque te extenderás a la mano derecha y a la mano izquierda, y tu descendencia heredará naciones, y habitará las ciudades asoladas." (Isaías 54:2-3)

Consagración y compromiso

La conquista de la tierra prometida nos ofrece muchas lecciones importantes. Como cristianos debemos tomar posesión de nuestra tierra prometida. Los Israelitas, al llegar a los límites de la tierra de la promesa, no celebraron con fiesta, danza y cántico, sino celebraron en una manera totalmente diferente.

"En aquel tiempo Jehová dijo a Josué: hazte cuchillos afilados, y vuelve a circuncidar la segunda vez a los hijos de Israel." (Josué 5:2)

La nueva generación de Israelitas que llegó a la tierra prometida, no había recibido la señal del pacto, la circuncisión. Esta pequeña operación dolorosa significaba pertenencia al Señor en aquel entonces, pero tambien tiene un significado simbólico para nosotros hoy en día de santidad al Señor. La circunción del corazón (Rom. 2:29), significa una consagración completa al Señor, limpiandose de toda impureza de la carne.

El primer paso para tí, como discípulo del Señor, para poder comenzar a tomar posesión de tu herencia, es consagrarte totalment al Señor. Es comprometiendote nuevamente a la perfecta voluntad de Dios y a su santa palabra para ser utilizado en la conquista del mundo no alcanzado para Cristo.

El segundo paso, según el plan de conquista, es formular estratégias eficaces.

"Mas Jehová dijo a Josué: mira, yo he entregado en tu mano a Jericó y a su rey, con sus varones de guerra." (Josué 6:2)

El Señor dió a Josué una estratégia de guerra, para poder tomar la ciudad. Nosotros, después de habernos hecho un compromiso de consagrar nuestras vidas al Señor, no podemos simplemente esperar que Dios nos coloque en el campo misionero. Tenemos que recibir de El su estratégia. En el siguiente capítulo, voy a hablar sobre las necesidades que existen en el mundo, y las estratégias misioneras para poder llevar el evangelio a aquellos lugares.

Finalmente, vemos en la toma de Jericó, que todo el pueblo estuvo involucrado. No solamente los "expertos", sino todos. Todos marcharon alrededor de la ciudad durante siete días. En el septimo día marcharon alrededor de la ciudad siete veces, los sacerdotes tocaron las bocinas, y todo el pueblo gritó a gran voz, y los muros cayeron. ¡Aleluya!

La gran comisión no es solamente para los expertos. De una forma u otra, se involucra todo el pueblo de Dios. Algunos oran, otros planifican y organizan, otros dan tiempo y dinero y otros van. Muchos hablan de lo imposible que es enviar un misionero, pero si todos se involucran en la obra, se llevará a cabo lo que Dios quiere de la iglesia Latina - el envío de misioneros, no solamente a Jerusalén y Judea y Samaria sino hasta lo último de la tierra.

Hasta lo Último de la Tierra
- parte 2

La Ventana 10/40

Lo que se titula la Ventana 10/40 entre los misionólogos, es el área geográfica de nuestro planeta que se extiende entre los diez y los cuarenta grados al norte del Ecuador e incluye el área comprendida entre la costa de Africa hasta la costa de Japón. Más de la mitad de la población del mundo vive en esta región, incluyendo un estimado de 720 millones de hindúes y 155 millones de budistas, más un 1 mil millones de musulmanes.. La Ventana 10/40 incluye el 99% de los más pobres del mundo, y los menos evangelizados.

El 97% de los 3 mil millones de las personas menos evangelizadas en el mundo viven en la Ventana 10/40 pero solamente 18% de los misioneros de todo el mundo estan trabajando entre ellos. Hay muchísima necesidad de misioneros, pero para muchos las puertas estan cerradas. Los anglosajones no son bienvenidos en los paises musulmanes. ¡Los Estados Unidos es "Satanas" para el musulman! Tambien los líderes musulmanes aprovechan los puntos negativos de la cultura anglosajona para pintar a todos con la misma brocha. Los profesores musulmanes enseñan a sus congregaciones que el cristianismo es el culpable por la inmoralidad, la pornografía, la violencia, la rebeldía y la adicción al licor y a las drogas. Es muy difícil para un misionero norteamericano tener credibilidad delante de un musulmán por esta razón.

Entran los Latinos

El cristiano latino tiene muchas ventajas sobre su hermano anglosajón en cuanto a misiones entre los musulmanes. Parece que Dios ha preparado en forma especial a los latinos para ser misioneros, especialmente entre los árabes, porque hay muchos vínculos los cuales se pueden resumir en siete vínculos principales.

1. El vínculo histórico. Desde el año 711 hasta 1492, más de 750 años los moros musulmanes mantuvieron su influencia en España, especialmente en el sector sureño.

2. El vínculo racial o étnico. Los conquistadores y mucha de la inmigración fue desde ese sector sur de España, y en realidad muchos latinoamericanos se parecen a los árabes del norte de Africa.

3. El vínculo lingüístico. Hay miles de palabras en castellano que provienen del árabe, o sea, tienen raices árabes.

4. El vínculo sociológico. Entre los muchos factores dentro de esta categoría se pueden destacar los siguientes:
a) En muchos países musulmanes, los menores de edad constituyen por lo menos 50% de toda la población. Esto es parecido a la mayoría de los países de América Latina.
b) La educación por el sistema de aprender algo a fuerza de repetirlo es la norma en países musulmanes y los de América Latina.

c) Los musulmanes tienen un sistema muy rígido de clase social. Como en forma parecida, en muchos países de América Latina, la separación de clases sociales es bastante pronunciada.

5. El vínculo cultural.. Algunos factores de los muchos que existen son:
a) En ambas culturas se pone mucho más énfasis sobre la hospitalidad que la que se hace entre la gente anglo-sajona o euro-americana.

b) En las dos culturas el respeto por los ancianos y la lealtad hacía la familia es más notable que la que se encuentra en los países de orígen europeo.

c) En ambas culturas el reloj no controla los eventos tanto como las necesidades personales y los propósitos de la ocasión.

d) La comida y la vivienda, dado los pocos recursos para la mayoría de la gente, es muy parecida en ambas culturas

6. El vínculo espiritual.
a) Los musulmanes creen firmemente en lo sobrenatural. Un ministerio de sanidades y liberaciones en el poder del Espíritu Santo puede impactar a los musulmanes profundamente. La iglesia Latina generalmente esta orientada tambien hacía lo sobrenatural.

b) El fatalismo, o sea, el concepto de que un ser humano no puede controlar lo que le va a suceder. Es un factor dominante en la mente de un musulman. Tal concepto es aceptado por la mayoría de los latinoamericanos que no son cristianos bien fundados en la Biblia.

c) Nominalismo, o sea, la práctica de llamarse miembro de una religión mientras no la practica, es común en ambas culturas.

d) El Islam popular con sus creencias y prácticas de brujería y encantamientos, también puede compararse al cristianismo sincrético, o sea, una mezcla de cristianismo con brujería y superstición.

e) El legalismo es algo que se encuentra en el Islam. La influencia de los moros sobre el estilo de liderazgo, civil y religioso en España, caracteriza todavía al liderazgo Latinoamericano.

7. El vínculo del tercer mundo. Los países latinos no se consideran una amanaza para los árabes porque no son ricos y poderosos como Estados Unidos.

Algunas creencias del Islam:
- Alá es Dios y es misericordioso, todo poderoso, pero demasiado remoto y temible para tener una relación personal con sus seguidores.

- Mahoma es su profeta, y el profeta supremo de todos los que existen.

- El libro santo del Islam es el Corán. Para los musulmanes es la palabra directa y última de Dios, recibida por Mahoma del arcángel Gabriel en árabe, el idioma del cielo.

- Jesús es uno de los miles de profetas menos importantes. No era divino, tampoco murió en la cruz ni resucitó de la muerte.

- La ley, "Sharia", como contenida en el Corán y los "Hadit" (tradiciones) debieran ser la última palabra de toda ley y del comportamiento humano.

Otros "mundos" que necesitan conocer a Cristo

El Hinduísmo
El hinduismo se encuentra principalmente en la India, aunque su filosofía se ha infiltrado hasta el occidente camuflado en movimientos como la Nueva Era, Meditación Transcendental, y una tremenda variedad de sectas como la de Sai Baba, Meher Baba, y Hare Krishna. Es una religión fatalista - el estado del hombre está en las manos de Dios. Solamente por la reencarnación, la ley del karma (pasando por varias vidas), y la meditación puede uno alcanzar la divinidad. Los miles de gurús supuestamente son los que han alcanzado la divinidad.

La India es un país rico en recursos naturales, pero su religión que protege las vacas, las ratas y otros animales de la muerte, ha resultado en pobreza, enfermedad y miseria para millones de sus seguidores. Hay más ganado en la India que en todo el continente Americano, pero es sagrado - no se puede comer.

No existe la misericordia hacía los pobre en el hinduísmo, porque dicen que es la voluntad de Dios que sufran, que ayudarles sería meterse en lo que es de Dios. Como resultado, el 50% de los niños en Bombay mueren antes de llegar a los cuatro años de edad.

Todavía hay miles y miles de pueblos sin testimonio cristiano. No es difícil entrar a la India, y tampoco es difícil hablar a la gente sobre el cristianismo. Solo faltan misioneros para ir allá con las buenas nuevas.

2. El Budismo.

El budismo tambien cree en la reencarnación y el karma. Adoran a Gautama Budha quien supuestamente pasó por 10,000 vidas para poder llegar a ser "El Iluminado". Históricamente los paises budistas ha sido campos duros pero algunos países han sido muy receptivos al evangélio. Corea del Sur era budista hace cuarenta años. Hoy en día más del 25% de ellos son cristianos. La iglesia más grande en el mundo se encuentra en Seúl, Corea.

3. El comunismo.

A pesar de que el comunismo ha pasado de moda en Europa, todavía domina a la gente de la China y algunos otros países. Es una religión ateísta que prohibe la creencia en Dios. El estado es supremo y requiere devoción y compromiso total de parte de sus ciudadanos.

4. Las tribus.

Un reto muy grande en misiones es, entre las 10,000 y tantas tribus que no han escuchado el evangélio y todavía no tienen las escrituras traducidas a su idioma. Este numero disminuye si calculamos cuantas culturas son completamente distintas - son 2000. La necesidad más urgente es gente dispuesta a vivir con estos grupos culturales, para poder entender su idioma, ponerlo en forma escrita y luego traducir la Biblia a su idioma.

5. Los pobres.

Jesucristo se preocupaba por las necesidades de los pobres. La parábola del Buen Samaritano, y su enseñanza en Mateo 24 sobre la responsabilidad de cuidar a los hambrientos, los forasteros, los desnudos, los enfermos y los presos.

"...en cuanto lo hicisteis a uno de estos mis hermanos más pequeños, a mí lo hicisteis." (Mateo 25:40)

Casi todas las ciudades grandes del mundo en desarrollo tienen comunidades grandes donde se encuentra una pobreza extrema. Hay un estimado de 75,000 personas aún en Nueva York quienes buscan su comida en la basura. Hay millones y millones de refugiados en distintas partes del mundo huyendo de la guerra, habiendo dejado todos sus bienes. Ellos no solamente necesitan las cosas básicas de la vida diaria como comida, bebida, ropa, y medicinas, sino tambien ayuda en cuanto al desarrollo comunitario. Necesitan escuelas, agricultura, casas, comercio, etc. La iglesia de Cristo puede ayudarles. El ayudar con la mano de misericordia, le dá el derecho de hablar de las necesidades del espíritu. Es verdad, el evangelio tiene dos manos; la de misericordia y la otra de proclamación.

Yo estoy convencido que cada iglesia local debería tener un programa de ayuda social acompañando sus programas de evangelismo.

En muchas ciudades, como Caracas, en Venezuela, hay miles y miles de niños abandonados. ¿Cuál es la responsabilidad de la iglesia? Es trabajar para resolver el problema. No se puede dar la espalda y decir, "No es asunto mío", ¡cuidado!, es asunto tuyo; la palabra de Dios lo dice así.

6. Los Niños del mundo.
35% de la población mundial es menor de 15 años, en los países del tercer mundo son 50%. Todo el mundo ama a un niño, pero parece mentira como tantos de ellos estan muriendo por descuido de parte de los adultos. 10.000 niños mueren de enfermedades diariamente, 40.000 niños menores de 5 años mueren de hambre todos los días. 33% mueren a traves del aborto. 80 millones de niños no tienen casas donde vivir con sus familias; 14 millones de ellos viven en Brazil. Son víctimas de prostitución, pornografía, y trabajo.

La mayoría de las iglesias tienen su programa orientado hacia los adultos. Sé de una iglesia en Trinidad; es grandísima, bella, nueva, y a los niños no les está permitida la entrada al auditorio principal, solamente a los adultos para que no le ensucien. Nunca he visto una iglesia donde el pastor principal esté encargado del ministerio de los niños.

Cuando la iglesia abra los ojos sobre la importancia de los niños, entonces vendrá un crecimiento sin precedentes. Un niño es más abierto al evangelio, es más enseñable que un adulto, no necesita tanta consejería y liberación como un adulto, un niño no va a causar división en la congregación, pero el fondo de todo, lamentablemente, es que el niño no puede dar dinero como un adulto. Que triste que muchas veces la iglesia sirve al que paga, en vez de servir al Señor. ¿Qué lugar ocupan los niños en las prioridades de tu iglesia?

Cómo prepararse para el campo de misiones

Ya sabes algunas áreas de necesidad. Muy posiblemente el Señor te está hablando sobre la urgencia de más obreros. Jesús dijo,

"...A la verdad la mies es mucha, mas los obreros pocos. Rogad, pues, al Señor de la mies, que envíe obreros a su mies." (Mateo 9:37-38)

Es extraño, pero cuando oramos en cuanto a esto, muchas veces encontramos ¡que uno mismo es la respuesta a su propia oración! ¿No piensas que Jesús lo sabía cuando animó a sus discípulos a hacerlo? Tú, hermano, puedes ser la respuesta a tus oraciones - obreros para la mies. Sí es así, tengo algunos consejos sabios en cuanto a una capacitación adecuada para tu vida.

1. Quien eres como persona, es más importante que lo que haces.

El nombre de este libro es "Discipulado - la clave para alcanzar al mundo para Cristo". Una persona, a pesar de su ministerio, necesita tener una buena relación con su Papi celestial, su familia y sus colegas. Un doctor en misiones no sirve en el campo misionero si no puede controlar su ira, o si tiene una mala relación con su esposa, o es un ladrón, un adúltero, u orgulloso. El carácter del misionero es más importante que su ministerio. La formación del carácter es un proceso, por supuesto. Sin embargo un buen discipulado puede superar muchos problemas en la vida de uno y prepararte mejor para seguir a Cristo en las misiones. Juventud Con Una Misión es una de las agencias misioneras más grandes del mundo, con alrededor de 10.000 misioneros de tiempo completo sirviendo en todo el mundo. Para poder servir en uno de sus ministerios, es un pre-requisito tomar la Escuela de Discipulado y Entrenamiento, un curso intensivo de tres meses de teoría y tres meses de práctica. Para las personas con títulos de teología o maestrías o doctorados, parece extraño tomar una escuela tan "básica". Pero la misión reconoce la gran importancia de una buena capacitación en el área de discipulado en la vida del candidato. El curso capacita, pero tambien sirve como filtro, para eliminar a los candidatos no adecuados para servir bajo las presiones físicas y espirituales del campo misionero.

2. Debes estar bien comprometido con tu iglesia.
No debes pensar en servir a Dios más allá si te cuesta servirle acá. Para poder realizar el permanezco en las misiones, paciencia y perseverancia son cualidades esenciales. Después de los tres meses la emoción se va, y uno se vé enfrentado con la realidad del trabajo duro cada día. Hay bastantes jóvenes que han salido a misiones, y nunca se quedan en un lugar por mucho tiempo. Son turistas buscando emoción y a veces reconocimiento, pero no ayudan en la obra porque no saben lo que es comprometerse. ¡Estas cualidades generalmente son obvias a los líderes de tu iglesia! Es tu responsabilidad mostrarles a la iglesia local lo que tienes para la iglesia misionera. Toma las oportunidades, acepta las responsabilidades que te están ofreciendo y sírvele a Dios con todo tu corazón.

3. Tu ministerio.
Acabamos de decir que el carácter es más importante que el ministerio, y es cierto. ¡Sin embargo, el misionero necesita un poco más que una sonrisa! Ser "misionero" no es descriptivo de tu ministerio. Hay misioneros médicos, mecánicos, constructores, profesores, los que predican, pastorean, administran, y fundan iglesia. Hay otros misioneros que son "hacedores de carpas". Trabajan en la calle como técnicos, o comerciantes, o consultores; tienen contratos de trabajo. Este estilo de misionero es muy útil hoy en día para los países de acceso limitado. Ellos entran con su trabajo, pero evangelizan, discipulan y fundan iglesias al mismo tiempo.

Si uno es "hacedor de carpas" o un misionero tradicional, es necesario tener un ministerio o trabajo probado para poder servir con excelencia en el campo misionero. Para muchos, esto significa terminar su carrera, para otros trabajar tiempo completo en su iglesia o con otro ministerio cristiano para tener experiencia en su área de ministerio.

4. Formando "Escuderos" para la gran comisión.

Ningún misionero sale de su país solo. Siempre detrás de él hay gente de oración y gente de donación. Cada misionero necesita levantar un equipo de apoyadores. La palabra "escudero" o "paje de armas" viene de la estratégia de Jonatán para derrotar a sus enemigos.

"Y subió Jonatán trepando con sus manos y sus pies, y tras el su paje de armas; y a los que caían delante de Jonatán, su paje de armas que iba tras él los mataba. Y fue ésta la primera matanza que hicieron Jonatán y su paje de armas, como veinte hombres, en el espacio de una media yugada de tierra. Y hubo pánico en el campamento y por el campo, y entre toda la gente de la guarnición; y los que habían ido a merodear, tambien ellos tuvieron pánico, y la tierra tembló; hubo, pues, gran consternación." (1 Samuel 14:13-15)

Como Jonatán, el misionero necesita un llamado de Dios, una palabra confirmada, que es lo que el Señor quiere que haga. Jonatán compartió la visión con su paje de armas. El paje de armas no solamente expresó su afirmación, sino que estuvo efectivamente involucrado, matando a los heridos para evitar que ellos se levanten por detrás y matar a Jonatán. Los "escuderos" del misionero son aquellos comprometidos al llamado del misionero tanto que están a su lado siempre en la intercesión, la guerra espiritual, y cuidándole de demonios de pobreza, enfermedad y desánimo por sus donaciones financieras y sus cartas de ánimo. El envío de un misionero significa el llamado de un mínimo de veinte escuderos. Si es una familia, se necesita cincuenta.

Para descubrir quienes son los escuderos llamados, el misionero aspirante debe comenzar orando al Señor para que levante este equipo. Segundo, debe compartir su visión con sus amigos, cristianos, familiares y líderes. Los que han visto el ministerio de uno y el fruto de su llamado, son los primeros que van a querer participar como escuderos. En tercer lugar se debe crear un archivo de los interesados y enviarles un boletín informativo cada dos o tres meses. El boletín sirve para informar al equipo de apoyadores de su plan, y de sus necesidades. Finalmente es importante tener un presupuesto. El presupuesto es la meta de fé del misionero. ¿Si no hay meta donde está la fé? Si no hay metas de fé tampoco habrá resultados en provisión.

Uno de los problemas más fuertes para el misionero latino es la provisión financiera. Si querido lector, tú eres un líder en la iglesia, y está pensando en apoyar la obra misionera, pero todavía no tiene uno de la congregación, ¿porqué no piensas en apoyar a un misionero que esté ya en el campo y necesita apoyo? Puedes comunicarte con las agencias misioneras si quieres conocer un misionero y apoyarlo. Somos un equipo. No hay lugar para el orgullo denominacional, egoísmo, exclusivismo o individualismo. La obra y la gloria son de El, no son nuestras. Trabajemos mano a mano para poder realizar la gran comisión de Jesucristo.

Planificación
- pasos firmes hacía el futuro

Planificación tiene su orígen en el corazón de Dios, cuando su Espíritu se movía sobre la faz de la aguas. "Sea la luz" marcó el comienzo de lo que Dios habia planificado - la creación del planeta tierra, las estrellas, sol y luna, los animales, las flores y los árboles, los peces y las aves, y finalmente los seres humanos, hecho a la imágen y semejanza de su Creador.

Dios tiene un plan para tu vida

"Porque yo sé los pensamientos que tengo acerca de vosotros, dice Jehová, pensamientos de paz, y no de mal, para daros el fin que esperáis." (Jeremías 29:11)

¡Que bendición saber que Dios tiene un buen plan para nuestras vidas! Y este plan El no quiere esconderlo de nosotros. Más bien El quiere que nosotros busquemos su voluntad y su plan para nuestras vidas. El deseo de Dios es que caminemos en luz y no en tinieblas. ¿Cuál es el plan de Dios para tu vida? ¿Cuál es tu plan para tu vida? ¿Tienes un plan o tomas cada día como te llega?

La Biblia nos muestra el propósito general de Dios para el hombre, ya hemos hablado bastante sobre el asunto en los capítulos anteriores. Pero también Dios tiene un plan de acción especificamente para tí. La enseñanza de los Dones Motivacionales nos ha mostrado que cada persona tiene dones y habilidades distintas. Este capítulo de planificación está colocado al final del libro porque es tiempo de ser específico en cuanto a tu futuro. Si Dios te ha hablado y te ha llamado para servirle a El, es necesario que tu comiences a tomar los pasos indicados por Dios hacía la realización de una meta.

"Antes que te formase en el vientre te conocí, y antes que nacieses te santifiqué, te di por profeta a las naciones." (Jeremías 1:5)

Dios tenía un plan para Jeremías - ¡desde el vientre! No pienses que tienes que esperar muchos años para poder realizar grandes cosas en Dios. Si tú has recibido a Cristo como tu Señor y Salvador y tienes su Espíritu Santo en tu vida, ya tienes el potencial para realizarlas.

¡Es increíble la creatividad que tiene una persona! La creatividad que Dios mostró en la creación del mundo la ha puesto en cada ser humano. La habilidad de crear puede ser utilizada para fines positivos o negativos; para la gloria de Dios o para el egoísmo. Dios quiere que andemos en fé, confiando en su poder y fuerza para realizar cosas grandes en El. Dios quiere mostrarnos el camino y darnos su plan.

"Te haré entender, y te enseñaré el camino en que debes andar; sobre ti fijaré mis ojos." (Salmo 32:8)

"El deseo cumplido regocija el alma...." (Prov. 13:19)

Hay demasiados cristianos aburridos y frustrados con la vida, porque no entienden que la vida cristiana es mucho más que la justificación por fé. Es decir, tu salvación recibida por fé, gratuitamente de parte de Dios es solamente el comienzo de una vida de fé. Caminar en fé significa para el cristiano una actitud de conquista, pero no conquista en sus propias fuerzas si no en la fuerza del Espíritu. Si tenemos a nuestra disposición la fuerza del Espíritu, tenemos a nuestra disposición fuerza sin límite para conquistar la tierra prometida. ¡Gloria a Dios! La única cosa que nos impide actuar con fuerza sin límite para conquistar es nuestra incredulidad.

A todos los grandes hombres y mujeres de la fé Dios les ha mostrado su plan para que ellos actuen y conquisten. A Noé le dió un plan especifico para la construcción de un arca para salvar a la familia humana y las familias de animales de la destrucción (Gén. 6:14-22). A José le mostró la interpretación de los sueños de Faraón, que en última instancia resultó en la salvación del pueblo de Dios de la extinción por el hambre (Gén.41:33-36). A Moisés le dió el plan detallado para la forma de adorarle a El y reglas de vida para mantener orden y bienestar en la sociedad (Exodo 20 - 30). A Daniel le mostró su plan para los imperios del mundo (Daniel). A Juan le mostró en una visión, su plan para los últimos días (Apocalipsis).

El Diablo tiene planes ¡Cuidado!

Las escrituras nos muestra como el diablo trabaja para destruir vidas. En el capítulo de la guerra espiritual hablamos de su organización. Bueno, tambien es buen planificador, y quisiera imponer sus planes en nuestras vidas.

"Vestíos de toda la armadura de Dios, para que podáis estar firmes contra las asechanzas del diablo." (Efesios 6:11)

La planificación también es una arma de guerra espiritual - nos pone a pensar en el Reino de Dios, y a colocar nuestra esperanza y fé en el cumplimiento de las metas hechas en Dios, en vez de caer, por no hacer nada, en las asechanzas del diablo.

Planificación con sabiduría

Es verdad que nosotros "tenemos la mente de Cristo" (1 Cor. 2:16), pero no debemos olvidar que "en parte conocemos" (1 Cor. 13:9). Nosotros podemos ser diligentes en buscar la visión de Dios y la planificación para poder lograrla, pero con mucho cuidado, y mucha sabiduría. En las Escuelas de Discipulado Y Entrenamiento Misionero de JUCUM, enseñamos sobre la planificación. Lamentablemente algunos chicos, después de haber hecho su "plan", regresan a sus iglesias y presentan su plan al Pastor casi como dicho y hecho, sin someterlo a él, ni a los otros líderes. Planificación de una visión de Dios no es algo que se puede realizar sin someterlo a otras personas importantes en la vida de uno. 1 Corintios capítulo 13 nos habla del hecho que nuestra habilidad para escuchar a Dios no es perfecta - "en parte conocemos". ¡Así que el plan no es la última palabra sobre tu vida! Más bien es un comienzo que tú vas a tomar, con la ayuda del Espíritu, pero tambien con la confirmación de gente madura en el Señor. Y aún así el plan no debe ser algo legalista. El plan es para servirnos a nosotros, no nosotros al plan. Siempre tienes que hacer pequeños ajustes y cambios en el proceso de realizarlo. La Palabra nos aconseja que,

"El corazón del hombre piensa su camino; mas Jehová endereza sus pasos." (Prov. 16:9)

Hay un dibujo muy famoso que he visto en muchos hogares cristianos. Se llama El Navegante. Es de un buque de vela navegando en medio de una tormenta - detrás del navegante está la figura de Cristo que está guiando sus manos sobre el timón. Nosotros tenemos que tomar el timón de nuestras vidas, pero siempre sometiendo nuestras manos a la dirección de Jesús. Tengo un amigo que desde su juventud sentía un llamado a ser misionero en Africa. Ya lleva más de veinte años esperando que el Señor haga algo para llevarlo allá. Como no se puede pilotear un barco parado, tampoco Dios puede dirigir una vida cristiana apática. Es tiempo, querido lector, de buscar a Dios para descubrir Su propósito en tu vida y comenzar a hacer planes y poner metas para poder mover desde el puerto hacía alta mar y el comienzo de una aventura super emocionante.

Los cuatro componentes de un plan

1. La visión:
La visión es una imagen mental del resultado final.

"Entonces dijo David al filisteo: Tú vienes a mí con espada y lanza y jabalina; mas yo vengo a ti en el nombre de Jehová de los ejércitos, el Dios de los escuadrones de Israel, a quien tú has provocado. Jehová te entregará hoy en mi mano, y yo te venceré, y te cortaré la cabeza, y daré hoy los cuerpos de los filisteos a las aves del cielo y a las bestias de la tierra; y toda la tierra sabrá que hay Dios en Israel." (1 Samuel 17:45-46)

¡David tenía muy claro en su mente el plan de Dios para Goliat el filisteo en aquel día!

Buscar una visión de Dios, puede ser un plan de desarrollo personal, por ejemplo "ser un misionero en Ghana" o "ser un Pastor". Por otro lado, tu plan puede ser un proyecto, por ejemplo "fundar una iglesia en Bogotá" o "enviar cinco misioneros transculturales de nuestra congregación" o "abrir un colegio cristiano". Si tu plan es para realizar una visión de desarrollo personal o un proyecto, el procedimiento es basicamente lo mismo.

Al escribir sobre un papel, tu plan, la parte de "visión" no debe ser más de una o dos frases. Quizás te cueste escribir una descripción tan bréve, pero recuerda, si vas a estar compartiendo el plan con otros para su confirmación y sugerencias, es importante captar su atención con algo sólido, concreto, impactante, y al punto.

La visión, por supuesto, es la parte más importante de la planificación, porque los demás componentes del plan sirven solamente para ayudarte a realizar la visión. Tener la visión no es algo liviano - ¡posiblemente estamos hablando de una década de tu vida! ¡No puedes equivocarte! Pero tampoco debes tener miedo de llegar a una decisión - no olvides a mi amigo que iba a ser un misionero en Africa. En este momento su vida es un fracaso por que nunca tuvo un propósito y dirección en su vida. Tampoco olvides el dibujo del navegante. Es muy posible que tu ya tengas la visión pero no sepas como hacerla realidad. ¡Gloria a Dios! Para otros, es necesario pasar tiempo con Dios. Si puedes salir unos días de retiro con ayuno y oración, mejor. Puede ser que Dios te dé una revelación que no deje ninguna duda en tu mente sobre cual es la visión, otras personas van a luchar durante bastante tiempo para poder encontrar su visión. Dios te dice,

"Mira que te mando que te esfuerces y seas valiente; no temas ni desmayes, porque Jehová tu Dios estará contigo en dondequiera que vayas." (Josué 1:9)

2. Los objetivos:
Los objetivos son las metas finales del plan. Los objetivos deben contestar la pregunta "¿para qué?" de tu plan. Por ejemplo, "Para qué quieres ser un misionero en el Africa" o "¿Para qué quieres fundar una

iglesia en Caracas?" Para el proyecto de una iglesia en Caracas tu podrías contestar, " Uno, para evangelizar al 98% de no cristianos en la ciudad. Dos, para alcanzar y discipular 2000 personas en los primeros cinco años. Tres, para pastorear la congregacion a fin de perfeccionar a los santos para la obra del ministerio. Cuatro, para que la congregación sea luz y sal en la comunidad, evidenciada por una baja radical en las cifras de crimen, la delincuencia, los niños de la calle, pobreza y desorden en la zona.

Así colocando "objetivos" al plan, le da "objetividad" - el plan tiene propósito y vale la pena apoyarlo. Nehemías dió objetividad a su plan para reconstruir los muros de Jerusalén. Para poder animar a otros a captar la visión el explicó "para qué" reconstruirlos.

"Vosotros veis el mal en que estamos, que Jerusalén está desierta, y sus puertas consumidas por el fuego; venid y edifiquemos el muro de Jerusalén, y no estemos más en oprobio." (Nehemías 2:17)

Jesús tambien reclutaba a sus discípulos con objetividad,

"Venid en pos de mí, y os haré pescadores de hombres" (Mateo 4:19)

Los objetivos ayudan a enfocar muy bien el propósito de tu plan. Es importante, al escribir tu plan, tratar de reducir tus objetivos a no más de cinco, y que sean muy claros y precisos.

3. Los Indicadores:
Los indicadores son factores generales, fuera de tu control, que tienes que tomar en cuenta en la formulación de tu plan. Por ejemplo el clima. Si una de tus metas es la construcción de un templo, tienes que tomar en cuenta el clima. Un edificio construído en Manaus, Brazil, no sirve en La Paz, Bolivia. Uno necesita aire acondicionado, el otro calefacción. ¡Por lo menos uno necesita puro techo, pero el otro necesita paredes tambien!
Otros factores pudieran ser el terreno, la economía, la disponibilidad de materiales, el idioma, y otros. Al escribir tu plan, coloca los indicadores en el papel, especificando cuales son los indicadores positivos y cuales son los negativos en cuanto a la realización de tu plan.

Todo esto implica un estudio profundo de todo los factores que pueden influir en la ejecución del plan.

4. Las Metas: Las metas son los pasos específicos, medibles, factibles, y puestos en orden cronológico. Para poder escribir las metas, un buen procedimiento es tener, con la ayuda de otras personas, si es posible, una "lluvia de ideas". En un papel grande anota todo lo que tienes que hacer para poder llevar a cabo la visión. Al principio no es necesario el orden cronológico - es simplemente una "lluvia" de ideas. Es importante que cada paso esté escrito. Una buena forma de descubrir que tienes las metas en su forma más sencilla es preguntar a cada meta, "Para poder lograrte, necesito primero..." Y si puedes contestar con algo todavía no escrito, tienes otra meta. Por ejemplo, si tu meta es, "Comenzar a evangelizar cada mañana a partir del 5 de noviembre". Ahora la pregunta, Para poder lograrlo, necesito primero - tratados." Ahora tienes otra meta - "Conseguir tratados de la librería, el 3 de noviembre."
Ahora la pregunta a esta nueva meta es..... "Para poder lograrlo, necesito primero...dinero". ¡Ahora tienes otra meta! El propósito de la lluvia de ideas es llegar a los detalles más básicos. Luego, tienes que colocar tus metas en orden cronológico de ejecución. Normalmente la fecha puesta es la fecha tope - la fecha de haber cumplido la meta. (A veces es bueno colocar la fecha de inicio también).

El propósito de escribir metas es, primero, un acto de fé. Dios desea que andemos en fé. Andar así le agrada, dice la Biblia. Con las metas por delante comenzamos a orar por la gracia de Dios sobre cada paso. Segundo, ponernos metas nos ayuda a saber cómo vamos en la realización de la visión. Nos ayuda a organizar y manejar bien nuestro tiempo. Y tercero, nos anima a ver metas logradas, y trabajos realizados...

"El deseo cumplido regocija el alma...." *(Proverbios 13:19)*

Cuarto, el cumplimiento o no de las metas nos ayuda en rendir cuentas a nuestros líderes y compañeros de trabajo o ministerio.

Las personas que no se fijan metas, tienen grandes ideas, pero cuando uno les pregunta, "¿Cómo le vá?", contestan, "Bien". ¿Pero que es "Bien"? Bien para uno es diferente que para otro - cada uno tiene un criterio distinto. Para poder trabajar en equipo, trabajar en el cuerpo de Cristo, necesitamos aprender a rendir cuentas y fijar muy bien lo que está "bien hecho" y lo que no.

*"Me dijo el rey:¿**Qué cosa** pides? Entonces oré al Dios de los cielos, y dije al rey: Si le place al rey, y tu siervo ha hallado gracia delante de ti, envíame a Judá, a la ciudad de los sepulcros de mis padres y la reedificaré. Entonces el rey me dijo (y la reina estaba sentada junto a él): ¿**Cuánto** durará tu viaje, y **cuándo** volverás? Y agradó al rey enviarme, después que yo le señalé tiempo."* (Nehemías 2:5-6)

Las metas siempre tienen que contestar a las preguntas, "¿Cual?", "¿Cuándo?" "¿Cuánto?", "¿Cómo?", "¿Donde?". El rey Artajerjes era un hombre bastante astuto, sabio ¡y con una buena cabeza para planificar y organizar! Era un buen líder, sabiendo exactamente qué preguntar a Nehemías. Nehemías, muy posiblemente, aprendió muchas de sus estratégias de liderazgo, sirviendo en su presencia durante años como su copero.

Éstos son los cuatro componentes de un plan. Ahora están en tus manos, querido lector, para usar las herramientas prácticas de planificación y para comenzar a realizar tus sueños, tus visiones para conquistar, como buen soldado de Jesucristo. Amen.

Bibliografía

*Adsit, Christopher. *Discipulado Personal. Manual del Perfil de Crecimiento del Discípulo*; Mini Caja de Herramientas para el Discipulado Personal. Eugene, OR: Disciplemakers International.

Barrientos, Alberto. «Evangelismo y discipulado,» en *Trabajo Pastoral*. Miami: Ed.Caribe, 1982.

———. *Formación de la nueva persona en Cristo*. Sevilla: Publicaciones IESEF. [17 diálogos para los grupos de discipulado]

———. *El plan de Dios para cada persona y para el Universo*. Sevilla: Publicaciones IESEF. [4 diálogos que exponen los elementos básicos del Evangelio]

———, *Id y haced discípulos: Un análisis bíblico y práctico de la tarea de hacer discípulos desde una perspectiva pastoral*. Sevilla: Publicaciones IESEF, 1997.

Blackaby, Henry T. & Claude V. King. *Mi experiencia con Dios*. Nueva versión ampliada y corregida. Nashville, TN: LifeWay Press, 1993.

Coleman, Robert A. *Plan supremo de evangelización*. Casa Bautista de Publicaciones, 1972.

Cousins, Don y Judson Poling, Serie: *Caminemos con Dios*: 12 estudios para grupos. Willow Creek Resources. Miami, FL: Ed. Caribe, 1992-95.

Dale, Sara y Ruth Padilla. *Diálogos de discipulado*. Buenos Aires: Ed. Certeza, 1970.

Dawson, Dave, ed. *Perfeccionando a los santos*. Puebla, México: Ed. Las Américas. [Una serie de 8 libros por los Navigantes]

Dunn, James D.G. *La Llamada de Jesús al Seguimiento*. Colección Alcance 53. Santander: Ed. Sal Terrae, 2001. [Teología del discipulado]

"Estudios sobre la salvación." Video. Madrid: Producciones Eben-Ezer, 1996.

Green, Michael. *Nueva Vida, Nuevo Estilo*. Terrassa: Clie, 1994; traducción de New Life, New Lifestyle, Hodder & Stoughton, 1973.

*Hanks, Billie, Jr. & William A. Shell. *Discipulado*. Miami: Ed. Caribe, 1994; traduccion de Discipleship, Grand Rapids: Zondervan, 1981.

Henrichsen, Walter A. *El Discípulo se hace – no nace: cómo transformar a los creyentes en discípulos*. Terrassa: Clie, 1976; traducción de Disciples are Made – not born, SP Publications, Inc., 1974).

*Kuhne, Gary W. *La Dinámica de Adiestrar Discípulos: Un manual efectivo acerca de cómo llevar a cabo la regocijadora tarea de reproducirse en otros para cumplir con la Gran Comisión*. Nasville, TN: Ed. Caribe, 1980; traducción de Dynamics of Discipleship Training, Grand Rapids: Zondervan, 1978.

*——. *Dinámica de Evangelismo: La atención personal al recién convertido*. Terrassa: Clie, 1977; traducción de *The Dynamics of Personal follow Up*, Grand Rapids: Zondervan, 1976.

La Serie 2:7. Los Navegantes.

Lay, Humberto. *Discipulado: Herramienta de crecimiento espiritual para todo cristiano*. Miami: Ed. Vida, 1996.

Llenas, Miguel L. *Prioridades en la Vida Cristiana*. Editorial Bíblico Dominicano, 1985.

Los diez grados básicos del desarrollo cristiano. Editado por la Cruzada Estudiantil y Profesional para Cristo. [10 libritos sobre temas para los nuevos creyentes]

Maldonado, Jorge. "La Iglesia como comunidad discipuladora." *Boletín Teológico*. Año 14, No. 6 (Junio, 1982).

Mendoza de Mann, Lloyd y Wilma. *El Discipulado: Transferencia de Vida*. Terrassa: Clie, 1996.

Los Navegantes. "Estudios sobre la vida cristiana": 6 tomos. [son estudios básicos para los nuevos creyentes]

Neighbour, Ralph W., Jr. *Sígueme: Una guía práctica para crecer espiritualmente*. CPB, 1981.

Ng, David. *La Juventud: Discipulado para Hoy*. Valley Forge, PN: Judson Perss, 1989.

Ogden, Gregory J. *Discipulado que transforma: el modelo de Jesús*. Colección Teológica Contemporánea, nº 19, Terrassa: Editorial Clie, 2005.

Ogden, G. (2006). Discipulado que transforma: El modelo de Jesús. (A. F. Ortiz & D. G. Bataller, Eds., D. G. Bataller, Trans.) (pp. 19-204). Viladecavalls, Barcelona: Editorial Clie.

Pratney, Winkie. *Guía para el Discipulado: Una presentación profunda del mensaje, método y estrategia usada por Jesús para reclutar y entrenar discípulos*, 3 Tomos. Puerto Rico: Editorial Betania, 1988; traducción de *Youth Aflame*, Minneapolis, MN, EEUU: Bethany House Publishers, 1970, 1983.

Ramírez, Elvida E. "El discipulado como un ministerio de cada creyente," *Misión* Vol. 3, No. 3 (Octubre, 1984).

Schnackenburg, Rudolf. "Discípulos, Comunidad e Iglesia en el Evangelio de Juan," en *Comentario de Juan*, Tomo 3, pp. 251-67. [Teología del discipulado]

Stanton, Gerald B. *Fundamentos Cristianos: Cómo alcanzar la madurez cristiana*. Grand Rapids, MI, EEUU: Portavoz, 1977; traducción de *Christian Foundations*, 1965.

Sweeting, George. *Cómo Iniciar la Vida Cristiana: Los primeros pasos de un nuevo creyente*. Grand Rapids, MI, EEUU: Editorial Portavoz, 1977; traducción de *How to Begin the Christian Life*, Chicago, IL: Moody Press, 1976.

Taylor, Kenneth N. *Próximos Pasos para Nuevos Creyentes*. Miami, FL: Editorial Unilit, 1992; traducción de *Next Steps for New Christians*, Wheaton, IL: Tyndale House, 1985.

*Watson, David. *Creo en la Gran Comisión*. Ed. Caribe. [Teología del discipulado]

Zapata, Rodrigo. *Manual del Discipulado: Hagamos Discípulos*. Miami, FL: Editorial Unilit, 1992. [una serie de estudios básicos].

Bibliografía en inglés

*Adsit, Christopher B. *Personal Disciplemaking: A Step-by-Step Guide for Leading a Christian from New Birth to Maturity*. Orlando, FL: Campus Crusade for Christ, 1996.

Bennett, Ron. *Intentional Disciplemaking*. Colorado Springs: NavPress, 2002.

Biehl, Bobb. *Mentoring: Confidence in Finding a Mentor and Becoming One*. Nashville, TN: 1996.

Bugbee, Bruce L. *Networking: Equipping those who are seeking to serve*.

Coleman, Robert. *Disciplemaking: Training Leaders to Make Disciples*. Wheaton, IL: Billy Graham Institute, 1994.
———. *The Master Plan of Discipleship*. Old Tappan, NJ: Revell, 1987.

Cosgrove, Francis M. *Essentials of Discipleship*. Fort Collins, CO: Treasure Publishing, 1988.
———. *Essentials of New Life: Biblical Truths a New Christian needs to Know*. Colorado Springs: NavPress, 1978.

Eims, Leroy. *Disciples in Action*.
*———. *The Lost Art of Disciplemaking*. Colorado Springs: NavPress, 1978.
———. *What Every Christian Should Know about Growing: Basic Steps to Discipleship*. Wheaton, IL: Victor Books, 1977.

Fryling, Alice. *Disciplemakers' Handbook*. Downers Grove: IVP, 1989.

*Hadidian, Allen. *Discipleship: Helping Other Christians Grow*, 1987.

Hull, Bill. *Disciplemaking Pastor*.
———. *New Century Disciplemaking*.

*Longenecker, Richard N., ed. *Patterns of Discipleship in the New Testament*. Grand Rapids: Eerdmans, 1996. [teología del discipulado]

Martin, J. R. *Ventures in Discipleship*.

*McKnight, Scot. *A New Vision for Israel*. Grand Rapids: Eerdmans, 1999: 156–237. [teología del discipulado]

Ogden, Greg. *Discipleship Essentials: A Guide to Building your Life in Christ*. Downers Grove: IVP, 1998.

Petersen, Jim. *Lifestyle Discipleship: The Challenge of Following Jesus in Today's World*. Colorado Springs: NavPress; 1993.

Rabey, Steve & Lois, ed. *Side by Side. A Handbook: Disciple-Making for a New Century*. Colorado Springs: NavPress, 2000.

Ryder, Andrew, S.C.J. *Following Christ: Models of Discipleship in the New Testament*. Franklin, WI: Sheed & Ward, 1999. [teología del discipulado]

Warr, Gene. *Making Disciples*. Fort Worth, TX: IEAP, 1978.

Watson, D. L. *Accountable Discipleship: Handbook for Covenant Discipleship Groups in the Congregation*, Nashville: Discipleship Resources.

*Wilkins, Michael J. *Discipleship in the Ancient World and Matthew's Gospel*. 2a ed. Grand Rapids: Baker, 1995. [teología del discipulado]

*_____. *Following the Master: A Biblical Theology of Discipleship*. Grand Rapids: Zondervan, 1992. [teología del discipulado]

Willard, Dallas. *The Spirit of the Disciplines: Understanding How God Changes Lives*. San Francisco: Harper & Row, 1988.

Wright, N.T. *Following Jesus: Biblical Reflections on Discipleship*. Grand Rapids: Eerdmans, 1994.

Made in the USA
Monee, IL
05 August 2023

40457779R00162